Halina Kamm

Finanzielles Kartenlegen

nach Mlle Lenormand

für Job • Karriere • Geschäfte

Corona-Handbuch

Halina Kamm

Finanzielles Kartenlegen

nach Mlle Lenormand

für Job • Karriere • Geschäfte

CORONA

Erstauflage 2003

ISBN 3-934438-17-2

Satz und Layout: CORONA, Hamburg
Lektorat: Dr. Ulrike Nolte
Umschlag: Angelina Simonik
a Product of Larimar Multi Media
Druck und Bindung: Pustet, Regensburg
Printed in Germany

Inhalt

Karten-Kombinationen

Trotz all der himmlischen Gaben und Wunder, die in jedes Menschenleben treten, reicht es nicht aus, um hier auf dieser schönen Erde in Frieden, Freiheit und Wohlstand zu leben. Mehr denn je sind wir gefragt und zunehmend wird es wichtiger, richtige Entscheidungen zu treffen. Solche, die nicht nur Sie oder nur die anderen befriedigen, sondern allen gerecht werden. Verbinde Dich mit Himmel und Erde in Einheit, damit Deine Füße auf saftig grünen Auen wandeln und die Früchte Dich köstlich ernähren.

Mein besonderer Dank gilt Mlle Lenormand, deren Wissen für mich eine Quelle der Inspiration ist. Und desweiteren bedanke ich mich bei allen sichtbaren und unsichtbaren Helfern, die mir ermöglichten dieses Buch zu schreiben.

Halina Kamm

Vorwort zu den Lenormandkarten

Was ist finanzielles Kartenlesen und -legen? Kann es jeder anwenden und was ist der Unterschied zum normalen Kartenlegen? Hilft es mir weiter und erkenne ich dadurch, was ich wirklich will? Lerne ich, mich zum Beispiel bei einem Vorstellungsgespräch oder bei einer beruflichen Besprechung richtig zu verhalten und die Absichten meines Gegenübers zu erkennen? Kann ich als Selbstständiger oder Unternehmer durch die Aussagen der Karten den Markt besser einschätzen? Bekomme ich den Auftrag, die Bankzusage? Werde ich termingerecht fertig? Wird alles genehmigt?

Dies könnten die Fragen sein, die hier gestellt werden. Antworten zu finden auf diese und noch viele andere Fragen und auch Antworten auf Fragen zu erhalten, die Sie gar nicht gestellt haben, dazu ist dieses Buch da. Es soll dem Fragesteller und vielleicht einem Klienten, der sich die Karten legen lässt, dienlich sein, den Wahrheitsgehalt auch aus einer wirren oder verwickelten Geschichte klar herauszufiltern.

Verstehen Sie die Offenlegung der Kombinationen nicht als erschreckende und unabdingbar eintretende Ereignisse. Schauen und lesen Sie genau, damit Sie bestens auf die kommenden Situationen eingestellt sind und wenn möglich – meistens ist es möglich – sie zu Ihren Gunsten und zum Wohle der Allgemeinheit verändern zu können.

Sich selbst die Karten zu legen erscheint vielen Ratsuchenden etwas schwierig. Dies stimmt auch insoweit, da wir Menschen, wenn es um uns selber geht, unsere Träume, Hoffnungen und Wünsche unbewusst in die Karten mit hineinlegen. So zeigen die Karten zwar die Realität an, doch aufgrund der vorhandenen emotionalen Wünsche wird eine Wahrheit herbeigezaubert, die so nicht in den Karten steht. Und dann ist oftmals die Enttäuschung riesengroß, weil man doch das perfekte Glück, den guten Ausgang, die Verbindung in den Karten liegen hatte und der irdische Ablauf sich aber ganz anders gestaltet. Man ist traurig und unglücklich. Die Liebe ist zerbrochen, die Freundschaft war trügerisch, die Firma hat doch geschlossen, die Beförderung ist ausgeblieben, der Kunde hat nicht gezahlt und die guten Bekannten verschwanden im Nichts, als man sie dann brauchte.

Unser »Mystisches Kartenlegen« enthält ein umfangreiches Grund- und Basiswissen. Da es alle menschlichen, irdischen und kosmischen Bereiche und Belange in den Kombinationen aus 36 Karten abdeckt, ist es globales Wissen, das nicht unbedingt speziell auf einzelne Fragen eingehen kann. Es lässt dem Beratenden sehr viel Spielraum für Intuition und hellseherische Fähigkeiten. Im Laufe der Zeit entwickeln Kartenleger/innen diese Fähigkeiten, doch es ist ein längerer

Weg der emotionslosen Betrachtung. Wenn z.B. die/der Beratende voller Intensität an Ihrem Schicksal teilnimmt, so wird er manchmal seine guten, seine allerbesten Wünsche für Sie in die Interpretation hineinlegen. Dies ist auch der Grund, warum das Kartenlegen für Freunde oder Partner oft von der Realität abweicht.

Unser »Spirituelles Kartenlegen« offenbart die Ursachen der nicht rational zu erfassenden Vorfälle, an denen der Verstand schier verzweifelt. Es zeigt die unbewussten, verborgenen Seiten des Inneren Kerns des Menschen. Teilweise erschließen sich die Antworten aus den Kombinationen erst, wenn Sie hineingewachsen sind und immer weiter und tiefer in die verschlossenen Schichten Ihrer Psyche und Seele vordringen.

Dieses einfache Spiel mit den Karten ist im »Spirituellen Kartenlegen« der Weg der Mysterien und irgendwann gelangen auch Sie an den Beginn der persönlichen Evolution zu Höherem, sehen alles, verstehen alles, wissen alles. Jede Karte spricht dann zu Ihnen. Die Bilder erzählen die Geschichte des Universums und können gar nicht aufhören Ihnen alles mitzuteilen. Doch bitte vergessen Sie über all dieser Faszination nicht, dass Sie hier leben und wie herrlich dieser Planet Erde in seiner Vielfältigkeit ist.

Unser »Emotionales Kartenlegen nach Mlle Lenormand« hingegen befasst sich ausschließlich mit Aussagen über Bekannte, Freunde, Liebe und Partnerschaft, die in allen Kombinationen detailliert beschrieben sind. Dabei können Sie versichert sein, dass Ihre Intuition und Ihre Fähigkeiten sich ständig erweitern werden.

Bedingt durch unsere gesamte weltwirtschaftliche Entwicklung und den Zerfall der alten Werte stehen Menschen ständig vor neuen Entscheidungen. Früher reichte ein Beruf fürs Leben, jetzt werden es öfter schon mehrere. Wir lernen uns zu entwickeln, sowohl in unserer Seele als auch auf der irdischen, materiellen Ebene.

Allein dadurch bedingt stehen wir auch ständig vor neuen Herausforderungen, die wir bewältigen müssen. Dabei gilt es zu berücksichtigen, dass es nötig ist immer das Ganze zu sehen und nicht nur die Einzelteile, die direkt vor der Nase herumtanzen. Ohne die ganzheitliche Betrachtung und das Verständnis für die Situation passieren uns Missgeschicke, denen wir, wenn wir sie nur im Voraus kennen würden, leicht ausweichen könnten. Und oft haben wir die Qual der Wahl zwischen einer vernünftigen materiellen und einer von Innen heraus gewünschten Entscheidung.

Wie werden Sie sich entscheiden?

Von ganzem Herzen wünsche ich Ihnen die richtige Wahl zu treffen und den richtigen Weg der Mitte zu finden, mit dem Sie dann glücklich sind. Fragen Sie nach Antworten. Die Lenormandkarten sind für Sie da!

Über die Autorin

Auf dem Papier meines Personalausweises steht ein Geburtsdatum und das erinnert mich an Halbzeit. Doch ich finde, auch wenn das für meinen Körper gilt, so bestimmt nicht für meinen Geist und meine Seele, denn diese beiden sind ständig noch am Lernen. Doch damit stehe ich nicht alleine da.

Wir alle sind hier im menschlichen Kleid mit Gefühlen, Empfindungen, Vorlieben, Abneigungen und Fähigkeiten ausgestattet, die wir gekonnt oder weniger gekonnt in alltägliche Erfolge umsetzen und durch diese irdischen Banalitäten lernen. Mit Banalitäten meine ich die vielen kleinen Geschichten, die uns täglich das Leben schwer machen und die uns manchmal von den höchsten Höhen in die tiefsten Abgründe stürzen. Wir alle lernen durch Versuch und Irrtum, Hinfallen und Aufstehen usw., endlos bis zum Ende.

Ich weiß nicht, wie es Ihnen geht, doch ich hatte »die Nase getrichen voll« von Versuch und Irrtum, vom ständigen Hinfallen und wieder Aufstehen und davon, Entscheidungen zu treffen, nur um sie kurze Zeit später revidieren zu müssen. Immer öfter schaute ich mal in die Karten und versuchte auch berufliche, finanzielle und materielle Angelegenheiten zu enträtseln. Das Wissen dazu, die Fragen und die Antworten sind so alt wie die Menschheit selbst, und in allen lebenswichtigen Bereichen stellen Emotionen und ihre Handhabung den Schlüssel zu Glück, Erfolg, Liebe, Wohlstand, Reichtum, Spiritualität dar. Es hat sich im Laufe der Evolution nichts verändert. Wir Menschen mit unseren Empfindungen sind nach wie vor dieselben geblieben. Doch unsere Fragen sind konkreter geworden. Wir hinterfragen mehr, denn wir sind bereit unser Glück selbst mitzubestimmen und Leid möglichst zu vermeiden, um in Freude, Liebe, Erfolg und Wohlstand wachsen zu können.

Um diese unbewussten Bereiche sichtbar und deutbar zu machen, eignen sich als besonders gutes Medium die Mlle Lenormandkarten. Ich habe sie deshalb ausgewählt, da ich als Kind die bunten Illustrationen auf den Karten meiner Mutter als schön, geheimnisvoll und interessant empfand.

Seit meiner Kindheit lebe ich ein Leben, in dem Hellsehen, Kartenlesen usw. eine große Rolle spielten, auch wenn ich es über Jahrzehnte hinweg nicht anerkennen wollte und alles analytisch vom Verstand her einer strengen Kontrolle unterzog. Doch diese Einstellung änderte sich durch konkrete Erfahrungen und inzwischen habe ich einige Bücher geschrieben über Tarot, Lenormand, über die

Seele und Meditationen. Im Laufe der vielen irdischen Lebensjahre häufte sich ein reiches Wissen an. Mein Kopf wurde voll. Er quoll förmlich über vor irdischem, pragmatischen Wissen und intuitiv erfasstem, erlernten und erlebten Wissen. Es wurde zuviel. Ich war nahe daran die Kontrolle zu verlieren.

Als ich das erkannte, beschloss ich es zu ändern. Eisern lernte ich einfache Techniken, übte und übte. Konzentration war das wichtigste. Also fing ich an bewusst zu meditieren. Zu Anfangs erwies sich das als Flop. Da die Konzentration, die Zielausrichtung fehlte, schweifte ich ständig in Gedanken ab. Sah Bilder und geriet in mediale Traumwelten. Das brachte zunächst keine Kontinuität in mein Leben, weder privat noch beruflich. Da ich mich nicht länger abquälen wollte, entwickelte ich die Projekte »Geführte Meditionen«. Als ich dann mit ihnen arbeitete, stellte sich die Konzentration wie von selbst ein.

Zusätzlich übte ich mich jahrelang in vielen Nächten, anstatt zu schlafen, in Konzentration und Wissensabruf. So wie ich zuvor meine intellektuelle Seite mit übertriebenem Lernen und Erfolg »zugeknallt« hatte, so heftig überlud ich nun die seelische Entwicklung mit allen meinen Fähigkeiten. Es gab eine ungeheuer große Erwartungshaltung, den irdischen Erfolg mit der seelischen Entwicklung gleichzuschalten. Am besten sollte beides in einem Tag verbunden sein und seelische Kraft und Erfolg den höchsten Stand erreichen, so wie mit der Kombination Mond + Sonne beschrieben. Eine dermaßen beschleunigte Entwicklung, die beide Teile gleichermaßen berücksichtigt, ist hier nicht zu haben. Das dauert einfach länger.

Warum ich das so ausführlich beschreibe, werden Sie vielleicht fragen. *Weil Sie, Sie, und nur Sie allein der Herr und Meister Ihres Lebens sind und bleiben sollen. Nicht die Abhängigkeit von den Karten, der Materie, der Liebe, den Finanzen, dem Beruf oder der Seele. Ihr »Ich-bin« ist das, was zählt.* Denn wir Menschen bestehen aus einer Innen- und Außenwelt, aus Geist und Seele (der Körper ist nur das Gefährt). Der Geist bedingt das Materielle, das Irdische, die Finanzen, den Beruf, während die Seele die Emotionen wie Freude oder Abneigung dazugibt. Oft hat die Seele, oder nennen wir es auch den Inneren Kern des Menschen, anderen Bedarf als die vom Ego erschaffene Persönlichkeit des Einzelnen. Daher gibt es ein überraschendes Phänomen: In vielen Fällen ist das Innere des Menschen, die Seele an Misserfolgen schuld.

Aber nein, jetzt habe ich eine Schuldzuweisung erteilt, die so nicht stimmt. Korrekt wäre, der Mensch weiß nicht, was seine Seele will, er ist nicht in der Lage sie zu hören noch zu verstehen und deshalb arbeitet die Seele bewusst an seinem Misserfolg, damit der Mensch Pause machen kann und dann auf sie aufmerksam wird. Mein Vorschlag wäre daher, bei einer längeren

Misserfolgskette die Seele zu fragen, ob die irdisch geplante Zielsetzung mit den Seelenwünschen übereinstimmt. Solche Art von Fragen bekommen Sie mit dem »Spirituellen Kartenlegen« ausgezeichnet beantwortet.

Dieses Buch ist auf berufliche, finanzielle und materielle Angelegenheiten ausgerichtet. Die Antworten sind interessant, vernünftig, intellektuell, doch sie sagen nur wenig über den seelischen Hintergrund. Selbst wenn man jetzt ziemlich haargenau im Voraus weiß, was kommen mag, so heißt das noch lange nicht, dass der Mensch, ohne dass er den nötigen Willen und die Konzentration aufbringt, einer Situation aus dem Weg gehen oder sie verändern kann.

Eine kleine Erklärung zum Thema Willen. Viele Menschen sagen zu mir, selbstverständlich will ich, hundertprozentig, tausendprozentig. Sie klingen selbstbewusst und voller Tatkraft und halten alle ihre Vorsätze durch. Einen Tag, eine Woche, manchmal auch länger. Und siehe da, die Situation hat sich tatsächlich geändert, zum Positivem. Bei anderen wiederum ist nach kurzer Zeit alle Tatkraft wieder verschwunden, ihre guten Vorsätze sind dahingeschmolzen wie Schnee, oder sie wurden durch ein kurzes negatives Schockerlebnis zunichte gemacht.

Warum dies so ist, lässt sich leicht erklären. Die Erstgenannten brachten unbewusst außer dem Ego-Willen auch den inneren Willen auf, der einfach gesagt aus dem Innern, aus der Seele kommt. Diese Kombination, das »Ich will« aus dem Geist und die Zustimmung des inneren »Ich will«, ist einfach unschlagbar und wird immer Erfolg haben. Da ist es gleichgültig, was der Mensch sich vornimmt. Bei den Zweitgenannten war nur der Ego-Wille der Persönlichkeit vorhanden. Dies kann in milder Form mit der Trotzhaltung eines Kleinkindes verglichen werden, die durch andere Ereignisse leicht erschüttert werden kann.

Das Buch »Finanzielles Kartenlegen« ist eine gute Informationsquelle, aber wenn Sie auch noch so gute Antworten bekommen, arbeiten Sie an sich weiter, befragen Sie Ihre Seele, bevor Sie Entscheidungen treffen. Denn es ist in der Tat ein langer Weg für einen rational, intellektuell, logisch denkenden Verstand einen goldenen Fluss in seiner Mitte zu spüren und damit Innen und Außen zu wahrer Pracht zu entfalten.

In diesem Sinne wünsche ich: Viel Wahrheit, Klarheit und Freude mit dem finanziellen Kartenlegen

Marie Anne Adelaide Lenormand

Mlle Lenormand wurde am 27. Mai 1772 in Alençon in der Normandie geboren und erhielt als Wahrsagerin den Namen **»Die Sibylle von Paris«.**

Allein die Bezeichnung »Die Sibylle von Paris« lässt auf eine außerordentliche Qualität ihrer Kartenaussagen schließen. In vergangenen Jahrhunderten wurden nur die Prophetinnen der heiligen Tempel als Sibyllen bezeichnet, was uns aus der griechischen Mythologie überliefert wird. Diese Prophetinnen bezogen ihr Wissen aus Schulungen in den Mysterien und besaßen die Gabe des prophetischen Gesichtes, was wir heute vereinfacht als Hellsehen oder Zukunftsschau bezeichnen.

Diese Attribute schreiben wir Mlle Lenormand anhand ihrer Biografie auch zu. Da sie im Kloster aufgewachsen ist, eine Einweihung in die Mysterien erhielt und zum anderen auch Hellsehen konnte, würde dies die Bezeichnung »Die Sibylle von Paris« rechtfertigen.

Leider wurden nur Fragmente der alten Bildkarten überliefert, aber wir wissen, dass sich das »Kleine Lenormand« mit seinen 36 Karten aus dem »Grand Jeu de Mlle Lenormand Astro Mythological Karten« entwickelte beziehungsweise für den normalen Gebrauch herabreduzierte.

Über die Mlle Lenormand-Karten

Die Lenormandkarten beinhalten unendlich viele Aussagen. Sie geben uns Auskünfte über normale Fragen, zeigen uns die verborgenen Wege der Psyche und Seele an und erleichtern den Zugang zur Spiritualität und die Deutung der Träume. Vergessen wir nicht, Mlle Lenormand war Napoleons persönliche Beraterin und sie deutete seine Niederlagen oder Siege im Voraus. Ebenso wie ihr wird es uns nach einfachen Regeln gelingen, vieles im Voraus zu wissen und manchen schlimmen oder schmerzhaften Umweg zu vermeiden.

Obwohl jede Karte in einer Zweier- oder Dreierkombination beschrieben ist, lässt sich nicht jede Frage korrekt oder wie gewünscht beantworten. Dafür kann es viele Gründe geben. Vielleicht ist heute nicht der richtige Tag, oder die Antwort wäre Ihnen zu unglaubwürdig oder, oder . . . doch seien Sie nicht ungeduldig, lernen Sie zu vertrauen und Sie werden sich selbst und Ihre Reaktionen immer besser begreifen.

In diesem vorliegenden Buch wird die Quintessenz des alten Wissens und der Weisheit in Bezug auf Geld und Kapital, Bankgeschäfte, Selbständigkeit, Job, Karriere, Erfolg, Arbeitslosigkeit und Veränderungen verständlich in unsere moderne Sprache gebracht.

Tipps fürs Kartenlegen

Nun sind Sie selbst in der Lage, sich die Karten zu legen. Sie müssen keine Vorkenntnisse haben, nur sollten Sie sich zumindest am Anfang die erste Legung notieren. Zum Beispiel: Sie haben sich heute bei einer neuen Firma vorgestellt. Das Gespräch fanden Sie inspirierend. Es lief leicht und flüssig und der Personalchef war von Ihnen angetan. Mit den tollsten Plänen für die Zukunft schweben Sie wie auf Wolken nach Hause. Sie sind neugierig, ob daraus etwas werden könnte.

Greifen Sie nicht sofort zu den Karten. Waschen Sie sich erst die Hände, zünden Sie eine Kerze an und nehmen Sie die Karten für einige Minuten still in beide Hände. Falls Sie immer noch nicht ruhig sind, schauen Sie in die Kerze und sprechen Sie laut oder leise für zwei Minuten: »Es werde Licht!« Legen Sie sich Papier und Stift zurecht und notieren Sie die Fragen, die Sie haben. Mischen Sie die Karten und legen Sie sie nacheinander hin. Am besten eignet sich dafür die Siebener-Reihe. Doch oft, bei guter Konzentration, reichen bereits 2 bis 3 Karten aus, um eine klare Antwort zu erhalten.

Manche greifen bei Einzelfragen zu dem großen oder kleinen Legesystem und werden dadurch mit einer Flut von Informationen überschüttet, die derzeit nicht gefragt sind. Doch es gibt kein Richtig oder Falsch.

- Sollten Sie ein bestimmtes System haben, welches Sie bevorzugen, so bleiben Sie dabei.
- Legen Sie für sich die Koordinaten fest. Am besten ist, Sie malen sich eine leere Bildlegung auf, notieren sich darauf Ihre Vergangenheit, Gegenwart und Zukunft. Darauf legen Sie dann die Karten.
- Falls Sie zum Beispiel das kleine Blatt mit dem Signifikator (Ihre PK) herauslegen, ist alles, was danach kommt, Ihre Zukunft.
- Falls Sie kein bestimmtes Legesystem haben, so empfehle ich die Karten von links nach rechts als Reihenkombination zu lesen.
- Im großen Blatt: Links ist die Vergangenheit bis zur Dame/Herr (je nachdem, wer fragt) dargestellt.
- Alle anstoßenden Karten um die Dame/zum Herrn betreffen die Gegenwart.
- Nach der Dame: Rechts liegt die Zukunft.
- Nach den Deutungen der Kombinationen sind einige einfache Legesysteme und Legebeispiele aufgeführt und erklärt.

Klientenumgang

Als gute Kartenlegerin/guter Kartenleger sind Sie sich der Verantwortung bewusst, die Sie anderen Menschen gegenüber haben, wenn Sie dem Fragenden Ihre Sicht der Zukunft darstellen. Wählen Sie sorgfältig Ihre sprachliche Ausdrucksform. Bitte denken Sie vor allem daran, Ihr Gegenüber nicht zu überfordern. Je einfacher Ihre Ausdrucksweise ist, desto besser versteht sie Ihr Gegenüber.

Gehen Sie mit hundertprozentiger Sicherheit davon aus, dass jeder Mensch, der Ihre Beratung sucht, auch ein Problem mit sich trägt. Einen Ballast, den er gerne geklärt haben möchte oder manchmal – auch das kommt vor – ihn einfach abladen und bei Ihnen lassen möchte. Sie werden einigen Personen begegnen, die Ihnen völlig selbstsicher, ja vielleicht sogar arrogant gegenübertreten und so tun, als ob Sie einfach nur mal neugierig wären. Lassen Sie sich nicht täuschen. In einem von hundert Fällen kommt mal wirklich jemand, der glücklich oder zufrieden ist und nur etwas Neues ausprobieren will. Doch diese Fälle sind wirklich eins zu hundert. Bei allen anderen Menschen, gleichgültig wie perfekt sie sich in ihrem Äußeren und Auftreten darstellen, stecken Probleme dahinter, und eigentlich erwarten solche Menschen von einem Beratenden mehr als nur den Blick in die Zukunft. Ihr inneres Erwarten hat oft den Anspruch: Befreie mich mit Deinen Aussagen von meinen Problemen! Erzähle mir, dass heute oder morgen ein Wunder geschieht und alles gut wird.

In so einem Fall kommt es ausschließlich auf Sie an, auf Ihr psychologisches Einfühlungsvermögen und Ihr Geschick, Ihrem Gegenüber mit einfachen Worten die Wahrheit so zu präsentieren, dass er sie verkraften kann. Was fast noch wichtiger ist: Geben Sie ihm kleine Aufgaben mit, die ihm helfen, seine Zukunft selber positiv zu beeinflussen. Animieren Sie ihn dazu, dass er selber handelt.

Andere Menschen zu motivieren, etwas für sich selbst zu tun, geht am besten, wenn Sie persönlich auch viel für sich selber tun. Seien Sie sich bewusst, wie sehr Ihr Rat oder Hinweis dem anderen hilft. Seien Sie sich bewusst, dass Sie etwas können, akzeptieren Sie sich und lieben Sie sich. Lassen Sie sich unter keinen Umständen in tragische Lebensumstände des Ratsuchenden verwickeln, haben Sie Mitgefühl, jedoch kein Mitleid. Es hilft dem anderen nicht und schadet Ihnen selbst. Sie würden dadurch Kraft verlieren.

Seien Sie überzeugt, dass Sie jedem Ratsuchenden, der zu Ihnen kommt, auch gerecht werden können. Er benötigt genau das, was Sie zu geben haben.

Der Reiter – Herz 9

Karte Nr. 1

Finanzielle, Materielle Bedeutung

- *unterwegs, in Sicht, im Anmarsch*
- *Veränderungen stehen an*
- *nette Angebote, gute Kontakte*
- *verpasste Chancen*
- *Einladungen in Aktivitätsbereiche*
- *übermittelte Nachrichten*
- *persönlich überbrachte Einschreiben, auch globale Paketdienste wie UPS, DPD, Hermes und regelmäßige Servicelieferungen*
- *Zeit – bereits im Werden*

Durch den Reiter wird eine Nachricht übermittelt, die meistens von einer dritten Person stammt. Doch der Empfänger rechnet bereits zu 90 Prozent damit, dass ihm die Nachricht zugestellt wird.

Im Berufs- oder auch im Hausfrauendasein kann es sich bei dem Reiter auch um einen normalen Warentransport wie UPS, kleinere Pakete, Warenhauslieferungen handeln, die direkt zugestellt werden. Jedoch keine überraschenden Speditionstransporte, sondern regelmäßige Haus- oder Firmenlieferanten/Boten. Auch repräsentiert der Reiter die Berufsstände wie Sportler, Bedienung, Verkäuferin, Sekräterin, Vermittlungsdienstleister, und Berufe, bei denen die Menschen von A nach B reisen wie Kraftfahrer, Vertreter oder Kuriere.

Seine normalen Aktivitäten bezeichnen wir mit schnell, flink, freundlich, agil, veränderlich, spontan, offen und warmherzig. Er kann für sich selbst Entscheidungen treffen, aber genauso schnell widerrufen.

Da sich seine Gedanken ebenso schnell bewegen wie er selbst, so lösen Dutzende neue Pläne den alten mit der vorherigen Bedeutung ab. Als Charakterkarte gezogen zeigt er Leichtigkeit und Wendigkeit an, so dass man ihm vieles verzeiht und nachsieht, was man einem anderen ankreidet.

Betrachten Sie ihn als »Götterboten«, als Übermittler, nichts Dauerhaftes, Endgültiges. In einer Arbeit oder im Geschäft ist ein Reiter nur so lange gut, wie es ihn wirklich interessiert.

Reiter – Nr. 1, Herz 9 in Verbindung

Reiter + Klee

Eine Nachricht, die bereits übermittelt wurde, bringt in Kürze Glück, Leichtigkeit und Erfolg in Teilbereichen sowie Trinkgelder. Geldfluss: keine hohen Summen, kleinere. Bei Jobsuche ergeben sich positive Veränderungen.

Reiter + Schiff

Eine Zusage nährt die Hoffnung, dass sich die Wünsche verwirklichen, die seit längerem erträumt und geistig visualisiert wurden. Hier bedarf es noch entscheidender Veränderungen, damit die Realität sich erfüllen kann.

Reiter + Haus

Die übermittelten Nachrichten entstammen einer guten, wohlgesonnenen auch wohlhabenden Verbindung – aus einem guten Haus/Firma.

Reiter + Baum

Langfristige Pläne oder Projekte werden zugesagt. Geldeingänge zeigen nur langsames Wachstum.

Reiter + Wolke

Zusagen werden mit dem festen Willen gegeben, sie auf der Materie einzuhalten. Doch kurze Zeit danach bezweifelt der Zusager seine eigenen Entscheidungen.

Reiter + Schlange

Vorsicht ist geboten. Diese Nachricht ist bewusst und geschickt formuliert. Eine dritte herzlich wirkende Person wird als Übermittler genutzt, weil der Absender damit selber eigennützige, irdische Ziele verfolgt.

Reiter + Sarg

Fragen auf Zusagen oder Wachstum gerichtet sind hier mit nein zu beantworten. Die Situation stagniert, jedoch wird eine Mittelsperson eingeschaltet, die um Verständnis und Lösungen bittet.

Reiter + Blumen

Freude, Erfolge, Anerkennung, Geldfluss von kleineren bis mittleren Wünschen kommen von einem Tag zum anderen. Die guten Nachrichten werden auch anderen Menschen übermittelt.

Reiter + Sense

Jammern über schlechte Zeiten, Wirtschaftskrisen und Fast-Pleiten, wer wen zu linken versucht, mobben, betrügen, versetzt Nerven und Körper in helle Aufregung und zieht genau das herbei, wovor der Mensch eigentlich Angst hat. Hier wird Gefahr herbeigeredet.

Reiter + Ruten

Hier ist nichts klar, nichts entschieden, keine Zusagen liegen auf dem Tisch. Eine dritte vermittelnde Person mit dem Herz auf dem richtigen Fleck kann die Angelegenheit beilegen oder zum guten Ende führen. Allein geht das hier nicht.

Reiter + Vögel

Im beruflichen Bereich ist durch eine Unachtsamkeit von einem Kollegen/Kollegin ein Getratsche entstanden, welches den finanziellen Bereich betrifft. Auf verbale finanzielle Zusagen ist hier kein Verlass.

Reiter + Kind

Der Vertreter/Mittelsmann macht Geschenke

und »opfert sich auf«, nur weil er dem Vorgesetzen eine Freude machen will.

Reiter + Fuchs

Die hier übermittelten Zusagen sind bereits trotz getroffener Abmachung zum eigenen Vorteil wieder umfunktioniert worden. Sie dienen als Verzögerungs- und Hinhaltetaktik. Der Aufwand durch die Einschaltung einer dritten Person ist beabsichtigt.

Reiter + Bär

Diesen durch den Boten übermittelten Zusagen können Sie vertrauen, vor allem wenn es um behördliche, staatliche oder vergleichsweise traditionelle Unternehmen geht. Die Werte sind stabil, zumindest im Durchschnitt keine Unterdeckung.

Reiter + Sterne

Erfolg und die Freude über das Gelingen eines Wunsches, Planes, Projektes wird an andere Personen übermittelt.

Reiter + Störche

Zusagen, die von weit her übermittelt werden, sind zu einem bestimmten Zeitpunkt fixiert bzw. vordatiert. Es ist im Entwickeln, Wachsen.

Reiter + Hund

Im Jobbereich werden belastende Äußerungen durch Hilfe treuer Freunde, loyaler Kollegen unter den Tisch gekehrt. Nach außen dringen nur die guten Nachrichten.

Reiter + Turm

Nachrichten von allergrößter Wichtigkeit werden durch persönliche Boten übermittelt. Bei Fragen nach einer Zusage ist hier vorerst mit Ablehnung zu rechnen, bzw. dringt die Anfrage nicht bis zur kompetenten Person vor.

Reiter + Park

Zusagen gibt es hier nur, wenn es sich um öffentlich rechtliche Institutionen handelt. Einladungen zu gesellschaftlichen Treffen folgen. Job und Karriereanfragen bringen Erfolg, wenn es sich um öffentliche, staatliche Arbeitsplätze handelt.

Reiter + Berg

Hier wird die Nachricht übermittelt, dass es mit Erfolg, Geld und Karriere nur schleppend und zögerlich vorangeht. Auch die Zukunft ist ungewiss.

Reiter + Wege

Ihnen wird mitgeteilt, dass der Betroffene sich für einen neuen vernünftigen Weg entschieden hat. Ob aus Ihrer Anfrage eine Zusage wird, zeigt die nächste Karte.

Reiter + Mäuse

Es wird mit dem größten Bedauern übermittelt, dass die Angelegenheit in Verlust geht. Der Anfragende wird freundlich behandelt und es wird ihm alles Gute gewünscht.

Reiter + Herz

Die Übermittlung der Nachricht ist positiv, da sich herzlich gesonnene Menschen intensiv und selbstlos für das Gelingen eingesetzt haben.

Reiter + Ring

Ein Vertrag wird zur Unterschrift übermittelt. Es handelt sich hier um fest angelegte, auch langfristige Angelegenheiten.

Reiter + Buch
Durch persönliche Vermittler (Unternehmensberater/Finanzierungs- und Kapitalvermittler) werden finanzielle Transfers durch Vertrauensleute getätigt. Vor der Umwelt bleibt es geheim.

Reiter + Brief
Die Post, die Sie erhalten, wird Sie trotz guter Nachrichten nicht freuen, denn Ihre Erwartungen waren höher oder besser!

Reiter + Herr
Chancen auf Zusagen oder Materielles sind hier nur gegeben, wenn beide Parteien dem gleichen sozialen Stand angehören.

Reiter + Dame
Dieser Chance auf eine Veränderung, die den sozialen finanziellen Rahmen gefestigt hätte, sehen Sie mit Bedauern hinterher. Sie ist davongaloppiert.

Reiter + Lilie
Projekte sind eingefroren, aber nicht für aussichtslos erklärt. Eingereichte Unterlagen sind an ein anderes Haus/Firma/Abteilung weitergeleitet worden.

Reiter + Sonne
Zu einem halb geschäftlichen Treffen außerhalb der Betriebszeiten wird geladen, auch mit Partner. Geldfluss vorhanden, Zusagen auf Anfragen werden übermittelt.

Reiter + Mond
Für die Abendstunden erfolgt eine Einladung aus einer Ihnen bekannten Firma oder betrieblichen Zugehörigkeit.

Reiter + Schlüssel
Auf jeden Fall wird ein Sicherheits-, Versicherungsvertreter vorbeischauen. Das Gespräch verläuft erfolgreich und ist gut für beide Seiten.

Reiter + Fische
Ein Angebot für eine Tätigkeit wird unterbreitet, bei der man gutes Geld für leichte Arbeit verspricht.

Reiter + Anker
Eine Aufforderung für einen beruflichen Arbeitseinsatz, auch zeitlich begrenzt oder konjunktur-, saisonbedingt wird Sie erreichen.

Reiter + Kreuz
Durch Weitersagen wird Sie eine Nachricht erreichen, dass es einer Ihnen bekannten Firma schlecht geht.

Der Klee – Karo 6

Karte Nr. 2

Finanzielle, Materielle Bedeutung

- *Zeitkarte im Geistigen: unberechenbar*
- *Zeitkarte im Irdischen: sofort, unmittelbar*
- *Zeitkarte im Finanziellen: unterwegs*
- *Manifestation bei Wünschen: bis max. 6 Wochen für kleine Wünsche*
- *Glückliche Ereignisse bei Kontakten*
- *Chancen, die deutlich sichtbar sind*
- *kleines Glück – länger anhaltend*
- *Überraschungen – Leichtigkeit*

Der Klee steht im beruflich-finanziellen Bereich für Überraschungen und glückliche Umstände. Viele kleine Zeichen weisen auf eine Glücksserie in die richtige Richtung hin. Eventuell findet ein Suchender während einer solchen Zeit gleich mehrere Firmen, Banken, Arbeitsplätze oder wird von mehreren Interessenten angesprochen, die ihn für eine Zusammenarbeit interessieren wollen. Alles läuft leicht, wie von selbst, mühelos und mit viel Glück.

Den Klee verstehen wir am besten als kleine Serie von guten Umständen, glücklichen Fügungen und einer Auflockerung, Aufmunterung vom stressgeplagten Arbeitstag. Immer wieder, in unregelmäßigen Abständen, werden wir von ihm überrascht und kommen an seinen kleinen Liebesgaben, die jedes Menschenherz erfreuen, nicht vorbei.

Als Zeitkarte ist der Klee schnell, bald, quirlig und leicht. Er bietet zumindest über einen längeren Zeitraum von vier bis max. sechs Wochen kleine glückliche Ereignisse. Die Karte besagt, dass das Glück im Irdischen ganz nah, fast direkt vor den Füßen liegt. Vom jetzigen Zeitpunkt über die nächsten Tage bis in die nächsten Wochen, je nach Liegeplatz der Karte. Wenn der Mensch in der »Kleephase« steckt, ist das ein Aufruf zum Handeln. Kleine Geldeingänge stehen an, vielleicht sogar öfter, jedoch keine großen. Job, Karriere, Erfolg, Geld ja, aber nicht alles auf einmal, sondern in Raten.

Klee – Nr. 2, Karo 6 in Verbindung

Klee + Reiter

Sie haben Glück. Vertreter, Reisende bringen über einen Zeitraum von jetzt bis zu 8 Wochen gute Aufträge, keine hohen Abschlüsse.

Klee + Schiff

Überraschender Erfolg – Glückstreffer – in Auslandsgeschäften, da vorab eine gute verbale Vorbereitung erfolgt ist.

Klee + Haus

Unverhoffte Kundenbesuche bringen kleinen Geldfluss ins Haus oder in die Firma und tragen zur Stabilität bei.

Klee + Baum

Treue Stammkunden, die eventuell weit weg wohnen, sichern den geschäftlichen Erfolg, wenn auch im bescheideneren Rahmen.

Klee + Wolke

Ein Vorschlag wird unterbreitet, der für alle Beteiligten wunderbar ist. Erfolg wäre vorhanden. Doch der Betroffene glaubt nicht an sein Glück. Er zerredet die positive Veränderung.

Klee + Schlange

Eine weibliche oder auch weiblich wirkende Person versucht Ihr glückliches Händchen für geschäftliche Vorgänge zu stören. Auf Geldfluss oder erwartete Zusagen ist mit Verzögerungen zu rechnen.

Klee + Sarg

Zufälle, Chancen und Möglichkeiten können derzeit nicht eingebracht werden, da die Firma, die Selbstständigkeit, der Job, die Karriere sich in Stagnation befinden.

Klee + Blumen

Durch Werbegeschenke, auch kluge Aussendungen oder private Geselligkeiten mit geschäftlichen Kontakten kommt es kurzfristig zu vielen Aufträgen, die über einen längeren Zeitraum anhalten. Bei direkten Fragen nach Zusagen verspricht die Kombination Erfolg und Freude.

Klee + Sense

Durch »kosmisches Glück« wird hier ein Umstand herbeigeführt, der Ihnen den Erfolg, das Geld, die Materie, den Job, die Karriere sichert. Es betrifft hier die Angelegenheiten, die Sie sich erarbeitet haben.

Klee + Ruten

Kleinere finanzielle Versprechen bezüglich Zahlung von Rechnungen werden mit Glück und guter Kommunikation Ihrerseits als Eingänge zu verbuchen sein.

Klee + Vögel

Kleinere Diskussionen um Finanzielles entstehen. Sie können nur über die menschliche Ebene gelöst werden. Hier wird versucht den Preis zu drücken, zu feilschen, da man nur über wenig Geld verfügt, diese Blöße aber nicht offen zugeben will. Eventuell als Kundenreklamtion oder Arbeitsmängel deklariert.

Klee + Kind

Durch »kosmische« glückliche Ereignisse wird Ihre Unschuld bzw. die Richtigkeit Ihrer Aussagen bestätigt. Finanziell oder beruflich gegebene Zusagen bedürfen einer übergeordneten Stelle, um eingehalten werden zu können.

Klee + Fuchs

Ein raffinierter, intelligenter Kollege, Kollegin, Gesprächspartner versucht das Geheimnis Ihrer guten, leichten geschäftlichen Erfolge zu ergründen.

Klee + Bär

Behördliche Gänge – betrifft alles, was unter dem Bereich großer sozialer Konzern eingeordnet werden kann – fallen Ihnen derzeit und auch in naher Zukunft leicht. Ihre Vorhaben werden wohlwollend geprüft.

Klee + Sterne

Es regnet Glück, außer im finanziellen Bereich, denn die Kartenkombination sagt nichts aus über Geldeingänge. Eher, dass die Angelegenheiten nun endlich klar und ehrlich und ethisch sauber sind.

Klee + Störche

Doppeltes Glück! In kurzer Zeit wird die geplante Veränderung durch gute Umstände zu einem sicheren Wechsel im Arbeitsbereich oder Neustrukturierung im Firmenbereich führen.

Klee + Hund

Glück und kurzfristigen Erfolg durch den Schutz und die Hilfe von guten Freunden. Eher ideelle als finanzielle Auswirkung.

Klee + Turm

Trotz Ihres Einsatzes, Ihres Glaubens und Ihres Vertrauens kommen Sie an die Leute nicht heran oder in das System nicht hinein.

Klee + Park

Um Ihre geplanten Vorhaben zu realisieren und zum Erfolg zu führen, brauchen Sie die Meinung der Öffentlichkeit. Zumindest sollten Sie sich mit offiziellen Stellen in Verbindung setzen.

Klee + Berg

Eine laufende materielle Angelegenheit – Arbeitseinsatz oder Produktion – bei der Sie in der letzten Zeit noch Glück hatten, entwickelt sich zunehmend schwieriger.

Klee + Wege

Bedingt durch derzeitig positive Umstände wird kurzerhand eine Entscheidung für einen neuen Weg getroffen.

Klee + Mäuse

Das, was Sie für ein Schnäppchen gehalten haben, bringt unversehens Ärger, Stress und löst sich wieder in Nichts auf.

Klee + Herz

Ein nur kurze Zeit laufendes Projekt wird mit einer herzlich gesonnenen Teamarbeit/Mannschaft zum Erfolg. (Glück haben durch Begeisterung und Schnelligkeit).

Klee + Ring

Eine schnelle Zusage zu einer kurzfristigen vertraglichen Bindung, die das Materielle vorübergehend absichert.

Klee + Buch

Durch Glück sind Sie in eine Situation geraten, aus der gutes Geld zu erwarten ist. Hier wird eine Solvenz angezeigt, die nicht an die große Glocke gehängt wird.

Klee + Brief

Eine ziemlich herbe, brüske Absage ist hier zu erwarten. Das ist Glück im Unglück. Denn würde es zustande kommen, würde es Probleme und Ärger nach sich ziehen.

Klee + Herr

Durch glückliche Umstände und charmante Gespräche steht einer Veränderung nichts mehr im Wege. Im Firmenbereich handelt es sich hier meist um repräsentatives Auftreten im Außenbereich, das zum derzeitigen Erfolg neue Aufgaben hinzufügt.

Klee + Dame

Alles bleibt vorübergehend beim Alten. Man ist einigermaßen zufrieden und bedankt sich für das Erreichte.

Klee + Lilie

Finanziell herrscht hier Frieden. Man hat sich arrangiert. Der Kosmos, Schicksal oder das Glück sorgt dafür, zumindest vorübergehend, dass es nicht schlechter wird.

Klee + Sonne

»Wer schon hat, dem wird auch noch gegeben«. Glückszufälle, kleine Gewinne und sonstige nette Geschenke wie Bonus, Prämien werden hier ausgeteilt. Anfragen auf Zusagen oder Geldvermehrung werden positiv beantwortet.

Klee + Mond

Ein Dankeschön und ein »Das haben Sie gut gemacht, Sie sind die Beste, wenn ich Sie nicht hätte . . . «. Doch das bringt keinerlei Klarheit oder finanziellen Gewinn.

Klee + Schlüssel

Was Ihnen vor kurzer Zeit unter glücklichen Umständen zugespielt wurde ist jetzt mit Verstand und Intelligenz in Finanzielles umzusetzen. Bei Anfragen auf erwartete Zusagen ist die Antwort ja, wenn die Anfrage berechenbar ist, logisch erscheint und rational nachvollziehbar ist.

Klee + Fische

In Kürze fließt Geld, die Aktivitäten vermehren sich. Das Geld bekommt »Junge«.

Klee + Anker

Sehr kurzfristig wird die Arbeit durch befreite, freiere, lockere (ungefähr so, wie ein Mensch, der verliebt ist) Kommunikation erfolgreicher sein.

Klee + Kreuz

Mit einem Glücksboten zur Seite kommt eine heikle Angelegenheit doch noch zum guten Abschluss. Finanziell bleibt sogar einiges dabei über.

Das Schiff – Pik 10

Karte Nr. 3

Finanzielle, Materielle Bedeutung

- *Lebensreise sowie irdische Reise*
- *Sehnsucht – Planung, Erfüllung liegt zeitversetzt in der Zukunft*
- *visionäre Kraft des Geistes*
- *Träume von Erfolg und Reichtum*
- *Auslands- und Überseekontakte*
- *Hoffnung auf Geld und Gelingen*
- *Visionen und Erwartungshaltung*
- *Spekulationen auf Altes*
- *Bewerbungen*

Das Schiff symbolisiert nicht nur Reisen in jeglicher Form sondern auch die Hoffnung, die Visionen und Träume seit der Kindheit unseres Lebens. Unter dem Zeichen des Schiffes fangen Menschen oft wieder an zu sich selbst zu stehen, sich selbst zu hinterfragen und arbeiten daran alte Träume zu verwirklichen.

Der Geist des Menschen ist bereit zum Teil auch ganz neue Wege zu gehen, z.B. von einer Anstellung in eine Selbstständigkeit. Er ist bereit für ein kalkulierbares Risiko, wenn es gut berechenbar und logisch schlüssig dargeboten wird. Jedoch, dass diese gravierenden Veränderungen überhaupt vorgenommen werden, dahinter steckt die visionäre Kraft des Geistes, die sich verwirklichen will.

Das Schiff zeigt uns auch an, dass wir zu einer detaillierten Neuplanung und Strukturierung unseres Lebens aufgerufen werden. Es fordert uns auf, Altes und Neues in uns zu verbinden und neu zu benennen.

Das Schiff als Einzelkarte weist uns nur auf Veränderungen hin, nicht auf irgendwelche Abschlüsse oder Erfolge. Durch anpackende praktische Arbeit wird hier kaum etwas erreicht, eher durch Kommunikation, Planung, Strategien und alte Verbindungen.

Wenn das Schiff in der Zukunft liegt, deutet es auf Veränderung, Bewegung, Reisen hin, die stattfinden werden, deren Ursache oft monatelang oder auch jahrelang zurückliegt.

Schiff – Nr. 3, Pik 10 in Verbindung

Schiff + Reiter

Die Verhandlungen sind trotz größerer Entfernungen reibungslos und man lässt ausrichten, dass alles zum Besten steht.

Schiff + Klee

In relativ kurzer Zeit sind Kontakte mit Geschäfts- oder Handelspartnern angesagt, deren Standorte im Ausland liegen. Bei Arbeitssuche würde es für den Bewerber bedeuten, sein Glück in der Ferne zu versuchen.

Schiff + Haus

Bei beruflichen Einsätzen finden Sie für einen etwas längeren Zeitraum ein schönes Zuhause, fast genau so, als ob Sie in Ihren eigenen vier Wänden wären.

Schiff + Baum

Trotz aller interessanten beruflichen Aktivitäten kehrt der Mensch nach langem Umherreisen in seine alte Heimat/alten Standort/Zentrale – oder so ähnlich, wie seine alte Heimat – zurück.

Schiff + Wolke

Diese Karriereplanung oder auch Studium driftet von einem Bereich in den anderen. Ehemals getroffene Entscheidungen werden nach kurzer Zeit – etwa einem Vierteljahr – ad absurdum geführt. Der Kandidat sucht schon wieder, wobei die Suche nach Glück und die hohe Erwartungshaltung dazu führt, dass alle Warnungen in den Wind geschlagen werden.

Schiff + Schlange

Diese Reise, dieses Treffen mit dem Handelspartner wird mehr als schwierig. Der Gast weiß, was er will und »pokert hoch«, doch der Gastgeber ist nicht weniger geschickt.

Schiff + Sarg

Es ist absolut nicht der richtige Zeitpunkt, um einen anderen für seine Pläne oder Firmenprojekte zu begeistern oder Finanzielles zu erwarten, obwohl zweifellos gute Grundlagen vorhanden sind.

Schiff + Blumen

Sie werden einer Einladung Folge leisten. Es wird Ihnen gut gefallen und zudem werden Sie dort die richtigen Leute zum richtigen Zeitpunkt treffen.

Schiff + Sense

Ihre Zukunftspläne, Erträge sind leider nicht gut abgesichert. Jemand anderes versucht Ihnen das vor der Nase wegzuschnappen.

Schiff + Ruten

Hier ist keine Aussicht auf kurzfristigen Erfolg, besonders wenn es um Firmen/Namen/Waren/Patentschutz usw. geht, da dies in der Vergangenheit nicht beglaubigt wurde.

Schiff + Vögel

Es ist überflüssig den Standort, die Firma, Bank zu wechseln, denn das ist nur eine Spekulation auf Geld oder Erfolg, die im Endeffekt kaum etwas einbringt. »Außer Spesen nichts gewesen«.

Schiff + Kind

Erfolg ist hier keiner zu verzeichnen außer

großen Plänen und einem unerschütterlichen Glauben daran, dass es sich irgendwann einmal auszahlt.

Schiff + Fuchs
Hier gilt es, nicht zu lange vom Geschäft oder Unternehmen fernzubleiben. Behalten Sie vorübergehend Ihre Pläne und Zielsetzungen für sich, denn jemand anderes versucht Ihren geistigen Reichtum irdisch zu verwerten.

Schiff + Bär
Ihre Firma/Selbstständigkeitsidee ist auf staatlicher, behördlicher Ebene in einem guten Hafen eingelaufen. Man steht der ganzen Angelegenheit wohlwollend gegenüber.

Schiff + Sterne
Es war ein alter, langgehegter Wunsch, der jetzt unversehens wahr wird. Eine Art Karrieresprung, möglicherweise mit Auslandsversetzung bzw. vielen Reisemöglichkeiten.

Schiff + Störche
Das ist definitiv: In einigen Monaten wird eine neue Ära beginnen, die mit einer gesicherten Standortverlegung zu tun hat.

Schiff + Hund
Mit viel Idealismus werden Freunde bei der Verwirklichung Ihrer Selbstständigkeit helfen.

Schiff + Turm
Zusagen gleich welcher Art können hier zum Tragen kommen, wenn der Anfragende bereit ist sein Wissen, seine Vision und sich selbst voll dem anderen zur Verfügung zu stellen, sprich sich voll unterzuordnen.

Schiff + Park
Über Forschungsreisende im Auftrag der Regierung oder der öffentlichen Hand wird in den Medien berichtet.

Schiff + Berg
So geht das nicht. Hier sind so gute Pläne, aber die Umsetzung entspricht im Gegensatz dazu einem »Klein, klein«. Stellen Sie sich vor: Sie versuchen ein Schiff an zwei dünnen Seilen über einen Berg zu ziehen. Schon allein bei dieser Vorstellung ist uns klar, dass das nicht geht. Es braucht einen anderen Weg.

Schiff + Wege
Befördern Sie Ihre Wünsche ans Tageslicht. Schreiben Sie sie auf. Checken Sie derzeit und in bis zu sieben Wochen alle Möglichkeiten ab, die Ihnen einfallen. Erst danach sollten Sie sich für Neues entscheiden.

Schiff + Mäuse
Der Traum vom Neubeginn in einem anderen Land oder einem Ort, der weiter weg ist, wird auf irdischer Ebene abgesagt.

Schiff + Herz
Gute Aussichten auf Jobzusagen, wenn sich diese in reisender Tätigkeit, Schiffe, Flugzeuge, Bahnen u.a. befinden.

Schiff + Ring
Eine Vertragsunterzeichnung für einen sehr langen Zeitraum kommt zustande, die a) dem ideellen Wunsch und b) (falls im Gespräch) einem Wechsel ins Ausland nahekommt.

Schiff + Buch

Antworten auf gestartete Anfragen oder Versuche den anderen ans Telefon zu bekommen funktionieren nicht, da er nicht erreichbar ist. Er ist in geheimer Mission unterwegs. Zumindest wissen nur ein paar Eingeweihte davon. Vermögen stammt auch aus dem Ausland, aus alten Geschäften.

Schiff + Brief

Der erwünschte und erhoffte Erfolg aus dem Ausland wird nur mit Abstrichen zu haben sein.

Schiff + Herr

Das Verreisen dient vor allem zur Repräsentation und als Objektbesichtigung verschiedener Standorte.

Schiff + Dame

Vornehmlich werden hier alte potenziell gute Kunden im regelmäßigen Zyklus besucht.

Schiff + Lilie

Eine Reise durch einen kirchlichen, religiösen Vertreter ist angesagt.

Schiff + Sonne

Ein demnächst anstehender Termin, zu dem Sie gehen, wird sehr gut verlaufen. Der Gesprächspartner ist in etwa Ihrer Meinung. Eventuelle Bedenken sind unnötig.

Schiff + Mond

Ein kurzes Anreisen in den Abendstunden zu einem »geschäftlichen Termin«, der in etwa einer Einladung gleicht, bringt nicht den gewünschten Erfolg aber Träume vom schnellen Reichwerden.

Schiff + Schlüssel

Mit Sicherheit wird diese Anreise/ Reise zu Geld führen, wenn die Angelegenheit vertraulich behandelt wird.

Schiff + Fische

Das angedachte Projekt, der alte Traum führt zu den entsprechenden Leuten, die es ermöglichen können, daraus gutes Geld zu verdienen.

Schiff + Anker

Die großen Pläne, der schnelle Erfolg, das große oder schnelle Geld kann damit nicht verwirklicht werden. Denn die Realität heißt arbeiten, arbeiten und nochmals arbeiten.

Schiff + Kreuz

Das geplante Vorhaben, die gute Idee kann aus wirtschaftlichen Gründen derzeit nicht realisiert werden.

Das Haus – Herz König

Karte Nr. 4

Finanzielle, Materielle Bedeutung

- *gute Entscheidung*
- *karmische Verbindung zu Arbeits- und Geschäftsbereich*
- *gute Teamarbeit*
- *Finanzen, Job, Karriere, Erfolg stabil – oder wird stabil*
- *Frieden, Harmonie, Freude*
- *Sicherheit, Schutz, Stabilität*
- *positives Arbeitsklima*

Auf der materiellen Ebene spiegelt das Haus zum einen den Lebensstandard/status, den der Mensch ins Außen abstrahlt und zum anderen seine Wünsche, sein Begehren. Auch verrät uns das Haus viel über den Charakter der Personen oder zumindest das, was die Umwelt ihnen als Charaktereigenschaften zuschreibt.

Wir kennen es alle, je schöner und begehrenswerter uns ein Haus, eine Firma von außen erscheint, desto höher wird der Stellenwert der darin lebenden und arbeitenden Bewohner bemessen. Bewusst sieht der Mensch nur das, was er sehen will, nämlich das, was er nicht besitzt und doch begehrt. Die Schwierigkeiten bleiben meistens bis zum Eklat wie Scheidung, Ruin, Absturz verdeckt.

Demzufolge bleibt im geschäftlichen Bereich der kleine Zweifel vorhanden: Ist es wahr, was ich sehe, oder bin ich vom Zauber des Hauses/Firma befangen?

Im Großen und Ganzen, von wenigen Ausnahmen abgesehen, ist es immer positiv zu bewerten, wenn der Mensch Fragen zu seiner Zukunft hat. Das Haus ist aber keine Karte von schnellem Erfolg, schnellem Glück oder Gewinn, sondern deutet eher darauf hin, dass alles in Stabilität und Seriosität gewachsen und aufgebaut ist. Es kann sowohl für eine kleine Firma wie für ein mittelständisches Unternehmen stehen, auch für einen ziemlich großen Konzern mit vielen Niederlassungen, aber nur wenn er noch einen der Gründerväter im Vorstand hat.

Haus – Nr. 4, Herz König in Verbindung

Haus + Reiter
Sie erhalten eine überraschend schnelle Zustellung der angeforderten Ware.

Haus + Klee
Überraschenderweise werden in den nächsten Tagen mehrere kleinere Geldbeträge fließen. Sie haben Glück damit. Dies kann auch auf kleine Trinkgelder hindeuten, für eine Arbeit, die im Haus/Firma verrichtet wurde oder kleine Geldbeträge im Briefumschlag.

Haus + Schiff
Es nützt nichts, an dieser Reise kommt der Mensch nicht vorbei. Sie liegt auf seinem Lebensweg. Ob sie erfolgreich wird, liegt hier zum einen an der Solidität des Angebots und zum anderen ist die Kommunikation des Reisenden ausschlaggebend.

Haus + Baum
Im Finanziellen bewegt sich zu wenig für den Geschmack des Betreffenden. Stabilität, Sicherheit und Beständigkeit ist derzeit gewährleistet.

Haus + Wolke
Ein wichtiger, vor kurzem noch wohlgesonnener männlicher Geschäftspartner steht Ihren beruflichen Aktivitäten sehr zweifelnd gegenüber.

Haus + Schlange
Eine wichtige, vor kurzem noch wohlgesonnene weibliche Führungspersönlichkeit steht Ihren beruflichen Aktivitäten im Wege.

Haus + Sarg
Geschäftliche Aktivitäten gelangen in die Krise und auch zum Stillstand. Ein Zusammenbruch der Finanzen ist angezeigt, da eine größere Summe Geld fehlt und dies zu Engpässen führt.

Haus + Blumen
Von einer Sekunde zur anderen wird eine Person Ihnen wie ein rettender Engel erscheinen, die Ihren geschäftlichen Aktivitäten neuen Auftrieb gibt.

Haus + Sense
Eine Arbeit wird abgeschlossen und man wartet auf die Bezahlung. Doch der andere zeigt sich zahlungsunwillig, versucht Gelder vorzuenthalten.

Haus + Ruten
Das Projekt, welches das Haus verlassen hat, ist nicht korrekt ausgeführt gewesen. Der Absender wird mit schriftlichen Einwänden/Reklamationen zu rechnen haben. Allerdings wird Nachbesserung angeboten.

Haus + Vögel
Dass hier viel und fleißig gearbeitet wird, steht außer Frage. Doch der Ertrag aus der Mehrarbeit lohnt sich kaum.

Haus + Kind
In einer geschäftlichen Angelegenheit spricht man Ihnen das Vertrauen aus, nochmals von neuem anzufangen. Das Alte ist verziehen. Das bringt kein sofortiges Geld aber Möglichkeiten dazu.

Haus + Fuchs
Ein Partner/Freund oder auch Fremder versucht Ihnen im irdisch materiellen Bereich etwas schmackhaft zu machen, wodurch Sie auf Sicht gesehen einen herben Verlust erleiden würden.

Haus + Bär
Nichts Aufregendes, alles bestens im Haus und im Unternehmen. Ein »bärenstarkes« Haus/Firma. Sehr solide und gediegen. Es ist eine allgemein sehr sichere, ruhige Phase, in welcher die Angelegenheiten einfach gelingen.

Haus + Sterne
In Kürze wird eine Zusage erfolgen, die Sie erwünscht haben. Sie hebt das Prestige, das Image.

Haus + Störche
Ein geplanter Firmeneinsatz zur Vollendung eines Projektes benötigt Sie über einen längeren Zeitraum an einem anderen Ort.

Haus + Hund
Während Ihrer Abwesenheit können Sie sich auf Ihre Mitarbeiter verlassen.

Haus + Turm
Der Sprung in die gewünschte oder angedachte Größenordnung von Firma ist derzeit nicht zu schaffen.

Haus + Park
Die Produkte werden auf einer Veranstaltung in der Öffentlichkeit präsentiert. Das können Märkte oder auch Messen sein. Überall dort, wo es viel Publikumsverkehr gibt.

Haus + Berg
Die beste Qualität der Ware oder Arbeit kommt nicht zum Tragen, wenn die Vertriebswege zu schwierig und mühsam sind.

Haus + Wege
Gute Chancen hat eine Geschäftserweiterung oder partnerschaftliche Verbindung, wenn die zweite Person frischen Wind, eine rationale Sicht und neue Wege mitbringt.

Haus + Mäuse
Das Lager ist voll, doch die Geschmacksrichtung der Kunden hat sich verändert. Durch eine kleine nette Überraschung sorgt der »Kosmos« für eine Zwangsräumung/Verramschung. Erschrecken Sie nicht, das kann ein Wasserschaden, Kabelbrand oder Sonstiges sein.

Haus + Herz
In Häusern oder Wohnungen werden kollegiale Treffen mit Menschen abgehalten, die die gleichen Interessen/Ideale oder beruflichen Ziele verfolgen.

Haus + Ring
Eine Vertragsunterzeichnung erfolgt, die dem Erwerb, der Sicherung, der Erhaltung des geschäftlichen Bereiches dient.

Haus + Buch
Geld, Vermögen und Sachwerte sind in ausreichendem Maße vorhanden. Alles ist gut weggeschlossen.

Haus + Brief
Das ist nichts Halbes und nichts Ganzes. Sie sollen vertröstet werden. Es ist zu gering, um ärgerlich zu werden.

Haus + Herr

Die elterlichen oder traditionellen Familienvorschläge in Bezug auf Arbeit oder Geldverdienen werden hier nicht zur Kenntnis genommen.

Haus + Dame

Eine Partnerin kommt ins Haus, in die Selbstständigkeit, kleine bis mittlere Firma. Es ist die richtige Person.

Haus + Lilie

Hier wird es keine Einigung geben, da der Anfragende mit seinem Projekt die traditionsreichen und kulturbezogenen Gesetze seines Gegenübers und des Landes nicht außer Kraft zu setzen vermag.

Haus + Sonne

Wenn ich es hier sehr flapsig ausdrücke, so würde ich sagen: Toll, die Sterne stehen gut und Jupiter verspricht Ihnen global gesehen eine sehr gute geschäftliche und finanzielle Phase. Sie allein sind verantwortlich, aus dieser glücklichen Phase alles Gold und Geld – wie im Außen, so im Innen – herauszuholen.

Haus + Mond

Sollte es sich um eine Verhandlung/Termine oder um Verkäufe handeln, so versprechen diese erfolgreicher zu verlaufen, wenn Sie diese in Ihrem Haus/Wohnung oder Ihrer Firma tätigen, als wenn Sie sich nach außerhalb zu Einladungen begeben.

Haus + Schlüssel

Mit Sicherheit werden Sie über die emotionale Schiene zu viel Geld kommen, jedoch Stillschweigen über die Herkunft des Geldes bewahren.

Haus + Fische

Das angedachte Projekt ist wie ein Hoffen auf eine wundersame Brotvermehrung, was in der Tat auf Sicht gesehen mit starken Nerven ganz gut funktionieren mag.

Haus + Anker

Dieser Auftrag ist wenig lukrativ. Zu viel Arbeit und zu wenig Geld.

Haus + Kreuz

So richtig geht es geschäftlich oder auch beruflich nicht voran. Es wird noch einige Zeit vor sich hin dümpeln. Meistens ist der Mensch durch private Probleme belastet, die ihn beruflich dann erst recht in Passivität halten.

Der Baum – Herz 7

Karte Nr. 5

Finanzielle, Materielle Bedeutung

- *Stabil, gewachsen*
- *traditionelle kleinere familiäre Unternehmen*
- *feste Verwurzelung*
- *Abneigung gegen Standortwechsel*
- *bei Geld/Erfolgserwartung nur zögerliche Eingänge*
- *Schwierigkeiten bei Sofort-Entscheidungen*
- *unflexibel, langsam, beständig und treu*
- *langjährige Jobs/Arbeitsplätze*
- *Zeit – viele Jahre, auch bis Lebensende*

Je nachdem welche Fragen Sie an die Karten haben, so kann Ihnen dieser Baum eine positive oder negative Antwort bescheren. Zweifelsohne ist er stabil gewachsen, majestätisch schön, sattgrün, voller Blätter und steht prächtig in der Landschaft.

Der Nachteil zeigt sich bei Finanzen, Job und Karriere. Die Angelegenheiten sind unbeweglich. Wachstum und Erfolg gehen nur langsam vorwärts. Allerdings ist ein Arbeitsplatz sicher, auch wenn das Gehalt nicht üppig ist. Da es sich hier auch um Treue zu dem Platz/Ort, dem Unternehmen handelt, kommt es sogar vor, dass weitergearbeitet wird, auch wenn der Baum (Firma) den Menschen schon überhaupt nicht mehr ernährt.

Schnelle überraschende Erfolge, große Karrieresprünge oder hohes Risiko sind in der Regel vom Baum nicht zu erwarten, eher Sicherheit und kleine Schritte. Stabilität, wenn auch nur in bescheidenem Rahmen.

Als Persönlichkeitsstruktur des Menschen weist der Baum eine hohe Beständigkeit und Treue im finanziellen und materiellen sowie den Arbeitsplatz betreffenden Bereich auf. Lieber bleibt der Mensch beim Altbekannten, als sich etwas Neuem, Ungewissen anzuvertrauen, gerade in unsicheren Zeiten. Wichtig ist die kleine positive Anerkennung wie Vertrauen, freundlicher Umgangston, Integrität, Angenommensein, die den Baum (Mensch und Unternehmen) glücklich machen.

Baum – Nr. 5, Herz 7 in Verbindung

Baum + Reiter
Eine traditionelle Einladung wird überbracht, die einen gesunden Treffpunkt für neue geschäftliche Kontakte bereithält.

Baum + Klee
Das langsame Wachstum der Selbstständigkeit wird in der nächsten Zeit durch kleine finanzielle Einnahmen kurzfristig beschleunigt.

Baum + Schiff
Die geplante Reise wird kurzfristig keinen finanziellen Erfolg zeigen, obwohl die Erwartungshaltung sehr hoch ist.

Baum + Haus
Die Existenz ist oder wird binnen kurzem stabil und gesichert sein, da der Betrieb oder die Selbstständigkeit auf dem richtigen Platz und am richtigen Ort ist.

Baum + Wolke
Ein Vorgesetzter oder ein Mensch mit höher gestellten Kompetenzen versucht in diesem Fall den durch Routine eingeschlafenen Arbeitnehmer auf eine Krise vorzubereiten. Der irdische Zeitfaktor bis zum Ereignis liegt bei ca. 45 bis 60 Tagen. Fangen Sie an, sich geistig neu zu orientieren, auch wenn Sie nur ahnen, was es sein könnte. Lassen Sie sich in dem aufrüttelnden Vorfall auf keinen Streit ein, bleiben Sie cool und sachlich.

Baum + Schlange
Mit Raffinesse und intelligenter, bestechend klarer Logik wird der »gestandene« Mann/Frau in seinem Weltbild in Bezug auf Arbeit und Fortschritt aus dem Takt geworfen. Diese Verunsicherung erfolgt durch eine Frau, von der man sich etwas sagen lassen muss.

Baum + Sarg
Der finanzielle Fluss, der hier erwartet wird, ist nicht zu haben. Im Gegenteil, das Ausbleiben macht den Betreffenden handlungsunfähig.

Baum + Blumen
Eine Anerkennung mit einem Präsent wird von einem Geschäftspartner überreicht, der gleichzeitig eine weitere gute Zusammenarbeit andeutet. Man hatte nicht damit gerechnet.

Baum + Sense
Jemand anderes, der Anspruch auf Sicherheit hat, verlangt von Ihnen eine Abtretung des von Ihnen erwirtschafteten Geldes.

Baum + Ruten
Ein cleverer Geschäftsmann versucht durch Tricks und Feilschen weniger zu bezahlen. Bei dem Betroffenen löst es bald heftige Diskussionen, Streitgespräche und viel Arbeit aus.

Baum + Vögel
Mehrere Arbeitnehmer regen sich über die geringe Lohnerhöhung auf, doch es wird nicht sehr tragisch genommen.

Baum + Kind
Mit neuem Urvertrauen stimmt der Mensch dem Projekt nochmals zu, obwohl er aus der Vergangenheit weiß, dass er sich auf sein Gegenüber nicht verlassen kann. Ob dieser Neubeginn sinnvoll ist, zeigt jeweils die nächste separat gezogene, dazu angelegte Karte.

Beispiele: **Baum + Kind**

+ Störche	wirklicher Neubeginn
+ Anker	es ist nichts Besseres in Sicht
+ Sterne	man glaubt an den Neubeginn
+ Turm	ist zum Scheitern verurteilt, trotz Bemühungen
+ Schiff	man will an die eigene Illusion glauben

So wie diese Beispiele hier aufgeführt sind, können Sie mit allen restlichen Karten verfahren.

Baum + Fuchs

Öfter als einmal werden Ihnen spekulative Geschäfte angeboten. Den Beratern geht es in erster Linie ums eigene Geldverdienen, nicht um Ihr Wohl.

Baum + Bär

Da das Unternehmen dem Gemeinwohl dient, ist eine ausreichende soziale Versorgung vorhanden. Falls ein Arbeitssuchender diese Frage an die Karten stellt, so wird er einen Job erhalten, wenn es sich um gemeinnützige Unternehmen handelt und diese nicht allzu weit von seinem Wohnsitz entfernt sind.

Baum + Sterne

In der Selbstständigkeit, dem Unternehmen wird eine klare neue Vision der Unternehmensführung aufgebaut.

Baum + Störche

Ein zweiter Standort eines Geschäftes/Firma ist in der Planung und Durchführung. Bis zur Eröffnung dauert es noch eine Weile.

Baum + Hund

Freunde, auf die man sich verlassen kann, sind feste und auch sporadische Mitarbeiter geworden. Sie werden bei Arbeitsengpässen helfen, nicht bei finanziellen Engpässen.

Baum + Turm

Ein großer starker Konkurrent macht Ihnen derzeitig sehr zu schaffen. Trotz langjähriger gewachsener Kundenbeziehungen werden Sie Einbußen hinnehmen müssen.

Baum + Park

Die Arbeiten mit den Bioprodukten finden in der Öffentlichkeit viel Aufmerksamkeit und ein gutes Echo. Wenn der Fragende oder Befragte in dieser Sparte tätig ist, so kann er mit Aufschwung rechnen.

Baum + Berg

Der finanzielle Geldfluss ist äußerst langsam, schleppend, unflexibel, viel Arbeit, wenig Ertrag.

Baum + Wege

In dieser Selbstständigkeit/Firma stehen neue Wege an, denn die alten bringen sie nicht in den finanziellen Fluss.

Baum + Mäuse

Bevor hier irgendeine erwartete Zusage in Bezug auf Veränderung der Situation eintreffen kann, muss mit dem Aufräumen in dem Unternehmen angefangen werden. Alles, was überflüssig, überfällig und schlecht geworden ist, wird beseitigt.

Baum + Herz

Herzlich gesinnte Menschen bauen Sie durch freundliche Worte auf und das gibt Ihnen die Kraft an eine mögliche Verbesserung zu glauben.

Baum + Ring
Eine Verbindung in Bezug auf Besitz wird eingegangen, unterschrieben, auf die der Betreffende schon lange hingearbeitet hatte.

Baum + Buch
Die Gedanken des Fragenden hadern oder träumen hier von einem: »Was wäre wenn?« oder »Wenn ich einmal reich wär . . .« Doch dazu müsste er weltoffener und lockerer sein, um Gelegenheiten wahrzunehmen. Reichtum oder zumindest gutes Geld ist hier im Kosmos für ihn vorgesehen, doch er muss auch daran glauben.

Baum + Brief
Ein finanziell überzogenes Angebot kommt Ihnen hier ins Haus geflattert, obwohl Sie vorher, wie sie dachten, alles abgesprochen hatten. Sie kommen sich benutzt vor.

Baum + Herr
Je besser die erwirtschafteten Produkte im Außen präsentiert werden, desto freier fließt der Geldfluss. Hier ist Erfolg angesagt, wenn der Betreffende in Bezug auf seine Produkte oder auch seine Person im Außen präsent ist. Dies gilt für Messen, Märkte, Ausstellungen, Kleindarstellungen und Darbietungen aller Art, hauptsächlich im biologischen und ökologischen Bereich.

Baum + Dame
Hier wird nichts dem Zufall überlassen, sondern aus den Erfolgen der Vergangenheit das neue Ziel geplant.

Baum + Lilie
Nach außen steht diese Selbstständigkeit/Betrieb als altes traditionsreiches Unternehmen da. Noch ist es stabil, wird aber sehr dogmatisch geführt.

Baum + Sonne
Viele Menschen mit Kindern werden Ihre Selbstständigkeit/Betrieb besuchen, was einen finanziellen Erfolg verspricht.

Baum + Mond
Die Träume eine Anerkennung, Ehrennadel oder eine Auszeichnung zu erhalten sind vorübergehend steckengeblieben.

Baum + Schlüssel
Mit Sicherheit wird das geplante Vorhaben zu diesem Zeitpunkt Erfolg haben. Finanziell gesehen ermöglicht es Ihnen gut wirtschaften zu können.

Baum + Fische
Die Idee zur schnellen Geldvermehrung ist nicht ausgereift. Sie wird so nicht zu realisieren sein.

Baum + Anker
Es wird nicht das große Geld, doch es ist oder wird der Beruf für einen langen Lebenszeitraum sein und bleiben. Unter diesem Aspekt wie eine Berufung zu sehen.

Baum + Kreuz
Erst durch den Tod – zum Beispiel eines Geschäftspartners oder eines Kollegen – wird sich die jetzige Struktur verändern. Ansonsten bleibt alles wie es zum Zeitpunkt der Fragestellung ist.

Die Wolke – Kreuz König

Karte Nr. 6

Finanzielle, Materielle Bedeutung

- *Zeit – 6 Tage bis 6 Wochen – je Seite*
- *Wirtschaftliche und politisch bedingte Zweifel, Sorgen und Schwierigkeiten*
- *Verschleierung der Tatsachen*
- *unklare Machtstrukturen, Machenschaften*
- *Studium, Forschung*
- *Planung – Leben, Job, Karriere, Erfolg*
- *dunkle Wolke + Karte: Zusagen werden in Frage gestellt*
- *Karte + helle Wolke: Erfolg stellt sich ein*

Sind wir uns darüber einig, dass Zweifel, Sorgen, grübeln, sich in depressive Stimmungen fallen lassen weder unserer Gesundheit noch unserer Beziehung und am allerwenigsten unserer finanziellen und materiellen Sicherheit dienlich sind?

Die Wolke zeigt uns, dass wir bereits beginnen uns Sorgen zu machen, wenn noch alles in bester Ordnung ist. Wir suchen nach dem Haken, graben, forschen, hinterfragen und sind geistig oftmals rastlos tätig, um ein Gelingen zu verhindern. Unser Verstand deklariert es mit Vorsicht, Absichern etc. Hier fehlt Glaube und Vertrauen. Doch leider kommen die Zweifel beim Gegenüber an, manchmal bewusst, wenn der andere sensitiv ist, oder unbewusst. Und das, was wir so gerne als Job, Beförderung, Zusage haben wollen, wird nicht definitiv bestätigt oder gleich wieder zurückgezogen. Die Situation wird für uns undurchschaubar und der Verstand meint: »Siehst du, das hab ich doch gewusst«, und frohlockt.

Wenn Sie hingegen einen Aufbau Ihrer Firma oder in einer Firma planen, so ist die Wolke ein guter Aspekt. Sie zeugt von Weitsicht, langfristige Planung und berücksichtigt notfalls auch den Misserfolg. Doch durch keine noch so gute Planung lässt sich der Wirbel des Lebens, die wirtschaftliche und politische Entwicklung berechnen. Selbst wenn alles gut läuft, ist die Wolke immer noch am Hinterfragen, ob sie alles richtig gemacht hat.

Wolke – Nr. 6, Kreuz König in Verbindung

Wolke + Reiter
Die Ihnen übermittelte Nachricht gibt Grund zur Besorgnis, weil sie nicht zur Klärung der Situation diente.

Wolke + Klee
Die Sorgen in diesem undurchsichtigen Zustand sind unnötig. Sie haben trotzdem eine kleine finanzielle Glückssträhne.

Wolke + Schiff
Kommunikation ist hier das Zauberwort, und dafür wird ein klarer Kopf benötigt. Durch Weitsicht kann das Problem gelöst werden, allerdings nicht heute, nicht hier und jetzt und sofort.

Wolke + Haus
Dem Fragenden steht eine schwierige Phase bevor, da er mit Widerwillen zur Arbeit geht. Es gilt hier die Einstellung zu dem Projekt, der Arbeit zu überprüfen und zu korrigieren.

Wolke + Baum
Mit derartigen Zweifeln wird sich fast jede Zusage als Illusion erweisen, beziehungsweise werden Sie im Nachhinein feststellen, dass im Schnitt zu wenig Geld hängen blieb. Beseitigen Sie die Zweifel, damit der Erfolg dauerhaft wird.

Wolke + Schlange
Das Unternehmen steckt in Schwierigkeiten und benötigt eine kompetente, intelligente, »mit allen Wassern gewaschene« Person, die das Unternehmen aus der Misere führt.

Wolke + Sarg
Die Verschleierung der unternehmerischen Misere könnte mit einer Konkursverschleppung gleichgesetzt werden. Zusagen können hier nicht oder nur unter den größten Schwierigkeiten gehalten werden, da es jetzt noch keinen offiziellen Insolvenzverwalter gibt.

Wolke + Blumen
Rettung in letzter Sekunde, doch im unternehmerischen Bereich nur vorübergehend, wenn nicht sofort eine klare Linie gefahren wird.

Wolke + Sense
Die Befürchtung, dass Gelder im unternehmerischen Bereich nicht ausgezahlt werden, obwohl sie dem Unternehmen zustehen, ist nicht ganz von der Hand zu weisen. Kann auch bereits angekündigt sein.

Wolke + Ruten
Die Verhandlungen gehen immer nur vor und zurück. Scharfe Diskussionen, Inkompetenz im Hinblick auf die Sachlage, Misstrauen und berechtigte Zweifel lassen das Ergebnis, auch wenn es dann irgendwann gut ausgeht, mit einen bitteren Beigeschmack zurück. Keine Chance für problemlose Erfolge.

Wolke + Vögel
»Viele Köche verderben den Brei« und die abgegebenen Prognosen aus Ihrem Umfeld schaukeln die Situationen hoch. Bewerten Sie die Aussagen anderer Menschen nicht über Gebühr, denn je mehr Leute Sie um deren Meinung fragen, desto länger wird sich die schwierige Arbeitsphase hinziehen.

Wolke + Kind

Eine Zusage ist das nicht, aber eine Situation entsteht, in der ein fester Glaube an einen Neubeginn die Wende bringt. Für ein Unternehmen bedeutet es hier, dass ein wirtschaftlicher Aufwärtstrend laut Meinungsforschung veröffentlicht wurde.

Wolke + Fuchs

Ein Verhandlungspartner nutzt sehr geschickt Ihre Schwäche des derzeitigen Nicht-Loslassen-Könnens für seine Zwecke aus. Vorschläge werden unterbreitet, die nicht mit ethischen Gesetzen im Einklang stehen.

Wolke + Bär

Sie geraten an eine fremde, kompetente Person, die Ihnen dabei behilflich sein könnte, Sicherheit und Stabilität in Ihren unternehmerischen Bereich zu bringen. Im Großunternehmensbereich wird hier über staatliche Hilfe diskutiert.

Wolke + Sterne

Das Angebot ist fast zu schön, um wahr zu sein. Es ist sauber, klar und überschaubar. Doch ob Erfolg, Geld und Ruhm tatsächlich kommen, steht derzeit noch in den Sternen.

Wolke + Störche

Ein weiteres geschäftliches Standbein wird hinzugenommen, wobei bereits zu Beginn Zweifel bestehen, ob das den gewünschten Erfolg bringt.

Wolke + Hund

Guter Rat ist teuer! Der ansonsten selbstlose Freund ist diesmal nicht bereit für Sie im arbeitsmäßigen Bereich in die Bresche zu springen und die Kastanien aus dem Feuer zu holen.

Wolke + Turm

Projekte werden mit dem Ego-Willen und zweifelhaften Gedanken vorangetrieben. Leider ohne Erfolg in der Materie. Selbst internationale Großprojekte, Zusammenschlüsse/Fusion in Form eines Kartells werden politisch gestoppt.

Wolke + Park

Die unklare berufliche Linie verursacht in der Öffentlichkeit Protesthaltungen.

Wolke + Berg

In absehbarer Zeit ist hier kaum mit Erfolgen zu rechnen, denn der Auftraggeber weiß nicht so genau, was er eigentlich will und wie er über den Berg, der Zukunft heißt, kommen soll.

Wolke + Wege

Welcher Weg oder auch Strategie hier nun richtig ist, lässt sich schwer sagen, denn in dem Unternehmen sind sich die Oberen über die Marktlage nicht im Klaren.

Wolke + Mäuse

Ein herber, schmerzlicher Verlust ist angesagt, der für ein Unternehmen in der Krise ungefähr das gleiche wie Insolvenz bedeutet. Bei einem breitgefächerten Unternehmen ist es so, dass meistens die letzte Produktlinie oder die letzten Einstellungen zu den Opfern zählen. Ob eine Insolvenz durchgeführt wird, muss man mit mehreren Karten erfragen.

Wolke + Herz

Das angefragte Projekt hat gute Chancen auf Verwirklichung. Ein junger Mensch – bis ca. 45 Jahre alt – hilft dabei. Durch seine pragmatischen Eigenschaften kann es in die Realität umgesetzt werden.

Wolke + Ring

Und wenn der Vertrag noch so verlockend klingt, die Abhängigkeit daraus bindet Sie mehr als Sie jetzt noch ahnen. Im Großunternehmensbereich kommt dies einer Integration seiner eigenen Firma in ein Ringsystem/ Netzwerk gleich, wie zum Beispiel Tochterfirma von einem Riesenkonzern zu werden.

Wolke + Buch

Zweifelhafte, undurchsichtige Geschäfte werden hier gemacht, die aber viel Geld einbringen. Im schlimmsten Fall kann es sich hier um Drogen, Narkotika oder narkotische Getränke handeln. Es betrifft aber nur solche Tätigkeiten, mit denen die Psyche, die Emotionen der Menschen zu beeinflussen sind.

Wolke + Brief

Eine Idee kann bereits ausgearbeitet sein, kann von allen anderen als gut empfunden worden sein, wird aber nicht befürwortet. Der Empfänger zweifelt am langfristigen Erfolg.

Wolke + Herr

Ihre Zweifel, die Sie in Bezug auf die Geschäftspartnerschaft hegen, haben bereits die Bindung zerstört. Man ist dabei sich anderweitig zu orientieren.

Wolke + Dame

Diese Mitarbeiterin bleibt trotz der veränderten Situation, denn sie kannte auch die besseren Zeiten.

Wolke + Lilie

Hier werden die eigenen inneren Zweifel geschickt durch das Ego-Denken des Menschen wegdiskutiert und Projekte liegen durch ständige Hin-und-Her-Entscheidungen auf Eis. Darüber liegt ein trügerischer Friede.

Wolke + Sonne

Es sieht besser aus, als Sie denken. Zumindest deutet der derzeitige Erfolg auf gute Endergebnisse hin. Befürchtungen sind zu diesem Zeitpunkt grundlos und rein psychisch bedingt.

Wolke + Mond

Das Geschäft, das Ihnen in den Abendstunden angeboten wird, ist nicht realistisch für das tägliche Geldverdienen. Ein reiner Trugschluss, damit reich werden zu können.

Wolke + Schlüssel

Mit Verstand, Vernunft und Intelligenz soll hier Materie in Geldwerten abgesichert werden, doch der Unternehmer zweifelt, da ihm dieser Transfer undurchsichtig erscheint.

Wolke + Fische

Ob die bereits ausgegebenen Gelder für die neue Produkt-, Strukturlinie, Betriebzweig, das Studium, die Förderung oder auch die Bewerbung sich wirklich rechnen werden, wird stark bezweifelt.

Wolke + Anker

Wider besseres Wissen, auch mit starker Ablehnung binden Sie sich geschäftlich für einen längeren Zeitraum.

Wolke + Kreuz

Jede Anfrage, jede Hoffnung auf Zusage, Veränderung oder Finanzen ist noch unklar. Der Anfragende, gleichgültig welche gesellschaftliche Position er einnimmt, kann nichts beschleunigen oder verändern, hier hilft nur Ausharren, Aussitzen.

Die Schlange – Kreuz Dame

Karte Nr. 7

Finanzielle, Materielle Bedeutung

- *Arbeitnehmererfolg*
- *hier ist Vitamin B vorhanden*
- *Erfolg haben durch Raffinesse, Intelligenz, Strategie, Berechnung und gezielten Einsatz*
- *Unterlagen geschönt auf Karriere abgestimmt*
- *verdeckte Konkurrenzprobleme*
- *bei Banken/Firmen: Probleme durch weibliche Vorgesetzte*
- *Verwicklungen – Verstrickungen*
- *Zeit: 7 bis 9 Wochen, wiederholt sich*

Gleichgültig in welchem Bereich die Karte zum Tragen kommt, sie hat immer mit Verwicklungen, Verirrungen, Verstrickungen, gepaart mit allerbester Logik, Rhetorik und einem Fluidum des Geheimnisvollen zu tun. Denn jeder Versuch eine Zusage, Beförderung, Finanzielles oder Materielles zu erhalten, läuft unter dem Aspekt der Schlange immer über und durch den emotionalen Bereich. Meistens strebt sie danach, die Erste, die Beste zu sein, dementsprechend ist das Auftreten und ihr Konkurrenzdenken.

Zum Beispiel kann ein Vorstellungsgespräch aufgrund der Qualifikation des Bewerbers nicht zur Einstellung führen, jedoch ist es durch die Schlange sogar sehr wahrscheinlich, dass der Bewerber trotzdem eingestellt wird. Denn die Schlange spricht, streichelt, liebkost bewusst oder unbewusst den inneren Teil ihres Gegenübers. Landläufig wird das umgarnen, betören, becircen genannt, doch es ist weit mehr als das, denn sie ist auch noch sehr klug.

Auf Unternehmen oder Selbstständigkeit bezogen sagt die Schlange aus, dass die Inhaber immer wieder Möglichkeiten finden werden, die ein Weiterkommen mit ihren Angelegenheiten gewährleisten. Verbindungen werden klug genutzt und eingesetzt, ohne dass die anderen dabei überstrapaziert werden. Die Schlange zählt nicht zu den Schmarotzern, revanchiert sich, wann und wie sie es kann. Sie lässt sich nichts diktieren. Wenn sie sich beugt, dann nur vordergründig, um ein Ziel zu erreichen, und das auch nicht für lange.

Schlange – Nr. 7, Kreuz Dame in Verbindung

Schlange + Reiter
Eine wichtige Information am Arbeitsplatz wird an eine Dame weitergereicht, die schnell eine verwickelte Angelegenheit entwirrt.

Schlange + Klee
Die zu erledigenden Vorgänge werden hier nicht so wirklich angefasst. Da sie ein bisschen kompliziert sind, vertraut man lieber darauf, dass es untergeht oder sich von selbst löst.

Schlange + Schiff
Pläne müssen verschoben und der Kunde vertröstet werden, denn die Fertigstellung einer Arbeit, eines Projektes hängt von vielen Einzelfaktoren ab, die bisher noch keine Einheit bilden. Es wird getagt und vertagt. Das kann dauern.

Schlange + Haus
Eine Arbeitsversetzung in ein anderes festes Haus/Firma steht an.

Schlange + Baum
So bodenständig und solide wie sich dieser Arbeitnehmer gibt, ist er nicht. Er will damit für sich einen festen Arbeitsplatz erhalten und sichern, auch wenn ihm langweilig ist.

Schlange + Wolke
Trotz innerer Weisheit und brillanter Artikulation wird hier durch eine »scharfe Zunge« Kollegen und dem Arbeitgeber gegenüber eine verletzende Situation geschaffen.

Schlange + Sarg
Der Mensch wird hier arbeitsmäßig ins Aus gestellt, obwohl er intelligent und qualifiziert ist.

Schlange + Blumen
Von Arbeitskollegen wird Trost gespendet, trotzdem schlagen sie sich nicht auf die Seite der Angegriffenen.

Schlange + Sense
Durch weibliche Raffinesse und erotische Ausstrahlung, gepaart mit einem strategisch klaren Verstand, wird diese Person in den Erntebereich – Geld, auch Abschlusserfolg – einbrechen, um die Lorbeeren für sich selbst zu pflücken.

Schlange + Ruten
Schlichtungsgespräche, die meisterhaft von beiden Parteien geführt werden, ziehen sich hin.

Schlange + Vögel
Die Aussicht auf einen schnellen finanziellen Erfolg wird trotz mustergültig geführtem Gespräch nicht zustande kommen, weil zwei Personen es absegnen müssen.

Schlange + Kind
Ein abgesprungener Kunde/Lieferant/Arbeitnehmer hat den Auftraggeber mit einer angefangenen Arbeit in Stich gelassen. Jetzt klopft er wieder an und bittet um einen Neuanfang.

Schlange + Fuchs
Diese Machenschaften sind für andere Menschen nicht so wirklich durchsichtig und deshalb wird hier versucht, dem, der sich durch alles hindurchschlängelt, ein Bein zu stellen.

Schlange + Bär
Jedes hier angefragte irdische Projekt, Vorha-

ben, und sei es noch so verwickelt, wird letztendlich in dieser Kombination zur Stabilität gelangen.

Schlange + Sterne
Diese Lösung eines verzwickten Problems ist ein genialer Einfall, der das Resultat klar und irdisch durchführbar macht.

Schlange + Störche
In absehbarer Zeit, in einigen Monaten werden Sie eine neue vertragliche Bindung im Arbeitsbereich eingehen, die Sie entlastet. Vor allem bei weiblichen aber auch männlichen Arbeitnehmern kann es sich zum Beispiel um Mutter-, Vaterschaftsurlaub, Teilzeitjob oder Jobsharing handeln.

Schlange + Hund
Ein guter, treuer verlässlicher Assistent/in steht Ihnen für eine gewisse Zeit hilfreich zur Seite.

Schlange + Turm
Nur das äußere Ego will absolut diesen Erfolg, während es von Innen heraus nicht so hoch bewertet wird.

Schlange + Park
Die Arbeiten können nicht planmäßig abgeschlossen werden, weil im Konstruktionsbereich immer wieder Änderungen gefordert werden. Bei Anfragen von Personen, die mit Brücken, Straßen, Atommeilern, Flugzeugen zu tun haben, handelt es sich hier um die Sicherheitsänderungen, die von überregionalen Behörden gefordert werden.

Schlange + Berg
Auch wenn es anscheinend wenig Sinn macht, diese Selbstständigkeit weiterzuführen, so wird es weiblichen Unternehmerinnen gelingen, trotz Blockaden und Hindernissen einen Weg zu finden. Ein männlicher Unternehmer steht in diesem Fall etwas hilfloser vor dem Problem.

Schlange + Wege
»Übernommen aus Spirituelles Kartenlegen«: Das Schicksal bietet Ihnen einige Wege und Alternativen an. Nehmen Sie ein Blatt Papier, schreiben Sie die Wege auf und deren gedachte Entwicklung. Sehen Sie nach, welche Wege Parallelen mit dem bisherigen Leben aufweisen. Einer muss sich gut anfühlen, ansonsten verzichten Sie auf Entscheidungen. Es ist gleichgültig, ob Sie hier arbeitssuchend oder Chef sind oder ob die Frage Ihre Finanzen, Ihr Vermögen betrifft. Es geht um Sie! Denn jede hier neu getroffene Entscheidung hat den Verlust einer anderen Angelegenheit zur Folge, die Ihnen auch lieb und teuer war.

Schlange + Mäuse
Der Fragende befürchtet, dass trotz seines geschickt eingefädelten Vorgehens seine Aufstiegschancen einer allgemeinen Rationalisierungsbereitschaft zum Opfer fallen.

Schlange + Herz
Ein neuer Kollege/in, noch jung aber lernwillig, wird die Arbeit entlasten.

Schlange + Ring
Der angestrebte Vertrag wird unterschrieben. Für eine Anfrage bei Arbeitslosigkeit bedeutet das, dass eine neue Anstellung vorhanden ist. Bei Arbeitnehmern die Beförderung, die Übernahme, den Karrieresprung. Bei Selbstständigen deutet dieser Vertrag auf etwas sehr lang Bindendes hin.

Schlange + Buch

Unter dem Siegel der Verschwiegenheit werden finanzielle Geschäfte getätigt, von denen außer den firmeninternen Personen niemand anderes erfährt. Wenn das befragte Unternehmen ein Großkonzern ist, so hängen die finanziellen Transaktionen mit strategischen Schritten der Öl- und Rüstungsindustrie zusammen.

Schlange + Brief

Jemand macht Ihnen in schriftlicher Form Vorwürfe und sorgt für kleinen Ärger, doch Sie werden ihn durch Gespräche wieder zur Vernunft bringen. Dieser Mensch benötigt nur Zuwendung.

Schlange + Herr

Und wenn Sie noch so klug, intelligent und qualifiziert sind, auf diesem Arbeitsplatz werden Sie nicht entsprechend gewürdigt, bis Sie sich anderweitig auf dem Markt umsehen.

Schlange + Dame

Bald befinden Sie sich in einer »Überfliegerposition«, in der nur Ihre Erfolge zählen und Sie werden hoch angesehen sein. (Leben für die Firma).

Schlange + Lilie

Hier wird dem anderen mit einem unbeteiligten Gesicht, gefühlslos alles verweigert, was er beantragt, oder er kommt auf die Warteliste, wird zum Beispiel bei Behörden zu einer anonymen Nummer.

Schlange + Sonne

Ein überraschender, wenngleich erhoffter Erfolg lässt Ihre Zukunft voller Kraft und Energie strahlen. Ihr Umfeld wird darüber reden und staunen. Alles gelingt derzeit und Ihnen ist, als ob eine positive magische Kraft Ihr Leben lenkt.

Schlange + Mond

Finanzieller Fluss ist hier nicht zu sehen. Trotzdem wird Ihnen in der Firma von einem Menschen, der mit Lob und Anerkennung eher sparsam umgeht, gerade dies ausgesprochen.

Schlange + Schlüssel

Trotz Verstand, Intelligenz und Umsicht sind Sie mit Ihren Gefühlen in eine berufliche Bindung verwickelt, die eigentlich zu den Akten in den Keller gehört. Es hat längst seine Bedeutung verloren.

Schlange + Fische

Egal wie, die Ausgaben sind höher als die Einnahmen oder die Eingänge verschieben sich ständig. Mit großer Bravour und viel finanzieller Schieberei schafft der andere es doch zahlungsfähig zu bleiben.

Schlange + Anker

Diese Verträge zu verankern hat viel Nerven gekostet und bringt nur weitere nervenaufreibende Arbeit.

Schlange + Kreuz

In der jetzigen und kommenden Zeit wollen die Probleme in der Arbeitsverbindung überhaupt nicht weniger werden. Das liegt nicht an der fragenden Person, sondern vielmehr an dem sozialen Standort der Firma und des Ansehens des Umfeldes in der Gesellschaft oder auch Branche.

Der Sarg – Karo 9

Karte Nr. 8

Finanzielle, Materielle Bedeutung

- *Zahlungsunfähigkeit, Firmenkrise, Pleite*
- *Ohnmacht – Entscheidungslosigkeit*
- *bedeutungslos – gleichgültig – hilflos*
- *Firma – Karriere – Job – Erfolg – Geld – passiert nichts Neues, Schwebezustand*
- *fehlender Antrieb, schlaff, passiv*
- *Auszeit, Arbeitslosigkeit, Ruhezustand*
- *Zeit – Zustandsdauer 8 Wochen bis 9 Monate*

Die Karte »Der Sarg« stellt nach dem alten Wissen die Transformation allen Seins dar. Eine Übergangs- oder Umwandlungsphase im materiellen und finanziellen Bereich steht bevor, die für den Menschen eine große Herausforderung darstellt. Wachstum und Erfolg werden gerade jetzt dringend benötigt, um nicht ins Abseits zu rutschen. Aber der Sarg sagt uns zu diesem Zeitpunkt: Nichts geht mehr! Die Angelegenheiten ruhen oder sind stecken geblieben. Es ist Stillstand. Du hast Sendepause – auch wenn du dich auf den Kopf stellst, dazu mit den Ohren wackelst und Zauberstücke vollbringst – es wird nichts!

Heute nicht, morgen nicht, aber in einigen Wochen, dann fängt das Schicksal an, die Karten neu zu mischen und auch du kommst wieder an die Reihe.

Diese Karte mahnt uns, unser Leben, die Karriere oder die Selbstständigkeit genauer zu betrachten und eventuell aus Fehlern zu lernen oder gar einen neuen Kurs einzuschlagen, denn der Sarg taucht nicht ohne Vorwarnungen auf. Sie ahnten oder wussten seit längerem, worauf Sie zusteuern. Selbst der Ego-Wille des Menschen kann hier nur sehr langsam eine positive Veränderung bewirken.

Glauben ist jetzt gefragt, Geduld, Hoffnung und Vertrauen, dass das Leben sich wieder ändert und das Glück auch Ihnen wieder hold sein wird.

Sarg – Nr. 8, Karo 9 in Verbindung

Sarg + Reiter
Das erhoffte Gespräch in Bezug auf Klärung der finanziellen Lage wird schlichtweg verweigert.

Sarg + Klee
Die klitzekleinen Zahlungseingänge verbessern die Situation nicht wesentlich.

Sarg + Schiff
Ein seltener, überraschender Kontakt – von sehr weit weg – lässt einen Funken Hoffnung auf eine Besserung des Geschäftes aufkeimen.

Sarg + Haus
Das Unternehmen, auch die Selbstständigkeit ist krank und wird nur durch den äußeren Schein aufrechterhalten. »Totentanz!«

Sarg + Baum
Der finanzielle Ertrag an diesem Standort ist nur schleppend. Trotzdem ist derzeit ein Wechsel schier unmöglich.

Sarg + Wolke
Das Gespräch mit dem sehr kompetenten Ratgeber zieht den Unternehmer nur für kurze Tage aus dem Zustand der Entscheidungslosigkeit.

Sarg + Schlange
Das Unternehmen, der Selbstständige erhält Besuch von einer intelligenten, logisch denkenden Person, die um die Liqiuditätsschwäche des Unternehmens weiß. Sie kommt nicht als Feind.

Sarg + Blumen
Ein guter, fetter Auftrag mit vielen kleinen zusätzlichen Folgeaufträgen verändert über Nacht die missliche Finanzlage. Falls hier nach einer Bankzusage gefragt wurde, so ist es auch das.

Sarg + Sense
Leider ist der Unternehmer hier nicht aus dem Schneider. Ein Gläubiger erhebt Anspruch auf das soeben erwirtschaftete Geld.

Sarg + Ruten
Mit Reden, Vernunft und Logik ist der Schuldner hier nicht mehr zum Zahlen zu bewegen, denn er ist derzeit zahlungsunfähig. Er hat kein flüssiges Geld.

Sarg + Vögel
Es ist publik geworden, dass es dem Unternehmen nicht so gut geht und es Zahlungsschwierigkeiten hat. Daher ist man sich nicht sicher, ob Gelder noch ausgezahlt werden.

Sarg + Kind
Das ist ein neuer Anfang, den die vor kurzem noch fast insolvente Firma startet. Allerdings jetzt unter anderen Vorzeichen. Das hier eingebrachte Vertrauen ist schon nicht mehr zu überbieten.

Sarg + Fuchs
Unter dem Deckmantel des Helfenwollens beäugen die »Aasgeier« und Verramscher wohlwollend ihre Möglichkeiten, um rechtzeitig zur Stelle sein zu können, falls das Unternehmen doch noch Konkurs anmelden muss.

Sarg + Bär
Hier sollte im unternehmerischen Bereich finanziell reiner Tisch gemacht werden. Es ist eine gute Zeit, denn die Behörde/das Gremium zeigt Interesse, dass diese Firma überlebt.

Sarg + Sterne
Erfolg und Finanzielles existieren derzeit nur in der Vorstellungskraft, denn geschäftliche Gespräche lassen die Teilnehmer traumtänzerisch nach den Sternen greifen, anstatt dass konkrete umsetzbare Ergebnisse herausgearbeitet werden.

Sarg + Störche
Eine Subvention, um die lokale Infrastruktur zu stärken und um einen Abzug der arbeitenden Bevölkerung zu verhindern, wurde gebilligt. Sie wird nur schrittweise ausbezahlt.

Sarg + Hund
Trotz der schwierigen Finanzlage gibt es hier keinen Untergang. Freunde und Mitarbeiter helfen das Schlimmste abzuwehren.

Sarg + Turm
Eines der ganz großen Firmenimperien ist zahlungsunfähig, krank. Es hat sich im wahrsten Sinnes des Wortes übernommen. Der Finanzpalast kann nur durch viele Millionen, wenn nicht gar Milliarden gerettet werden.

Sarg + Park
Die Zahlungsunfähigkeit und der angeschlagene, passive Zustand des Unternehmens beschäftigt die Menschenmassen. Der Staat ist sich noch nicht schlüssig, ob eine finanzielle Spritze das Unternehmen wieder flott macht.

Sarg + Berg
Hier mahlen die Mühlen der Behörden mehr als langsam. Das Unternehmen hängt in bürokratischen Konflikten fest und hat kaum noch Möglichkeiten zu existieren.

Sarg + Wege
Um aus der finanziellen Zwangslage herauszukommen müssen jetzt Entscheidungen getroffen werden. Und es bieten sich auch Wege und Chancen an.

Sarg + Mäuse
Leider nichts zu machen. Es ist das Aus für dieses Unternehmen. (Es hat nicht freiwillig geschlossen).

Sarg + Herz
Ein Unternehmer/Selbstständiger verlässt seine Firma und wendet sich einer neuen Aufgabe zu, bei der er gemeinsam mit anderen im sozialen Bereich mit Menschen arbeitet.

Sarg + Ring
Die finanziell kaum noch bewegliche Firma wird durch einen beglaubigten Vertrag neu geregelt. Es kommt zu einer Umschreibung oder auch Löschung und Neueintragung. Ob das darauf folgende Neue mit dem Alten noch etwas zu tun hat, zeigen die nachfolgenden Karten.

Sarg + Buch
Eindeutig ist hier eine Firma in Zahlungsschwierigkeiten, aber nicht weil es so kommen musste, sondern weil Gelder die eigentlich in die Firma gehören in andere Hände oder Konten geflossen sind.

Sarg + Brief
Ein schicksalshafter Brief, zumindest eine geschriebene Botschaft, bringt den Firmeninhaber in Aufregung. Jetzt ist der Schlussstrich amtlich, in Form der Löschung, Austragung des Gewerbes.

Sarg + Herr
Nun ist es definitiv: Der ohnmächtige, entscheidungslose Zustand in Ihrer Vergangenheit mit der von Ihnen nicht gewünschten Entgleisung ist gleichgültig geworden. Es ist abgegolten.

Sarg + Dame
Dies ist der Beginn eines neues Lebensabschnittes. Sie haben es sich nicht leicht gemacht, sondern wollten begreifen, warum und wieso das letzte Unternehmen nicht gut ging. Nicht nur Ihr Herz hat es begriffen, sondern auch Ihr Intellekt. Und es wird Ihr Intellekt sein, der den letzten Blumenstrauß auf das Grab Ihrer Vergangenheit legt und Sie davon befreit.

Sarg + Lilie
Abwartend und ohne helfend einzugreifen steht die Familie dem schleppenden Werdegang der Selbstständigkeit oder dem Unternehmen gegenüber. Sie will sich nicht damit abgeben.

Sarg + Sonne
Auch wenn Sie mit der alten Sache abgeschlossen haben und völlig frei von alten Verpflichtungen sind, so hat sich das familiäre Umfeld doch nicht völlig davon gelöst und schwächt vorübergehend Ihre Energie. Lassen Sie sich davon nicht beirren.

Sarg + Mond
Mit so ähnlichen finanziellen Krisen wie dieser sind Sie mindestens schon einmal konfrontiert gewesen. Leider hat das nur der Intellekt verarbeitet und jetzt treten wieder diffuse Träume und undefinierbare Ängste auf und der Mensch bekommt Angst, dass es vielleicht beim nächsten Mal wieder daneben geht. Unglücklicherweise sind Ihre Versuche zumindest für einen gewissen Zeitraum tatsächlich zum Scheitern verurteilt.

Sarg + Schlüssel
Der alte Fehler, der Sie in eine finanziell missliche Lage gebracht hat, wird von Ihnen mit Sicherheit nicht wiederholt werden. Sie haben daraus gelernt.

Sarg + Fische
Zumindest werden Sie finanziell etwas gesichert aus dieser Krise hervorgehen. Beansprucht hatten Sie es, doch damit gerechnet? Nein, das hatten Sie wirklich nicht. Eigentlich schien es verloren zu sein, doch es hat sich zum Guten gewendet. Und mit Sicherheit werden Sie menschlich und seelisch an Stärke gewinnen.

Sarg + Anker
Greifen Sie nicht nach dem nächsten Sicherheitsanker, der sich Ihnen anbietet, gleichgültig um was es sich handelt. Wählen Sie, denn die angedachte berufliche Bindung/Verbindung bringt Sie nicht weiter.

Sarg + Kreuz
Mit diesem Abarbeiten der Altlasten werden Sie noch lange zu tun haben. Auch, wenn Sie komplett neu wieder anfangen, bleibt es noch relativ lange erhalten.

Die Blumen – Pik Dame

Karte Nr. 9

Finanzielle, Materielle Bedeutung

- *Finanzielles kommt »über Nacht« zum Laufen*
- *kleinere bis mittlere Wünsche gehen spontan in Erfüllung, auch finanzielle Geschenke*
- *Freude über Erfolge, Zusagen*
- *Anerkennung, Bestätigung, Belohnung*
- *gesellige Freundschaften und Ereignisse*
- *Vitamin B bringt überraschenden Erfolg*
- *Lebensfreude, gute Energien*
- *Zeit – Tagesgeschehen – Zustandsdauer beim Menschen bis zu drei Monate*

Für den Blumenstrauß kennen wir viele geflügelte Worte, etwa: »Was lange währt, wird endlich gut.« Oder: »Der hats plötzlich geschafft«. Oder: »Die sind über Nacht reich geworden«. Ja, wir Menschen sind nur in der Lage, die Veränderungen an der anderen Person oder an einem Unternehmen wahrzunehmen, wenn Misserfolg oder Erfolg ziemlich plötzlich eintreten.

Die Blumen zeigen uns in der Tat an, dass Zusagen gehalten werden, man den Job bekommt, die Karriereleiter hinauffällt, das Geschäft ausbauen kann, die Aktien steigen und die Rendite ganz ordentlich ist. Doch eines sollten wir nicht vergessen, die Blumen sind zwar die Geschenke des Kosmos, doch die Menschen müssen sich diese Geschenke auch wert sein. Diese Geschenke erhält man, weil im Vorfeld harte Arbeit geleistet wurde. Ein solch großes Geschenk bekommt niemand, der es sich nicht schon irgendwie verdient hat. Diese Art von Gelingen weckt beim anderen, dem dieses Glück nicht zuteil wird, oftmals ein schlechtes Gefühl, was bis zum Neid reichen kann. Dieser andere kann nämlich nicht ermessen, womit Sie es verdient haben. Er kann nicht sehen, dass es Ihr Glaube, Ihr Vertrauen, Ihre Klugheit, Ihre Sprachgewandtheit oder nur Ihre 24-stündige Arbeit war, die plötzlich zu all dem Guten geführt hat.

Auch wenn die Blumen im Zeitfaktor als Tagesgeschehen zu bezeichnen sind, so führt die Freude darüber zu weiteren Erfolgen und glücklichen Fügungen.

Blumen – Nr. 9, Pik Dame in Verbindung

Blumen + Reiter
Man schickt Ihnen einen Chauffeur/Luxuslimousine oder ein Taxi, um Sie zu einem geschäftlich hochkarätigen Ereignis abzuholen.

Blumen + Klee
Einige Ihrer Kunden werden in kleinen Summen wieder zahlungsfähig und Geldeingänge sind zu erwarten.

Blumen + Schiff
Das großartige Projekt, das für Ihr Unternehmen ein Gewinn wäre, kann nur über eine Reise zu dem anderen zustande kommen. Auch eine Jobanfrage, Studienreisen im Ausland sehen hier sehr lukrativ aus.

Blumen + Haus
Das wird eine ausgesprochen erfolgreiche, fast »Wohlfühl«-Präsentation im eigenen Unternehmen werden.

Blumen + Baum
Ein berufliches Fest im Freien, welches über ein geschmücktes Haus betrifft, festigt gute Verbindungen. Hier kann es sich zum Beispiel um ein Richtfest, um eine Einweihung eines neuen Gebäudes oder Ähnliches handeln.

Blumen + Wolke
Ein überraschend eintreffender geschäftlicher Besuch trägt für kurze Zeit zur Klärung einer stecken gebliebenen Aktion bei.

Blumen + Schlange
Der erreichte Erfolg wird zu groß und zu lauthals gefeiert. Dadurch werden die nächsten Verwicklungen auf den Plan gerufen. Nicht jeder bleibt »Freund«.

Blumen + Sarg
Sie sind auf eine falsche Fährte geraten, die auch in den finanziellen Bereich hineinreicht, haben sich verwickelt und sind darin stecken geblieben. Mit einem Abschiedsgeschenk versüßt der Auftraggeber Ihnen die vorübergehende Trennung von dem Projekt.

Blumen + Sense
Offensichtlich bereut der andere Partner die Trennung im geschäftlichen Bereich und versucht auf eine recht kindlich naive Art mit einer Überraschung, die Sie versöhnlich stimmen soll, den alten Zustand wieder herzustellen.

Blumen + Ruten
Eigentlich sind Sie mit Ihrem Ergebnis mehr als zufrieden und freuen sich, dass sich die Arbeit so schnell erledigen ließ. Doch der Auftraggeber meckert an Ihnen herum und kritisiert.

Blumen + Vögel
Der Terminkalender wird übervoll, und manches ist überflüssig. Zwei Gespräche zur gleichen Zeit zu führen wird nicht möglich sein.

Blumen + Kind
Ein Vertrauensvorschuss, Bewunderung, Lob und Anerkennung werden Ihnen im beruflichen Bereich von einer jüngeren Person entgegengebracht. Hier kann es sich um Auszubildende, Praktikanten oder Ähnliches handeln.

Blumen + Fuchs
Wegen Ihrer beruflichen Erfolge, auch Beför-

derung, werden Sie von Älteren mit weniger Erfolg verbal mit falschen Aussagen oder hinterhältigen Tricks attackiert. Man versucht Sie auf deren Stand hinunterzuziehen.

Blumen + Bär
Die Geschäftsführung steht voll hinter Ihnen und weiß Ihren Einsatz zu würdigen. Wenn Sie selbst die Geschäftsführung sind, so würdigen die kommunalen Behörden Ihren Einsatz.

Blumen + Sterne
Die überraschenden Erfolge ermutigen Sie sich noch mehr zuzutrauen. Der nächste Projektabschnitt ist im Geist bereits klar.

Blumen + Störche
Mit viel Freude haben Sie eine Zusage in Bezug auf eine Veränderung Ihres Arbeitsbereiches erhalten. Sie werden an die andere Stelle wechseln.

Blumen + Hund
Mit Ihren herzlich eingestellten Freunden/guten Kollegen feiern Sie Ihren beruflichen Erfolg.

Blumen + Turm
Sie werden aufgrund Ihres beruflichen Erfolges zu einem nicht alltäglichen festlichen Empfang geladen, in äußerst elegantem Rahmen, vergleichbar mit einem Gala-Empfang oder Experten-Kongress.

Blumen + Park
Die Firma ehrt, würdigt Sie und wird Ihren Erfolg der Presse und einem breiten Publikum vorstellen.

Blumen + Berg
Nach dem letzten beruflichen Erfolg fällt es jetzt schwer diese neue Verantwortung in gewohnter Weise zu erfüllen. Das neue Aufgabengebiet geht nur zäh voran.

Blumen + Wege
Da Sie sich in einer beruflichen Hochphase befinden, bieten sich verschiedene Wege oder auch gleichwertige Arbeitsmöglichkeiten an.

Blumen + Mäuse
Leider werden Sie Ihren beruflichen Erfolg nicht mehr genießen können, da dieser, in der Firma nicht mehr praktisch verwirklicht werden kann, weil zum Beispiel die Firma zum Personalabbau gezwungen wird oder Bereiche wegen Unrentabilität und fehlendem Absatzmarkt stillgelegt werden müssen.

Blumen + Herz
Ein Arbeitsteam wird zusammengestellt, mit dem man sich vom ersten Augenblick an versteht, da alle die gleiche Ideologie haben.

Blumen + Ring
So etwas Ähnliches wie eine erwünschte Teilhaberschaft wird hier in einer Firma zur Unterschrift gelangen und rechtskräftig werden. Bei Selbstständigen in kleinen Unternehmen kann es durchaus der Partner, Tochter, Sohn oder ein anderer Verwandter sein. Für Arbeitssuchende heißt es, dass Sie eine Neuanstellung unterschreiben.

Blumen + Buch
Das Unternehmen macht Gewinne. In Kürze wird es den Arbeitnehmern mitteilen, dass es plant Gewinnbeteiligungen/Dividenden/Gra-

tifikationen oder auch Direktversicherungen zu bezahlen. Je nach Unternehmensbranche wechseln oder differieren die o.g. Begriffe.

Blumen + Brief
Die angeblich wahre Nachricht (E-Mails, Fax, Brief) von schnellem beruflichen Erfolg und viel Geld ist eine Täuschung, eine Illusion.

Blumen + Herr
Dieser Arbeits- oder Vertragspartner streicht für sich die Lorbeeren ein, die Sie erarbeitet haben. Daher ist Ihre Freude am Erfolg nur kurz.

Blumen + Dame
Zu diesem beruflichen Durchbruch hat Ihnen eine Person verholfen, die den Posten freiwillig frei gemacht hat.

Blumen + Lilie
Ihre Arbeit an diesem sozialen Projekt wird das kommende Fest, an dem Sie auch teilnehmen, gelingen lassen.

Blumen + Sonne
Wenn das Ihr Leben ist, dann gratuliere ich von ganzem Herzen. Sie können nicht untergehen, denn bei Ihrer Geburt müssen alle Engel und Glücksboten Pate gestanden haben. Alles, was Sie anfassen und bei dem Sie sich voll und ganz einbringen, geht gut aus.

Blumen + Mond
In den Abendstunden wird Ihnen ein beruflicher Einsatz oder Projekte angeboten werden, die zwar die Seele genießen kann, die aber im Finanziellen wenig bringen.

Blumen + Schlüssel
Mit Sicherheit gibt es demnächst eine Gehaltserhöhung. Bei Selbstständigen oder Unternehmen bedeutet es mehr Umsatz.

Blumen + Fische
Für gut geleistete Arbeit werden kleine finanzielle Geschenke verteilt. Dies können auch Zusatzprämien sein, die aber nicht angekündigt waren.

Blumen + Anker
In Bezug auf Arbeit oder Arbeitseinsatz bedeuten diese Karten, dass der Vertrag verlängert wird, zum Beispiel der Arbeitnehmer übernommen wird, dem abgeschlossenen Projekt weitere folgen werden. Furchtbar viel Arbeit hier!

Blumen + Kreuz
Trotz des kürzlich gelungenen Erfolges ist und bleibt die Arbeit ein Kreuz, das schwer auf den Schultern des Unternehmers sowie des Arbeitnehmers oder des Selbstständigen lastet.

Die Sense – Karo Bube

Karte Nr. 10

Finanzielle, Materielle Bedeutung

- *Zwangsvollstreckung, Pfändung*
- *Wirtschaftskriminalität*
- *Schicksalskarte*
- *Vorsicht, Schrecken, auch Geldgefahr*
- *Gefahr: Gerichtsvollzieher*
- *plötzliche Wende, abrupte Beendigung*
- *Geld und Materie soll »abgeluchst« werden*
- *kurze entscheidende Kontakte*
- *Zeit – Tagesgeschehen, bei langlaufenden Ereignissen komprimiert auf kurze Wochen*

Diese Sense in Bezug auf Finanzielles, Materielles, Job, Karriere, Selbstständigkeit ist immer mit der größten Vorsicht zu genießen.

Überliefert ist ihre Bedeutung mit Vorsicht, Schrecken und Gefahren. Sie beinhaltet Brutalität, Aggressivität, auch Gewalt und viele schlechte Begebenheiten und zugleich warnt sie uns davor. Wenn wir uns im kriminellen Millieu bewegen, dazu Mord-, Rache- oder Hassgedanken haben, wäre somit auch gewährleistet, dass wir mit den schrecklichsten Ereignissen konfrontiert würden.

Doch im finanziellen, materiellen Bereich weist sie uns auf andere Gefahrensinhalte hin. Sie mahnt uns zur Vorsicht, unser Geld zusammenzuhalten, auf unser Hab und Gut aufzupassen, uns durchzusetzen, nichts abschwatzen zu lassen und uns keinen Sand in die Augen streuen zu lassen. Denn bei diesem Kartenaspekt haben wir uns etwas erarbeitet. Wir haben etwas geleistet und zwar viel. Und das Ende vom Lied ist, dass irgendjemand hier uns den verdienten Lohn streitig machen will.

Ein Beispiel: Gestern sagte die Bank die Kreditlinie zu. Sie freuten sich und waren glücklich. Heute kommt ein Anruf: »Es tut uns leid, wir treten zurück«. Die Sense trifft Sie nur dann, wenn Sie eigentlich denken, ins Ziel zu kommen. Ansonsten ist sie nur ein Erschrecken.

Sense – Nr. 10, Karo Bube in Verbindung

Sense + Reiter
Sie haben sehr viel Glück. Ihnen wird eine Nachricht zugespielt, die Ihnen hilft, Ihre Finanzen zu sichern.

Sense + Klee
Der Unternehmer/Selbstständige befürchtet seine Gelder nicht hereinzubekommen, da bietet der andere Teilzahlungen an.

Sense + Schiff
Die geplante Reise muss nach hinten geschoben werden, denn zuerst muss das laufende Projekt abgeschlossen und die Gelder auf dem Konto sein.

Sense + Haus
Hier wurde Geld verdient, doch jemand anderes versucht es einzubehalten, der es beansprucht. Sollte bereits ein Zwangsvollstreckungsbescheid im Haus/Firma vorliegen, so deutet dies auf einen Pfändungs- und Überweisungsbeschluss hin.

Sense + Baum
Der Standort, die Region, die saison- oder konjunkturbedingte Arbeit ist finanziell abgearbeitet, (eher abgesahnt, abgegrast) und würde nicht mehr viel bringen.

Sense + Wolke
Der ältere Geschäftspartner kann die Methoden seines jüngeren Kollegen, der nur an seinen Profit denkt, nicht mehr so leicht wegstecken wie früher.

Sense + Schlange
Hier versucht der eine Partner dem anderen zu verkaufen, wie viel er doch arbeite und was er alles leiste, nur um seine Geldumleitungsgeschäfte zu vertuschen.

Sense + Sarg
Das Unternehmen, die Selbstständigkeit ist ausgeplündert, leer, kann nicht länger zahlen, denn es bekommt seine Außenstände nicht herein.

In der erweiterten Situation
Sense + Sarg + Ruten + Bär + Mäuse
in gerader Linie sprechen wir hier von einem Folgekonkurs.

Sense + Blumen
Obwohl Ihr finanzieller Erfolg kurzfristig in Gefahr war, löst sich die Gefahr durch Hilfe von Geschäftsfreunden umgehend auf.

Sense + Ruten
Gerade dachten Sie, der jüngste Schrecken sei überwunden. Doch aus ähnlichen Umständen heraus drischt man wieder verbal auf Sie ein. Diesmal ist der andere besser vorbereitet und geht raffinierter vor, um an Ihr Geld zu kommen.

In einem Unternehmen/Firma/Selbstständigkeit verweist es auf die Kombination **Sense + Haus**, wobei es unter **Sense + Ruten** schwieriger ist aus dem Dilemma herauszukommen.

Bei **Sense + Ruten + Bär + Ring** käme es in etwa der Abgabe einer eidestattlichen Versicherung gleich.

Sense + Vögel
Die Aufregungen um das Finanzielle in Bezug

auf Ihre Person sind den Kollegen, auch Geschäftsfreunden nicht verborgen geblieben. Es wird geredet und die Zeit wird abgeschätzt, wie lange es noch gut geht.

Sense + Kind
Diesem raffenden, geldgierigen Menschen können Sie noch so oft verzeihen und Vertrauen schenken. Die guten Vorsätze sind groß, doch das Milieu und dieser Umgang lässt beim anderen keine große Veränderung zu.

Sense + Fuchs
Das Vorhaben, so zu Geld zu kommen, ist falsch, falsch und fälscher geht es nicht und es ist gefährlich obendrein. Sie können nichts dabei gewinnen, nur alles verlieren. Daraus gibt es keinen Gewinn, weder jetzt noch auf Dauer gesehen.

Sense + Bär
Da den sozialen Einrichtungen (Krankenkassen, Steuerbehörden usw.) ein gewisser Prozentsatz zusteht, wird dieser hier direkt vom Konto einbehalten. Bei einem Unternehmer, der rückständige Beiträge ausstehen hat, kann es in diesem Fall sehr viel sein.

Sense + Sterne
Das Versprechen zu bekommen, dass man ein Star, Model oder Ähnliches wird, ist traumhaft gut. Doch hier will der Agent viel Geld als Vorabkasse haben.

Sense + Störche
Auch eine räumliche Trennung würde Sie vor plötzlichen negativen finanziellen Überraschungen nicht schützen können. Konto in Gefahr. Andere versuchen es zu plündern.

Sense + Hund
Der Unternehmer/Selbstständige behandelt seine Untergebenen, die treu und fleißig arbeiten, schlecht. Er tritt Ihnen ständig in den Allerwertesten.

Sense + Turm
Gelder werden zwangseinbehalten. Dem Unternehmen droht die Insolvenz.

Sense + Park
Für den Unternehmer/Selbstständigen ist es derzeit besser großen öffentlichen Veranstaltungen aus dem Weg zu gehen. Seine interne Situation ist sehr angespannt, so dass ein Zusammentreffen mit bestimmten Personen zu falschen Rückschlüssen führen könnte. Ein zu frühes nach außen gehen hat in dem Fall nur selten Erfolg und bringt ihn – auf Sicht gesehen – wieder in Schwierigkeiten.

Sense + Berg
Eine mächtige Behörde macht dem Unternehmer/Selbstständigen das Leben schwer. Die verlangten Sicherheitsgelder drängen die Firma an den Rand des Existenzminimums zurück.

Sense + Wege
Generell sollten zu diesem Zeitpunkt keine neuen Wege beschritten oder Entscheidungen getroffen werden. Warten Sie noch, es wird sich anders lösen.

Sense + Mäuse
Das einbehaltene Geld wird an den anderen ausgezahlt.

Sense + Herz
Mit Verständnis und einem verzeihenden Herzen des »Feindes« wird das arretierte Geld an den Empfänger freigegeben.

Sense + Ring
Vereinbarungen und Verträge in Bezug auf Sicherung der Finanzen werden unterzeichnet. Das Motto des Fordernden lautet: »Du gehörst mir mit Haut und Haaren«. Im unternehmerischen Bereich zählen wir hierzu Sicherungsübereignungen, Bank- und Beteiligungsverträge.

Sense + Buch
Ein fremder Mensch oder Geschäftspartner versucht mit einem raffinierten Trick (könnte man als moralische Erpressung bezeichnen) von den geheimen Geldangelegenheiten des Unternehmens zu profitieren.

Sense + Brief
Die Nachricht beinhaltet eine Aufforderung zur freiwilligen Zahlung, ansonsten wird man mit allen zur Verfügung stehenden Mitteln versuchen an das Geld heranzukommen.

Sense + Herr
Hinter dem charmanten Äußeren stecken ziemlich kriminelle Machenschaften. Es fällt in den Bereich der Wirtschaftskriminalität. Da diese Person als ein Gentleman auftritt, wird es weder auf den ersten noch zweiten Blick zu erkennen sein, mit wem man es hier zu tun hat.

Sense + Dame
Diese Person ist in der Tat regelrecht auf Kampf eingestellt. Sie ist unter keinen Umständen bereit, sich die Butter vom Brot nehmen zu lassen. Sie wird um ihre Firma, um ihren verdienten Lohn kämpfen.

Sense + Lilie
Der finanzielle Hexenkessel ist am brodeln. Darunter werden die gewalttätigsten Fantasien gespeist, während nach außen hin ein zuckersüßes Lächeln alles zu übertünchen versucht.

Sense + Sonne
Wenn die Schatten der Vergangenheit (finanzielle Verpflichtungen, mit denen man leicht seine Konten blockieren kann) nicht wären, so könnte der Unternehmer/Selbstständige glücklich und zufrieden sein.

Sense + Mond
Das gesperrte Geld, obwohl bereits verdient, verfolgt den Unternehmer/Selbstständigen bis in seine Träume.

Sense + Schlüssel
Mit hundertprozentiger Sicherheit will der frühere/ausgeschiedene/entlassene Partner die neue geschäftliche Verbindung stören, behindern und verhindern. Er schäumt vor Aggressionen.

Sense + Fische
Der Geldhahn wird zugedreht, da der jüngere Mensch Firmengelder verschleudert hat.

Sense + Anker
Einem Selbstständigen oder kleinen Handwerksbetrieb, auch Subunternehmer, der gute Arbeit geleistet hat, werden durch fadenscheinige Ausreden große Abzüge im Finanziellen zugemutet.

Sense + Kreuz
Der letzte Ertrag, die letzte Saison war nicht mehr länger kostendeckend. Das Geschäft/ Unternehmen wird kurzfristig geschlossen.

Die Ruten – Kreuz Bube

Karte Nr. 11

Finanzielle, Materielle Bedeutung

- *Geld und Zusagen durch langwierige Verhandlungen blockiert*
- *schneller Wechsel von Meinungen*
- *schwierige Kommunikation*
- *Streitgespräche, Alltagssorgen, Stress*
- *Rechtsanwälte, Polizei*
- *gewandter Redner*
- *Zeit – langlaufende Karte*

Die Ruten in Bezug auf Finanzen, Geld, Materie, Job, Karriere, Selbstständigkeit zeigen als erstes eine vorübergehende Sackgasse an. Das Herausarbeiten ist hier recht anstrengend, da die Parteien in ziemlich festgefahrenen Rollen stecken, wie auch Sie in dem Fall.

Alles, was zum Beispiel gestern noch nach einem Abschluss oder Erfolg aussah, wird heute schon wieder in Frage gestellt, oder es taucht eine neue Schwierigkeit auf. Es ist, als ob man gegen Windmühlenflügel zu kämpfen hätte. Bei Eintritt der Karte ist auf kurzfristigen Erfolg nicht zu hoffen. Stellen Sie sich auf zähe Verhandlungen ein, denn die Ruten gelten als Verhandlungskarte, seltener als Hinhaltekarte. Doch gehen Sie mit hundertprozentiger Sicherheit davon aus, dass die Gegenseite genau weiß, was sie tut und dies auch noch mit voller Absicht tut.

Unter zwei gleichwertigen Gegnern werden die Ruten zu einer Herausforderung und beide spielen bewusst die dunklen Flecken der Seele aus. Bei Scheidungen ist es uns besser geläufig. Da nennt man das: »Schmutzige Wäsche waschen«, und beide Seiten testen aus, wer länger durchhält. Deshalb können wir die Ruten auch als Nervenzerreißprobe ansehen, die bei längerem Atem letztendlich zum Gelingen führen wird. Wenn die Kommunikation im finanziellen, materiellen Bereich in Ordnung ist, tauchen die Ruten nur selten auf und wandeln sich durch die nächste Karte.

Ruten – Nr. 11, Kreuz Bube in Verbindung

Ruten + Reiter

Eigentlich wollten Sie hier geschäftlich gesehen keinen Millimeter von Ihrer Einstellung weichen, doch die Übermittlung einer persönlichen Nachricht stimmt Sie friedlich.

Ruten + Klee

Das geschäftlich geführte Gespräch wendet sich plötzlich zu Ihren Gunsten. Sie erhalten die Zahlung nicht auf einmal, aber in Raten.

Ruten + Schiff

Eine Dienstreise zu einem schwierigen Kunden ist angesagt. Der Stress und die dauernden Meinungsverschiedenheiten können in dem Fall nur persönlich geklärt werden.

Ruten + Haus

Schwierige Rechtsverhandlungen finden am runden Tisch des Unternehmers statt. Hier ist nur die Ratio und die Logik gefragt.

Ruten + Baum

Die Herrschaften können sich nicht über den richtigen Standort/Platz/Baustil des Unternehmens einigen. Es dauert.

Ruten + Wolke

Vorübergehend wird ein Rechtsstreit beigelegt, der aber noch untergründig als Glut weiterschwelt. Diese Bereinigung brachte vor allem dem anderen Vorteile.

Ruten + Schlange

Zwei ebenbürtige Gesprächsgegner (z.B. ein Anwalt und eine Unternehmerin) stehen sich gegenüber. Eins ist sicher, die Dame gewinnt durch weibliche Logik und Raffinesse das Spiel. (Das gilt auch, wenn ein Herr der Fragesteller ist.)

Ruten + Sarg

Die Attacke auf den Selbstständigen/Unternehmer ist erst einmal vorüber, da der Angreifer derzeit mit seinem Latein am Ende ist und diesen Fall zur Seite gelegt hat.

Ruten + Blumen

Ein erneuter Annäherungs- beziehungsweise Versöhnungsversuch hat Erfolg und setzt dem Stress ein Ende. Man erhält den verdienten Lohn.

Ruten + Sense

Langwierige Verhandlungen und ein immer wieder erneutes Anmahnen der offenen Posten bringen den anderen nur dazu, sein Geld noch fester zusammenzuhalten.

Ruten + Vögel

Dieses Gespräch wird sich als überflüssig und fruchtlos erweisen. Denn die Vereinbarungen bringen kein Geld.

Ruten + Kind

Hier wird der Fall, das Problem vertrauensvoll und gläubig an Anwälte weitergereicht, mit der Hoffnung, dass diese das Problem lösen.

Ruten + Fuchs

Berufliche, geschäftliche Gespräche entgleiten Ihnen und geraten in eine falsche Bahn, da der andere die Psychoknöpfe kennt, um Ihnen und sich selbst das Leben schwer zu machen.

Ruten + Bär
Der komplizierte Fall ist über einen Anwalt bei den Behörden gelandet. Doch hier sieht es sehr gut aus für Sie.

Ruten + Sterne
Ein langwieriges Prozedere bekommt durch die Einschaltung eines Rechtsbeistandes, einer vermittelnden Person Klarheit und erlaubt hier an dem Projekt weiterzuarbeiten.

Ruten + Störche
Ein Mitarbeiter wird in einigen Monaten aus dem Unternehmen/der Selbstständigkeit ausscheiden und kann daher innerhalb kurzer Zeit als Arbeitskraft nicht mehr vollwertig zur Verfügung stehen.

Ruten + Hund
In diesen Verhandlungen werden die Mitarbeiter oder Mitbeteiligten Sie moralisch und mit der Wahrheit stützen.

Ruten + Turm
Hier hilft kein Reden mehr, der Rechtsstreit geht vors Gericht.
+ Park = öffentliche Verhandlung
+ Buch = geschlossene Verhandlung

Ruten + Park
Diverse Rechtsschwierigkeiten werden in aller Öffentlichkeit diskutiert.

Ruten + Berg
Die Sturheit des Streitenden verhindert ein Bereinigen der misslichen Lage.

Ruten + Wege
Ein Vermittler, auch Rechtsbeistand erarbeitet verschiedene vernünftige Lösungsansätze, die aber der Betroffene nicht annehmen will, weil er sich im Recht glaubt. Er fühlt sich hier aufs Abstellgleis geschoben.

Ruten + Mäuse
Was lange währt, wird in dem Fall nicht gut. In letzter Sekunde wird dieser Rechtsstreit oder auch langwierige Verhandlungen als gescheitert anzusehen sein.

Ruten + Herz
Die Gegenseite zeigt unvermutet Verständnis und ist zum Einlenken und Beenden der langen streitigen Verhandlungen bereit.

Ruten + Ring
Nach langen heftigen verbalen Diskussionen wird ein Stillhaltevertrag (ein Agreement) unterzeichnet.

Ruten + Buch
Nach langer mühevoller Arbeit und einigen rechtlichen Aufforderungen werden die Finanzen, die Gelder offen gelegt.

Ruten + Buch + Bär	den Behörden
Ruten + Buch + Turm	dem Finanzamt
Ruten + Buch + Ring	dem Vertragspartner oder Teilhaber
Ruten + Buch + Fische	der Bank

Ruten + Brief
Kurze unangenehme Erinnerungen an eine Rechtssache, kann auch telefonisch sein, werden dem Unternehmer/Selbstständigen lästig fallen.

Ruten + Herr
Ein gewandter Redner (kann auch Pressesprecher sein), gibt eine gute Darstellung gegenüber der Öffentlichkeit ab. Zu Ihren Gunsten.

Ruten + Dame
Nach langwierigen Verhandlungen wird von der Gegenpartei eingelenkt und man bietet eine Einigung an.

Ruten + Lilie
Eine ziemlich dicke behördliche Auseinandersetzung im Bereich von Steuern, Sozialabgaben etc. geht nicht weiter. Sie wird immer wieder auf Eis gelegt.

Ruten + Sonne
Die langwierigen rechtlichen Verhandlungen haben sich gelohnt. Sie haben gewonnen und es wird sich finanziell für Sie lohnen.

Ruten + Mond
Die langwierigen rechtlichen Verhandlungen bringen Ihnen letztendlich die Anerkennung, den Freispruch, nur finanziell ist nichts zu erwarten.

Ruten + Schlüssel
Mit Sicherheit haben Sie sich diesen rechtlichen Erfolg erarbeitet und erredet. Das alte Problem ist gelöst und endgültig zu den Akten gelegt.

Ruten + Fische
Sie »schwimmen wieder oben« wie man so schön sagt. Die Rechtsstreitigkeiten sind beigelegt und mit dem Kunden lassen sich wieder Geschäfte machen.

Ruten + Anker
Eine unnötige, sich bald verhärtende Rechtsangelegenheit kommt hier auf den Betroffenen zu, in die viel Arbeit und Geld hineingesteckt wird.

Ruten + Kreuz
Damit das normale Leben weitergeführt werden kann, werden die Wortgefechte eingestellt bzw. man versucht ihnen aus dem Weg zu gehen.

Die Vögel – Karo 7

Karte Nr. 12

Finanzielle, Materielle Bedeutung

- *schlechte Nachrichten verbreiten sich in Windeseile*
- *Getratsche, Gerede, Geschimpfe*
- *Mobbing – Gerüchteküche*
- *Denunzierung, Verleumdung*
- *2 Geldeinnahmequellen*
- *2 Jobs*
- *Nervosität, Hektik, Aufregung*
- *viel versprechen, wenig halten*

Unter dem Aspekt dieser Karte ist für den Betreffenden Gelassenheit gefragt. Denn teilweise ist es ihm schleierhaft, wie andere Menschen sein Leben, seine Aussagen beurteilen und zu ihren Gunsten wenden, indem sie alles zerreden. Mag ein Körnchen Wahrheit an all dem Gerede sein, doch dass es jetzt diese Kreise zieht, scheint dem Betreffenden nicht mehr nachvollziehbar.

Der Karte mit dem Titel die Vögel (Eulen) schreiben wir auch Weisheit zu und das deutet daraufhin, dass gedankenlos geplappert wird, ohne vorher das Gehirn einzuschalten. Ohne Grund wird etwas zu einem Drama oder Skandal aufgebauscht. Fast ist es gleichgültig, ob Sie der Betroffene oder der Angreifer sind, denn Reden ist hier nur Silber, während Schweigen das Gold bringt. Wir kennen eine Redewendung dafür: »Lasst Gras darüber wachsen«.

Die Aufregung, Hektik, Unruhe und Nervosität der Vögel lässt uns auch im finanziellen Bereich nur mühsam zum Erfolg kommen. Sie verhindert oder verzögert den finanziellen Fluss. Wir sagen dann zum Beispiel: »War das eine Aufregung, bis ich das endlich durch hatte.«

Zugesagte Versprechen in Bezug auf Geld und Materie zu realisieren erweist sich als äußerst schwierig. Dem anderen kommt zu viel dazwischen, oft ungewollt.

Vögel – Nr. 12, Karo 7 in Verbindung

Vögel + Reiter
Jemand anderes hat für Sie eine gute Idee. Er meint es ehrlich. Doch Sie sind zögerlich und unentschlossen, da andere Menschen Ihnen schon erzählt haben, das solle gar nicht so gut sein.

Vögel + Klee
Die vereinbarten Ratenzahlungen im Kleinen werden für die nächste Zeit eingehalten werden.

Vögel + Schiff
Diese geschäftliche Reise sollte finanziell abgesichert und möglich gemacht werden. Ohne diese Klärung kommen Sie aus den Gerüchten nicht heraus.

Vögel + Haus
Kurzfristig werden Sie sich in Ihre Wohnbereiche zurückziehen, um den Gerüchten und Aufregungen zu entgehen. Für einen Arbeitnehmer können dies auch bewusst genommene Gleittage bedeuten. (Ist keine Krankheit).

Vögel + Baum
Spekulationen und Gerede in Bezug auf abbaubare biologische und ökologische Substanzen kreisen um Ihren Firmenstandort.

Vögel + Wolke
Vorübergehend wird die Aufmerksamkeit der Öffentlichkeit auf ein anderes Problem als auf Ihres gelenkt.

Vögel + Schlange
Über ruhig geführte intelligente Gespräche können die Klatschattaken weitgehend ausgeräumt werden. Schauen Sie danach nicht zurück, ansonsten werden Sie wieder betroffen sein.

Vögel + Sarg
Diffuse Ängste, Ahnungen, Unruhezustände, Befürchtungen machen den Unternehmer/Selbstständigen in Bezug auf die finanzielle Lage der Wirtschaft depressiv und entscheidungsunfähig.

Vögel + Blumen
Durch ein eingereichtes, der Aufklärung dienendes Schriftstück, das Ihnen Anerkennung bringt, wird der Gerüchteküche ein Ende gesetzt.

Vögel + Sense
Um durch diese hinterhältigen Gerüchte keinen Schaden davonzutragen, müssen Sie dem Geschäftspartner mündlich und schriftlich mitteilen, dass a) an den Gerüchten nichts dran ist und b) er nicht daran vorbeikommt Ihr Geld auszubezahlen.

Vögel + Ruten
Hier gilt es, sich klar und deutlich zu artikulieren und seinen Standpunkt mit Weisheit und Logik zu vertreten. Denn der andere geschäftliche Partner ist leicht säuerlich, weil er Sie für unfähig hält sich durchzusetzen. Er will Ihnen jetzt das Konzept aus der Hand nehmen.

Vögel + Kind
Kein Klatsch, kein Getratsche, keine Verleumdung kommt an die Person heran. Alle Versuche scheitern an der reinen mentalen Stärke der Angegriffenen.

Vögel + Fuchs
Ein gerissener »Fuchs« (männliche Person) weiß auf irdischer Ebene Rat, um aus diesen Gerüchten Profit für Sie und ihn zu ziehen.

Vögel + Bär
Das Unternehmen, der Selbstständige erhält eine behördliche Aufforderung, zu den Gerüchten und herumschwirrenden Aussagen Stellung zu beziehen.

Vögel + Sterne
Geschickt inszenierte Gerüchte machen aus einem Fehlschlag geradewegs einen Glücksfall. Die kollektive Beeinflussung ist derzeit äußerst positiv zu werten.

Vögel + Störche
Man munkelt, dass die Standortverlegung nicht ganz so freiwillig geschieht, wie nach außen verbreitet wird. Bei Arbeitnehmern kann es sich hier auch um einen Abteilungswechsel oder eine Versetzung in eine andere Filiale handeln.

Vögel + Hund
Trotz der schlechten Nachrichten, die in Bezug auf das Unternehmen verbreitet werden, können Sie sich auf die Stammbelegschaft verlassen. Aber helfen können Sie ihnen derzeit nicht.

Vögel + Turm
Ein großer Konkurrent, der den eigenen Erfolg in Frage gestellt sieht, macht dem Unternehmer sehr zu schaffen.

Vögel + Park
Die pressemäßig verbreiteten Geruche hören nicht auf zu wuchern und die Öffentlichkeit wird negativ beeinflusst.

Vögel + Berg
Die Person, der Selbstständige, das Unternehmen zieht sich zum Teil in seine eigene Welt zurück, denn das Außen scheint aus tausend Meinungen zu bestehen. Einen Fuß in die Öffentlichkeit zu setzen bedeutet derzeit gleich wieder neue Nahrung für die Klatschspalten zu liefern.

Vögel + Wege
Hektik, Unruhe und Unsicherheit in finanziellen Angelegenheiten verhindern klare Neuentscheidungen. Hier hat keiner Schuld, denn einen in dem Sinne »Schuldigen« gibt es nicht, sondern eher einen kollektiven Zusammenschluss, der zum Schaden der Personen wurde.

Vögel + Mäuse
Nun ist es endgültig: die Aufregungen und der Kampf um die Finanzen sind vorbei. Die Sache ist ausgestanden. Für den Unternehmer/Selbstständigen oder auch Arbeitnehmer bleibt leider nichts übrig. Irgendwie ist alles plus/minus Null aufgegangen.

Vögel + Herz
Fremde und bekannte Menschen stehen Ihnen derzeit mit Worten und Taten hilfreich zur Seite. Das kollektive Bewusstsein wirkt zu Ihren Gunsten.

Vögel + Ring
Hier werden zwei Verträge gegengezeichnet, die aber nur eine Angelegenheit betreffen, wie zum Beispiel für zwei Bankkonten vielleicht auch noch bei verschiedenen Banken.

Vögel + Buch
Der andere hat ein finanzielles Geheimnis gut

verborgen. Es ist entfernungsmäßig sehr weit weg, kann auch im Ausland sein, und er hofft, dass es nicht offenkundig wird.

Vögel + Brief

Hässliche Nachrichten werden Sie mittelbar erfahren, denn diese verbreiten sich noch schneller als gute. Doch was Sie hier im ersten Moment erschreckt, ist ohne negative Auswirkung auf Ihr Geschäft.

Vögel + Herr

Aufregungen, Sorgen und Befürchtungen stören das klare Bild, das Ihr Unternehmen/Ihre Selbstständigkeit nach außen zu spiegeln hat, um weiterhin Erfolg zu haben. Achtung! Kunden wenden sich ab.

Vögel + Dame

Selbst in geschäftlich wichtigen Gesprächen und eigentlich klaren Situationen ist der selbstständige Unternehmer so schwankend, dass er über das Ziel hinaus redet.

Vögel + Lilie

Die obersten Ermittlungsbehörden interessieren sich für die tatsächlichen Hintergründe dieser Gerüchteküche.

Vögel + Sonne

Trotz sich überschlagender Hektik und dem damit verbundenen Stress, der hier wie ein Lebenselixier wirkt, hat der Unternehmer/Selbstständige es geschafft seine Aufträge zur Freude und vollsten Zufriedenheit fertig zu stellen. Der verdiente Lohn ist gesichert.

Vögel + Mond

Der Unternehmer/Selbstständige macht sich tagsüber zu viel Kummer und Sorgen um die Meinungen seiner Kunden und auch Mitarbeiter. Auch befürchtet er, dass die schleppende Finanzlage sich negativ auf die Motivation auswirken könnte.

Vögel + Schlüssel

Ein Geschäftspartner sichert mit einer größeren Summe Geld den finanziellen Bereich ab.

Vögel + Fische

Selbst Aufregungen oder eine Chaosstruktur im Unternehmen verhindern hier nicht das finanzielle Wachstum.

Vögel + Anker

In absehbarer Zeit werden Sie sich auf eine feste Arbeit konzentrieren und nicht länger auf zwei Tätigkeiten.

Vögel + Kreuz

Die geschäftlich maßgebende Person hat die alten aufregenden Zustände als Erfahrung akzeptiert und will von dem Gerede nichts mehr wissen.

Das Kind – Pik Bube

Karte Nr. 13

Finanzielle, Materielle Bedeutung

- *Neubeginn, Start, Neustart*
- *Neues Spiel – neues Glück*
- *mit heiler Haut davonkommen*
- *unerschütterlicher Glaube*
- *Urvertrauen, dass alles gut wird*
- *durch Demut und Opferberufe Erfolg haben*
- *kann immer wieder von vorne beginnen*
- *kindliches Gemüt, unselbstständig, naiv*
- *Finanzen, Materie, Erfolg funktioniert nur, wenn starker ideeller Wunsch vorhanden ist*

Im materiellen, finanziellen Bereich hat das Kind eine starke Ausstrahlung und kann seinen Gesprächspartner bezaubern, so lange bis er glänzende Augen bekommt und in die Träume, Pläne und Berechnungen des Kindes einsteigt. Das Kind strahlt einen einzigartig starken Glauben an seine Projekte, Geschäfte, Vorhaben aus, die seinen Gegenüber in eine neue faszinierende Welt ziehen. Gelingt es dem Kind, spontan die Unterschrift zu erhalten, den Abschluss zu tätigen, so stellt sich seinen Wünschen und Plänen nichts in den Weg.

Sollte zum Beispiel zu einem Geldgeschäft noch eine zweite Unterschrift erforderlich sein, so wird sich zeigen, ob das Kind seine Begeisterung übertragen konnte, damit sein Gesprächspartner diese Begeisterung, gepaart mit Logik und Vernunft, seinem eigenen Partner übermitteln kann. Sie sehen, es kommt ganz darauf an, welchen Eindruck das Kind hinterlässt. Je länger sich die dazwischen liegende Wartepause bis zum Erfolg, der Zusage hinzieht, desto geringer sind die Aussichten auf Erfolg.

Wenn die Motivation des Kindes gut und rein ist, hat es in den meisten Fällen Glück und Erfolg. Ist das Kind verbraucht, müde und vom Leben gezeichnet, hat es sein Charisma verloren und steht damit in keiner guten Erfolgsperiode. Doch gleichgültig, wie, es lässt sich nicht unterkriegen und auf irgendeine Weise wird bei ihm letztendlich doch alles gut.

Kind – Nr. 13, Pik Bube in Verbindung

Kind + Reiter
Im geschäftlichen Bereich wird der Person eine Einladung zugestellt, die ideellen Repräsentationszwecken dient.

Kind + Klee
Zu viele Gedanken an früheres Glück lassen Sie die kleinen finanziellen Geschenke im Jetzt und in der Zukunft übersehen.

Kind + Schiff
Eine kleine, kurze Reise steht unmittelbar bevor, die durch gute Kommunikation alte berufliche Träume wieder aktiviert.

Kind + Haus
Eine jüngere Person wird sich mit neuem Vertrauen dazu bereit erklären, Kinder/Jugendliche in einem Haus zu betreuen.

Kind + Baum
Der finanzielle Erfolg ist mit dem erfolgten Standortwechsel nur langsam zu haben. Doch es wird ausgehalten.

Kind + Wolke
Dieser vertrauensvolle Neubeginn, Neuaufnahme einer Tätigkeit wirft nach kurzen Wochen wieder Zweifel auf. Unter den Motto: In der Vergangenheit, ja, da war so vieles besser.

Kind + Schlange
Der andere Geschäfts- oder auch Arbeitspartner bildet in dem Fall eine ausgezeichnete Symbiose mit Ihnen. Unerschütterlicher Glaube, Begeisterung geben sich mit Intelligenz und Geschäftstüchtigkeit die Hand.

Kind + Sarg
Finanziell gesehen wird dieses Projekt, an dem Sie hingebungsvoll gearbeitet haben, in einer Sackgasse landen. Der psychische Druck steigt, da Sie nur geringe oder keine Handlungsmöglichkeiten sehen.

Kind + Blumen
Ein Umkehrprozess ist im Gange. Fast über Nacht setzen Vernunft und Rückbesinnung auf die alten Fähigkeiten und Kontakte ein, die a) geschäftlich und b) psychisch wieder Erfolg und Lebensfreude bringen. (Glaube wird belohnt).

Kind + Sense
Es geht nicht alles glatt, es handelt sich hier um Computer oder andere technische Geräte, die Sie immer wieder in kurze Schrecken versetzen. Doch der Erfolg der Arbeit ist gewiss.

Kind + Ruten
Aufgrund alter Erfahrungen beharrt der Selbstständige/Unternehmer/Arbeitnehmer auf seinem Recht. Eine vernünftig geführte Kommunikation ohne die alte Einstellung würde zu Erfolg führen.

Kind + Vögel
Mit den Geschäftspartnern ist derzeit nicht zu reden, und um finanziellen Aufschub zu bitten ist zwecklos. Diese hören derzeit nur auf die Meinung der anderen und vornehmlich auf die verbreitete volkswirtschaftliche Meinung.

Kind + Fuchs
Schon wieder belästigt Sie ein »Berater« und versucht Ihre gläubige, vertrauensselige Art zu missbrauchen. Achten Sie auf die Unverfälschtheit des gesprochenen und geschriebenen Wortes.

Kind + Bär

Ihre in gläubigem Vertrauen auf die Richtigkeit eingereichten Unterlagen werden bei einer sozialen Behörde so angenommen und genehmigt. Befürchtungen und Sorgen sind überflüssig.

Kind + Sterne

Eine alte Idee, die einstmals nicht realisierbar war, erweist sich als Schlüssel zum Erfolg. Zeit zum Handeln!

Kind + Störche

Zu Ihrem arbeitsmäßigen Hauptaufgabengebiet werden für eine Art Vertretungsperiode noch Nebeneinsätze erfolgen, die je nach Branche zu kleineren Reisen führen können.

Kind + Hund

Das A und O dieser Kombination ist, dass viele Menschen gemeinsam an einem sozialen Produkt arbeiten, das unter dem Motto steht: Freundschaft, Gemeinsamkeit, Hilfsbereitschaft und Loyalität; einer für alle, alle für einen. Geld hat hier keinen oder nur geringen Stellenwert. (Im bedeutendsten Fall könnten es Rettungsaktionen bei Waldbränden, Hochwasser, verirrten Walen oder Delphinen sein).

Kind + Turm

Hier ist nichts zu erwarten. Der oberste Boss oder Vorstand eines Konzerns will von Ihren Vorschlägen nichts wissen.

Kind + Park

Die eingereichten Vorschläge/Muster/Bewerbung werden durch viele Menschen begutachtet, aber nicht einhellig befürwortet. Es gibt geteilte Meinungen.

Kind + Berg

Außer einem festen Glauben an sich selbst und seine vergangenen Erfolge hat der Unternehmer/Selbstständige/Arbeitnehmer nichts, was er der schwierigen irdischen und wirtschaftlichen Realitätslage entgegensetzen kann. Hier gilt es, sich den Anforderungen des Lebens zu stellen und immer nur einen Schritt zu gehen und dann den nächsten usw. Geben Sie nicht auf.

Kind + Wege

So wie früher ist es jetzt nicht mehr. Hier gilt es eine vernünftige verstandesmäßige Entscheidung zu treffen. Falls Sie den Gedanken an eine Selbstständigkeit oder freiberufliche Tätigkeit bereits angedacht haben, so ist das jetzt der richtige Zeitpunkt sich konkreter damit zu befassen.

Kind + Mäuse

Die soziale Einrichtung wird in kurzer Zeit geschlossen, auch wegrationalisiert. Hier kann es sich um eine Betriebskantine, um eine Sozialstation, öffentliche Bücherhallen oder genauso um eine Schulung für eine Wiedereingliederung eines Arbeitnehmers und Ähnliches handeln.

Kind + Herz

Dieses Vorhaben wird mit so viel Begeisterung, festem Glauben und einem herzlichen, faszinierem Charisma vorgetragen, dass der Gesprächspartner sich angesprochen fühlt »Himmel und Hölle in Bewegung zu setzen«, um dem anderen diesen Gefallen zu erweisen.

Kind + Ring

Eine vertragliche Bindung wird zugesagt, obwohl sie nicht ganz der Vorstellung entspricht, die man hatte. Es ist eine Art Ersatzbindung, weil es derzeit nichts Besseres gibt, dem man sich auch als Selbstständiger/Unternehmen »unterordnen« würde. (Knebelvertrag)

Kind + Buch

Hier wird von beiden Geschäftspartnern absolut nicht mit offenen Karten gespielt. Auch werden zum Beispiel Vereinbarungen nur mündlich unter dem Siegel der Verschwiegenheit getätigt, Schriftliches kommt gleich in den Safe. Trotzdem wird/könnte Geld fließen.

Kind + Brief

Hier wird Ihnen kurzfristig mitgeteilt, dass ein Treffen zeitlich verlegt wird. Der Grund ist vorgeschoben, aber das interessiert Sie nicht weiter, da Sie mit anderen Angelegenheiten sehr beschäftigt sind.

Kind + Herr

Hier wird die ethische, moralische Einstellung sich den geschäftlichen Bedingungen anpassen müssen, ansonsten gibt es keine beruflichen Aufstiegsmöglichkeiten oder geschäftlichen Erfolge. »Mit den Wölfen heulen!«

Kind + Dame

Es ist hier gleichgültig, ob es sich um eine Vorstandssitzung, neue Geschäftspartner, Bankgespräche oder um eine kleine Selbstständigkeit handelt, man glaubt, man hat es mit einem Kindergarten zu tun. Einer belehrt den anderen und alle glorifizieren die Vergangenheit. (Passt ins vergangene Jahrhundert – nostalgische Zeiten).

Kind + Lilie

Bockig, zickig, trotzig wird hier die Mitarbeit verweigert, da man mit dem anderen nicht kann. Trotz bester Vorsätze oder Willensanstrengungen kommen Projekte nicht zum Tragen.

Kind + Sonne

Das ist die richtige Firma, die richtige Produktschiene, in der Ihre Qualitäten gefördert und entwickelt werden können. Auch finanziell werden Sie zufrieden sein.

Kind + Mond

Der Traum von Reichtum, Erfolg und plötzlichem Ruhm erfüllt sich nicht über Nacht, wie erhofft. Die Materie lässt sich nicht zwingen.

Kind + Schlüssel

Mit Sicherheit wird diese neue Festanstellung mit einem guten Gehalt versehen sein.

Kind + Fische

So wie das hier angeboten wird, so wollten Sie es nicht haben, denn das erstrebenswerte Gehalt wäre nur mit guten Provisionen erreichbar. Das Grundgehalt ist gering. Der Geldfluss vermehrt sich erst durch Folgegeschäfte.

Kind + Anker

Für große Veränderungen sehen Sie keinen wirklichen Anlass. Auch eine ehrenamtliche Tätigkeit kann hier über lange Jahre genügen, auch Nachbarschaftshilfearbeit oder sporadische soziale Betreuung. Wenig Geld!

Kind + Kreuz

Hier ist eine Verabschiedung fast jeglicher Berufstätigkeit angesagt, da die Person zu Hause eine andere versorgen und verpflegen muss. Im besten Fall ist es eine Kindesbetreuung.

Der Fuchs – Kreuz 9

Karte Nr. 14

Finanzielle, Materielle Bedeutung

- *Vermittler, Management*
- *schlauer, gerissener und wendiger Partner*
- *spekulativer, aktiver Organisator*
- *auch falscher Freund/Firma/Partner*
- *Täuschung und Desillusionierung*
- *Erfolg haben, Gewinn machen*
- *auch auf seinen Vorteil bedacht*
- *Verführer, Prüfung, Test*
- *in Notsituationen guter Hilfe-Partner, schnelle Handlungen, gute Planung*

Unser »schlaues Füchslein« hier ist wirklich wunderschön! Genauso pfiffig, intelligent, gerissen, neugierig, schnell, aktiv, wendig und abwartend wie sich der Fuchs in der Natur zeigt, begegnet man ihm auch auf der Ebenen von Finanzen, Materie und Beruf.

Der Fuchs ist ein hervorragender Organisator, denn er kennt »Gott und die Welt«. Daher kann er im geschäftlichen Bereich nicht untergehen. Er beherrscht die Regeln einer ausgezeichneten Kommunikation und durch seine vielen Verbindungen ist er auch immer in der Lage, Probleme wegzudiskutieren und Lösungen dahin zu zaubern, wo andere schon längst verzweifeln. Und dabei wirkt er noch unternehmungslustig, vernachlässigt weder seinen Sport noch irgendwelche teuren Hobbys. Die Betroffenen fragen sich manchmal, weshalb sie eigentlich so lange mit dem Fuchs zusammenarbeiten, und warum sie sich den Stress antun? Ja, der Fuchs hat seine Vorzüge, denn durch seine Verbindungen profitieren auch die anderen.

Sollten Sie in der Situation sein, von einem Fuchs einen Gefallen oder eine Zusage zu erbitten, so überlegen Sie sich vorher sehr genau, klar, logisch, sachlich, was Sie dem Fuchs als Gegenleistung zu bieten haben. Vergessen Sie nicht, der Fuchs ist ein brillanter Verkäufer, der auf seinen Vorteil bedacht ist. Er mag nichts weniger als jemanden, der nichts Konkretes anzubieten hat oder herumstottert.

Fuchs – Nr. 14, Kreuz 9 in Verbindung

Fuchs + Reiter

Der Selbstständige/Unternehmer kann die Nachricht nicht persönlich in Empfang nehmen, da er gerade außer Haus ist.

Fuchs + Klee

Ein Unruhestifter verschwindet aus dem Arbeitsbereich und plötzlich ist die Glückssträhne da.

Fuchs + Schiff

Die geschäftlich geplante Veränderung, die mit einer kommunikativen Reise zusammenhängt, gelingt nach dem Entfernen einer Person.

Fuchs + Haus

Die falsche Person, die eine Gefahr darstellte, muss sich unverrichteter Dinge wieder aus Ihrem häuslichen Unternehmen zurückziehen. Harmonie und Frieden kehren ein und fördern positive Entwicklungen.

Fuchs + Baum

Gezielte negative Kampagnen gegen den Standort des Unternehmens werden eingestellt.

Fuchs + Wolke

Da ein Bote der Geschäftspartner mit seinen unterschwelligen »Betrugsabsichten« in dieser Besprechung/Verhandlung auf Granit beißt, entfernt er sich zügig. Seine Lügen, scheinheiligen Versprechen und seine spitze Zunge hinterlassen trotzdem Zweifel.

Fuchs + Schlange

Es geht hier nicht darum, dem erlittenen Unrecht nachzutrauern, sondern klug, intelligent und geschickt das Steuer Ihres Arbeitseinsatzes oder Ihrer Firma zu übernehmen.

Fuchs + Sarg

Die Produktion krankt, der Absatzmarkt fehlt, das ganze Unternehmen krankt. In der Vergangenheit gab es leider falsche Berater (Managementbereich), die die Marktanpassung versäumt haben. Möglicherweise wird es dem derzeitig eingesetzten »Firmensanierer« gelingen, Hilfe durch Verbindungen aus der Vergangenheit zu erhalten. (Weitere dazugelegte Karten würden zeigen, ob das Unternehmen noch zu retten ist.)

Fuchs + Blumen

Eine verleumderische Boshaftigkeit im Geschäftsbereich, die gegen Sie persönlich gerichtet war, klärt sich auf. Der andere gibt zu, dass er Sie nur verletzen wollte.

Fuchs + Sense

Jemand, der behauptet »Ich habe die Patentlösung«, versucht unter diesem Deckmantel durch Lüge und Betrug an das erarbeitete Geld der Firma zu kommen.

Fuchs + Ruten

Mit dieser betrügerischen Absicht in der Vergangenheit werden sich demnächst die Anwälte befassen.

Fuchs + Vögel

Egal, ob es sich hier nur um ein Gespräch oder um eine wichtige Verhandlung handelt, es wird zu viel geredet und es kommt nichts dabei raus.

Fuchs + Kind

Dieser Berater ist nicht zu haben. Die Angelegenheit ist ihm zu wenig lukrativ.

Fuchs + Bär

Unverrichteter Dinge muss der andere im Geschäftsbereich wieder abziehen. Sein erpresserisches Wissen, sein Druckmittel erweist sich als gegenstandslos. Er geht und schweigt, weil er sich sonst selbst blamiert.

Fuchs + Sterne

Hier geraten Sie in eine völlig abgehobene Situation. Die Pläne, die hier geschmiedet werden und verwirklicht werden sollen, beziehen sich alle darauf, dass alte Verbindungen des Vermittlers mit »Vitamin B« funktionieren. Vertrauen Sie lieber auf sich selbst, denn hier müssen Sie später bezahlen.

Fuchs + Störche

Die Gefahr ist groß, dass Sie sich, weil Sie sich mit diesem interessanten, spritzigen geschäftlichen Partner zusammengetan haben, in eine Veränderung drängen lassen, die Sie gar nicht wollen. Sie werden dann von Leuten umgeben sein, die Ihnen nicht gut tun.

Fuchs + Hund

Gleichgültig, worauf der Mensch sich eingelassen hat oder in welchen Schwierigkeiten die Firma steckt: Ein unternehmerischer Berater wird zum guten Freund. Er hilft dem Menschen/der Firma durch schnelles, aktives Handeln und »Lass mich mal machen« aus einer haarigen Situation heraus. Er erweist sich als Retter.

Fuchs + Turm

Rien ne va plus! Nichts geht mehr. In einem Großunternehmen »rollen Köpfe«. Bei dieser Kombination sind vornehmlich die Beratertätigkeiten mit hohem Gehalt und überzogenen Kompetenzen in Gefahr. Auch bei Selbständigen oder Kleinunternehmern würde es bedeuten, dass zumindest eine Person gehen muss.

Fuchs + Park

Alle Angebote, mehr ins Außen zu gehen, Kontakt mit Menschen zu haben, werden zusehends ignoriert, denn es besteht die heimliche Angst, der geschäftlichen Vergangenheit zu begegnen. Auch zu wenig Werbung machen.

Fuchs + Berg

Der angeforderte Unternehmensberater/Helfer drückt sich mit anderen vorgeschobenen Verabredungen und Terminen zur Hintertür hinaus. Es ist ihm zu mühselig.

Fuchs + Wege

Bei der Wahl Ihres nächsten begehbaren Weges hilft Ihnen niemand, denn der vorherige Helfer erwies sich als zu teuer. Der/die Pragmatiker/in und das innere Gefühl in Ihnen sollten dafür entscheidend sein. Die Vergangenheit hat auf die Zukunft weniger Auswirkungen, als Sie vielleicht befürchten.

Fuchs + Mäuse

Ein gerissener, auf seinen Gewinn bedachter Organisator lässt die Firma in desolatem Zustand zurück und verschwindet. Die besten Teile hat er anderweitig verkauft oder will es tun.

Fuchs + Herz

Einer der Geschäftspartner, mit dem Sie früher befreundet waren und Geschäfte machten, hat seinen Arbeitsrahmen negativ verändert und verschwindet aus Ihrem Leben.

Fuchs + Ring

Nur um keinen Prestigeverlust auf geschäftlicher Ebene zu erleiden, wird ein ausgeklügelter

Vertrag geschlossen, in dem Teile der Firma verkauft/abgetreten/umgewandelt werden.

Fuchs + Buch

Einer Ihrer Geschäftspartner oder auch leitenden Angestellten verschwindet mit wichtigen Dokumenten, die sich auch zu Geld machen lassen. Er wird nur schwer auffindbar sein, da er viele, auch ausländische Verbindungen hat.

Fuchs + Brief

Hier wird jemand zu »feige« sein, um die Kündigung persönlich abzugeben.

Fuchs + Herr

Sieht nach einer idealen Kombination aus, wenn es um den Fortschritt und das Wachstum einer Firma geht. Alte bestehende Verbindungen werden gut gepflegt und die repräsentative Zukunftsvision des Unternehmens wird im Außen bestens dargestellt. Für eine Anfrage jeglicher Art bedeutet es, dass der Anfragende sich allerbestens präsentieren und verkaufen kann.

Fuchs + Dame

Der clevere zu Ihnen gehörende Geschäftspartner muss sich für längere Zeit mit seiner Vergangenheit auseinandersetzen.

Fuchs + Lilie

Von dieser sozialen, mächtigen Organisation werden »Friedensboten«, Vermittler zur Vergangenheitsbewältigung eingesetzt.

Fuchs + Sonne

Eine vorübergehende Notsituation im betrieblichen Bereich, zu der ein sehr kompetenter Techniker hinzugezogen werden musste, ist wieder bereinigt. Die Produktion/Aufträge laufen wieder.

Fuchs + Mond

Lassen Sie sich nicht auf betrügerische Machenschaften ein, die des Abends oder des Nachts stattfinden sollen. Eine beratende Person, die sehr leichtfertig mit Recht und Unrecht umgeht, will Sie dazu überreden.

Fuchs + Schlüssel

Das geplante Vorhaben, den Partner fester in die geschäftlichen Vorgänge einzubinden, wird mit Sicherheit scheitern. Auch Anfragen anderer Art ist in dieser Kombination eine Absage beschieden.

Fuchs + Fische

Dieser Partner versteht es das Geld in der Firma zu mehren, wobei er nicht einmal über Gebühr arbeiten muss, denn er kennt »Gott und die Welt«.

Fuchs + Anker

Eigentlich sollte diese geschäftliche Verbindung schon Dutzende Male beendet werden, doch der andere wird gebraucht. Sie haben schon manche Notlage erfolgreich gemeistert und wissen, dass er Sie abfängt, wenn's brennt. Es ist auch diesmal nicht zu Ende. Diese Kombination kann außer auf Arbeitnehmer auch auf Steuerberater, Buchhaltungsbüros und andere kleinere wichtige Zuarbeitungsbetriebe oder Subunternehmer zutreffen.

Fuchs + Kreuz

Durch Rationalisierung von Arbeitsplätzen, Abstoßen von alten Produktlinien und Einsparungen, Kürzungen jeglicher Art wird die finanzielle Belastung des Unternehmens an die derzeit herrschenden marktwirtschaftlichen Bedingungen angepasst.

Der Bär – Kreuz 10

Karte Nr. 15

Finanzielle, Materielle Bedeutung

- *Göttlicher Schutz und feste Bindungen*
- *stabiles Unternehmen, Geld, Werte*
- *langlebige Beziehungen: Arbeitsplätze, Unternehmen, Banken, Selbstständigkeit*
- *staatliche oder vergleichbare Unternehmen*
- *Einrichtungen mit Traditionswerten*
- *Versorgung durch Staat: Renten, Soziales*
- *stark, gutmütig, furchtlos, verlässlich*
- *diplomatische Gerechtigkeit*
- *Zeit als Zustand – ca. ein halbes Jahr*

Der Bär als Einzelkarte sagt nicht unbedingt das Gelingen oder den schnellen Erfolg voraus, sondern nur, dass Sie hervorragende Aussichten haben und dass alles zu Ihrem Besten steht. Die Wahrscheinlichkeit des Gelingens zeigt Ihnen die nächste rechts daneben liegende Karte. Auch wenn Sie sich grässliche Sorgen um Ihr Leben, Ihren Erfolg, Ihre Finanzen, Ihren Job machen und Ihre ganze Familie Sie dazu noch verrückt macht, so ist das schlichtweg überflüssig. Denn Sorgen macht sich nur der Kopf.

Unter dem Aspekt des Bären sind Sie mehr als göttlich beschützt, angenommen und akzeptiert, so wie Ihre Situation nun einmal ist. In Ihrer derzeitigen Realität fällt es oft schwer das zu glauben, doch im Nachhinein werden Sie erkennen, dass Sie unter besonderem Schutz standen und vieles von dem, was hätte danebengehen sollen, sich prächtig entwikkelte; vielleicht anders, aber nicht schlechter.

Manchmal empfinden wir eine Entscheidung als Unglück, um dann im Rückblick zu entdecken, dass ohne dieses vermeintliche Unglück unser Leben sich zur Farce entwickelt hätte und wir vielleicht nie zu einer Selbstständigkeit, einem neuen Beruf oder zu viel Geld gekommen wären, wenn alles so geblieben wäre, wie wir damals wünschten. Denken Sie daran, auch wenn Sie in Schwierigkeiten sind, Sie sind hier beschützt und die Dinge stehen besser als Sie ahnen.

Bär – Nr. 15, Kreuz 10 in Verbindung

Bär + Reiter
Eine behördliche Nachricht, die als persönliche Zustellung deklariert ist, wird Sie freuen.

Bär + Klee
Eine Angelegenheit wurde auf die bewährte traditionelle Art und Weise bearbeitet, wodurch von behördlicher Seite kleine Rückzahlungssummen hereinkommen. Das Glück sorgt für positive Überraschungen.

Bär + Schiff
Es ist der richtige Zeitpunkt, um die geplante Reise anzutreten, die dem Unternehmen/der Selbstständigkeit eine neue Perspektive für die Zukunft bietet.

Bär + Haus
Behördliche Angelegenheiten für Selbstständige, kleinere und mittelgroße Betriebe werden wohlwollend behandelt. Arbeitssuchende würden unter dieser Kombination allerdings keinen Job finden, für den es sich ihrer Meinung nach lohnt zu arbeiten, da die derzeitige soziale Absicherung noch großzügig und stabil ist.

Bär + Baum
In absehbarer Zeit gibt es behördliche Angebote, auch konkrete Gespräche, welche um die Auslagerung des Unternehmens an den Stadtrand oder auch in ein ländliches Gebiet kreisen.

Bär + Wolke
Behördlich angefragte Zusagen wie Genehmigungen bei Ausschreibungen oder Anbauten wie Lagerhallen etc., auch Bankhypotheken, falls sie der Absicherung des Unternehmens dienen, gehen mit kleinen Auflagen in Ordnung.

Bär + Schlange
Handfeste, realistische, mit Behörden zu tätigende Geschäfte werden durch einen Konkurrent mit guter Protektion zu einer verwickelten Endlosgeschichte, deren Erfolg ungewiss ist.

Bär + Sarg
Die Behörde hat oder will dem Unternehmen/Selbstständigen den staatlichen Schutz (eventuell Subventionsgelder, Zuschüsse etc.) entziehen und die Firma stilllegen.

Bär + Sarg + Sense
Die zuständige Behörde beauftragt einen Insolvenzverwalter für das Unternehmen,

Bär + Sarg + Sense + Park
– der die Gelder in einer Auffanggesellschaft sichert.

Bär + Blumen
Nun ist es schwarz auf weiß. Behördliche, große Sorgen, mit denen Ihr Unternehmen belastet war, verschwinden über Nacht. Sie werden entlastet. Die Freude ist sehr groß. Das gleiche gilt auch für Selbstständige oder Arbeitnehmer, wenn auch in vergleichsweise kleinem Rahmen.

Bär + Sense
Die zuständige Behörde erhebt binnen kurzem und in völlig überraschender Weise Anspruch auf fast die gesamten derzeitigen Firmenerträge. Meistens handelt es sich hier um ein Prüfergebnis oder Zwangsfestsetzungsbeträge.

Bär + Ruten

Das für soziale Produkte arbeitende Unternehmen wird mit Protesten und Pamphleten aus den links-autonomen Reihen bedrängt. Selbst kleine Selbstständige geraten durch ihre Produkte in eine Situation, in der sie ihr Territorium verteidigen müssen, ansonsten wird die jahrelange Arbeit, Mühe und der ganze Aufbau null und nichtig sein. In der Regel wird hier ein Anwalt benötigt.

Bär + Vögel

Das Unternehmen/der Selbstständige setzt Vertrauensleute ein, um den Ursprung der bösen Gerüchte zu lokalisieren und einzudämmen, da bereits erste kleine finanzielle Verluste entstehen. Beim Arbeitnehmer handelt es sich hier um Mobbing, und der finanzielle Verlust ist als fehlende Konzentration bei der Arbeit zu verstehen, weil diese die Qualität der Arbeit oder Produkte beeinträchtigt.

Bär + Kind

Mit behördlichen Auflagen – zum Beispiel verschärfte Kontrollen, regelmäßige Vorlage von Unterlagen oder Vorsprechen, und einer gewissen Absicherung – wird dem Unternehmen/Selbstständigen eine Stundung, ein Erlass, der einem Neubeginn gleicht, gewährt. Im rein finanziellen Bereich setzen Sie anstatt »behördliche Auflagen« hier »bankübliche Auflagen« ein. Im Arbeitsbereich: Kontrolluhren, Bescheinigungen auch für zweistündige Arztbesuche. Im Arbeitslosenbereich: Kontrollmeldungen beim Arbeitsamt.

Bär + Fuchs

Die öffentliche Bekanntmachung einer Änderung oder der Neueintrag eines Unternehmens lockt die falschen Berater in Ihre Räume, auch Neidische.

Bär + Sterne

Das behördliche Verfahren wird von Amtsseite verständnisvoll, diplomatisch und gerecht durchgeführt. Das Urteil fällt klar aus und wird für den Beklagten erfolgreich sein. (Freispruch)

Bär + Störche

Das traditionell behördlich/sozial arbeitende Unternehmen wird mindestens eine Abteilung an einen neuen Standort verlagern, da der jetzige Raum nicht länger ausreicht.

Bär + Hund

Ein ganzes Helferteam ist hier im Einsatz, um den sozialen Rahmen und die irdische Stabilität der Firma, des Unternehmens, des Selbstständigen oder auch des Arbeitnehmers zu schützen.

Bär + Turm

Dieser behördlichen Macht haben sich alle zu beugen, selbst die Großkonzerne. Hier ist ein Stopp für mittlere und große Pläne angesagt. In dieser Kombination kommt das Stopp-Signal in der Regel aus dem Bereich der Staatsanwaltschaft.

Bär + Turm + Ruten ist die Kombination für einen Staatsanwalt.

Bär + Park

Die Verantwortlichen dieser Firma stehen in öffentlicher Funktion dem Volk bei Veranstaltungen Rede und Antwort. Sollte hier nach einem Job gefragt sein, so wäre es positiv zu bewerten, wenn der Arbeitsplatz zum Beispiel in öffentlichen Unternehmen wie Museen, Gesundheitskassen, Ämtern mit viel Publikumsverkehr etc. wäre.

Bär + Berg

Trotz zugesagter behördlicher Hilfestellung sieht das Unternehmen kein richtiges Vorankommen. Der Betriebsalltag ist mit Arbeit überlastet und ein Termin jagt den nächsten, wobei die meisten nicht positiv zu sehen sind.

Bär + Wege

So wie es gelaufen ist, geht es in Zukunft nicht weiter. Arbeit, Termindruck, ständige Verschiebungen auf Zusagen (Kontoeingänge) haben die Bank über Gebühr strapaziert. Gemeinsam wird nach Kompromissen gesucht.

Bär + Mäuse

Was zu viel ist, muss weg. Und in dieser Verbindung ist es nun mal die viele Arbeit, der Mangel an Zeit, nicht an Geld, und das Zuviel an Verantwortung für fremde Menschen. Das es hier ein Zuviel gibt, weiß der Betroffene selbst und so ist er zum Teil recht froh, wenn sich einiges davon ohne sein Zutun erledigt.

Bär + Herz

Der halbbehördliche Berater, Steuerberater, Anwalt oder auch Banker entpuppt sich als wahrer Freund, der sich voll und ganz für die Ideale des Menschen einsetzt, der das Unternehmen vertritt.

Bär + Ring

Hier wird ein Dokument unterschrieben, das wie »lebenslänglich« gilt. Es hat mit sozialer Gerechtigkeit, Absicherung und Schutz zu tun. Zum Beispiel Rentenfonds, Altersvorsorge, zusätzliche Krankenversicherung etc.

Bär + Buch

In dieser Situation hat das Unternehmen/der Selbstständige oder auch der Arbeitnehmer noch eine alte soziale Verpflichtung, welche er nicht bereit ist zu lüften. Er will darüber nicht reden und zahlt lieber. Es handelt sich hier um keine dubiosen Geschäfte, dazu ist das Tao zu ausgeglichen, sondern um ein Versprechen.

Bär + Brief

Hier kommt eine behördliche, wohl formulierte und harmlos wirkende Einladung zu einem Termin, den der persönlich Verantwortliche der Firma, der Selbstständige wahrzunehmen hat. Darin wird ein Gütetermin, eine Bereinigung der Situation angeboten. Falls es Sie betrifft, vertrauen Sie auf Ihre Kraft und Stärke und Ihren natürlichen Schutz, der derzeit stabil ist.

Bär + Herr

Aus diesem sozial arbeitenden, traditionellen Unternehmen wird eine Person für repräsentative Zwecke ausgesandt.

Bär + Dame

In dieses sozial arbeitende, traditionelle Unternehmen kommt eine Person zu Besuch, die damit ausschließlich repräsentativen Zwecken dient.

Bär + Lilie

Unter Ausschluss der Öffentlichkeit werden im sozial behördlichen Bereich Verhandlungen geführt, die das Bruttosozialprodukt betreffen.

Bär + Sonne

Hier ist alles stabil, gerecht, ordentlich und geht gut aus. Erfolg, Sicherheit, Schutz, Lebensenergie für das, wonach Sie mit dieser Legung gefragt haben. Der richtige Zeitpunkt, um Feste zu feiern, umgeben von guten Freunden, und das Leben in vollen Zügen zu genießen.

Bär + Mond

Einem sozial eingestellten Unternehmen werden undurchsichtige Geschäfte angeboten, um zu schnellem Ruhm zu gelangen. Für einen Arbeitnehmer oder Arbeitssuchenden würde es bedeuten, bitte das Angebot oder das Kleingedruckte der Verträge einer genaueren Prüfung zu unterziehen.

Bär + Schlüssel

Mit Sicherheit hat dieses Unternehmen/Firma/Selbstständigkeit sein Geld gut angelegt und kann demnächst seine Interessen und sein Engagement auf den ökologischen Zweig legen.

Bär + Fische

Die Gerechtigkeit, das Zusammenspiel der Kräfte von positiv zu negativ ist im Ausgleich. Stark, gelassen und souverän wird das Unternehmen auf dem Renten- oder Versorgungssektor seine Finanzen mehren. Hier kann es sich auch um große Versicherungskonzerne handeln.

Bär + Anker

Regelmäßige Kontrollen und Überwachung in den Unternehmen sind unter dieser Kombination an der Tagesordnung. Die Kontrollorgane entsprechen hier den Gesundheitsbehörden wie Lebensmittelkontrolle, Brandschutz, Tierschutzkontrolle etc. Mit Diplomatie und Geschick wird vermittelt, was nicht wirklich fruchtet.

Bär + Kreuz

Die sozialen Missstände lassen sich nicht beheben, gleichgültig wie oft hier abgemahnt wird und wie viel hohe Verantwortliche in dieses Unternehmen gesandt werden.

Die Sterne – Herz 6

Karte Nr. 16

Finanzielle, Materielle Bedeutung

- *neuer Erfolg, neues Geld, neuer Job oder Karrieresprung – alles klar – aber noch nicht begonnen*
- *klare Vertragsverhältnisse*
- *Jobzusagen: im Medienbereich*
- *derzeitige finanzielle Lage – klar überschaubar, auch Geldeingänge*
- *Materie: Besitztum in Planung – auch klar*
- *Handlungszeit: komprimiert, kurz*

Wenn sich Sonne und Mond zu unseren Sternen gesellen würden, dann hätten wir die Straße des Glücks und des Erfolgs für eine gewisse Dauer gepachtet.

Da die Sterne auch für Klarheit, neue Hoffnung und angedachte Veränderungen stehen, müssen wir nur unsere Hausaufgaben machen, um diese Sterne vom Himmel auf die Erde zu bringen. Es reicht nicht aus zu warten, bis eine Sternschnuppe herunterfällt, oder dass wir sie sehen, uns etwas wünschen und wieder warten. Wir müssen hier im Irdischen alles tun, um diese Sterne in unser Leben hineinzuziehen, um den Neubeginn unserer Tätigkeiten, Aufgaben hier auf Erden genauso strahlen zu lassen wie die Sterne.

Unser Stern besagt daher, dass die Einzelaussage generell positiv zu betrachten ist, doch in direkter Verbindung mit anderen Karten erhalten wir detaillierte Auskünfte über den Teil, den wir Gott, Kismet oder auch Schicksal nennen. In seiner Wertigkeit steht der Stern immer in Verbindung zu anderen Karten und anderen Aussagen. Was auf den ersten Blick utopisch gut aussieht, kann sich durch des Menschen Handlungsweise genauso schnell verändern wie eine Sternschnuppe, die einfach zerstiebt.

Wie in der Astrologie gesagt wird: Die Sterne stehen günstig! Das heißt nichts anderes, als die Ärmel hochzukrempeln und zu handeln, solange die Sterne dir wohlgesonnen sind.

Sterne – Nr. 16, Herz 6 in Verbindung

Sterne + Reiter

Aus beruflichen Gründen wird Ihnen ein genauer Treffpunkt genannt, der Sie veranlasst zu einem größeren Festival oder auch zu einer größeren außergewöhnlichen Veranstaltung mit künstlerischen Darbietungen zu gehen.

Sterne + Klee

Gleich mehrere kleinere Artikel über Festivitäten können im Medienbereich platziert werden.

Sterne + Schiff

Ein/e Sponsor/in fördert den Einsatz im künstlerischen Bereich. Es ist wie ein Geschenk ohne Rückzahlung, das die Hoffnung erneuert eine neue »Lebensreise« beginnen zu können.

Sterne + Haus

Künstlerische Arbeiten, die Klarheit und irdische Stabilität aufweisen, werden in einem Wunschhaus, »verwunschenes Schlösschen«, getätigt, in dem Träume wahr werden.

Sterne + Baum

In absehbarer Zeit wird sich hier ein schönes, gediegenes Fleckchen Land finden lassen, auf dem man in Klarheit, mit Intuition und Beständigkeit seinen kreativen Neigungen freien Raum lassen kann.

Sterne + Wolke

Eine kurze Zeit noch wird Erfolg, Ruhm und schillernder Glanz Ihre Karriere begleiten. Doch Neid, Stress und Getratsche trüben bald die klare Sicht. Je nachdem, in welchem Bereich sich die Fragende oder befragte Person befindet z.B. Filmstar, Nr. 1 der Charts oder Starverkäufer/in, besteht hier die Gefahr von Sich-selbst-Halluzinieren, -Betäuben, -Vernebeln wie zum Beispiel durch Drogen, Zigaretten, Alkohol und Medikamentenmissbrauch.

Sterne + Schlange

Die absolut klare Einstellung wird innerhalb kurzer Zeit so missverständlich und verfälscht wiedergegeben, dass fast nichts mehr daran stimmt.

Sterne + Sarg

Der zuvor geträumte Traum ist ausgeträumt, es funktioniert so nicht. Das Projekt floppt. Es wird aus dem Verkehr gezogen. Zum Beispiel: Es fehlen die Einschaltquoten. Die fantasiereiche, märchenhafte Kollektion findet keinen Absatzmarkt. Die geniale Erfindung kann nicht patentiert werden.

Sterne + Blumen

Ein kleiner Lichtblick und eine große Freude. Die seit langem fertige, ungewöhnliche künstlerische Produktion oder auch Darbietung wird in einem kleinen Kreis vorgestellt, angenommen und anerkannt.

Sterne + Sense

Eine interessante Karriere mit viel Geld, die aber nur mit Vorsicht zu genießen ist, wird hier angeboten, und der Vermittler will auf Ihre Kosten leben.

Sterne + Ruten

Das eigenentwickelte Projekt wird mit dem Vorwurf, Ideen entwendet zu haben, belastet und durch anwaltliche Schreiben mit der Drohung auf eine einstweilige Verfügung bedrängt.

Sterne + Vögel

Spekulationen, Tratsch- und Klatschgeschichten um den grandiosen Erfolg und die finanzielle Lage machen Ihnen das Leben schwer.

Sterne + Kind

Gleichgültig, in welcher Fragestellung diese Kombination auftaucht, es bedeutet einfach nur: absolut rein, fein, ethisch sauber und moralisch in Ordnung.

Sterne + Fuchs

Gleichgültig, ob es sich hier um ein Unternehmen, Selbstständigen, Arbeitnehmer oder einen Arbeitslosen handelt. Ein plötzlicher Erfolg durch eine neue Idee, Inspiration lockt in Windeseile nichtsnutzige und nur auf eigenen Vorteil bedachte »Freunde« ins direkte Umfeld.

Sterne + Bär

Hier stehen Sie und auch das Unternehmerische unter »göttlichem Schutz«, was immer das auch für Sie persönlich bedeuten mag. Der Gerechtigkeit wird stattgegeben.

Sterne + Störche

Eine Veränderung wie zum Beispiel ein Umzug in ein Winterquartier oder auf eine neue Bühne ist geplant und gelingt in der Durchführung. Dies wird einige Zeit (Monate) in Anspruch nehmen, denn es ist eine freiwillige Veränderung, nicht bedingt durch eine schlechte Situation.

Sterne + Hund

Bodyguard, Leibwächter oder Beschützer/innen bewachen und betreuen den Karriererfolg als persönliche Assistenten.

Sterne + Turm

Ein geschlossenes gesellschaftliches Medienereignis der Stars und Hochfinanzpolitik benötigt kurzfristig qualifiziertes Personal.

Sterne + Park

Ein großes Musik- oder Filmfestival wird in der Öffentlichkeit inszeniert. Alle Anfragen im beruflichen Bereich sind, sofern ein ausreichendes gesellschaftliches Interesse an den eingereichten Vorhaben spürbar ist, von Erfolg gekrönt.

Sterne + Berg

Wegen zu geringer Teilnehmerzahlen oder widriger Umstände, wie zum Beispiel: Gelände wird gesperrt, falsche Gemeindepolitik, Zusagen verzögern sich – wird eine faszinierende Kulturbereicherung für das Volk auf die Warteliste gesetzt.

Sterne + Wege

Das hochqualifizierte Projekt, Produkt wird hier an den Meistbietenden verkauft.

Sterne + Mäuse

Die angekündigte Premiere, Präsentation fällt schlichtweg ins Wasser. Zum Beispiel wegen Krankheit oder weil ein Flugzeug nicht landet, also nur Einwirkungen, auf die der Mensch keinen Einfluss hat.

Sterne + Herz

Alles läuft zauberhaft wie bei »Harry Potter«: Verantwortlich für dieses Glück sind der Glaube an den Erfolg und die tief verwurzelte Liebe zum Beruf. Es handelt sich hier um große Projekte, auch Unternehmen, Selbstständigkeit z.B. im Management- und Medienbereich, wobei mit wahrer Hingabe gearbeitet wird.

Sterne + Ring

Der Traum der Träume geht in Erfüllung. Die

feste Bindung an das irdisch stabile Unternehmen wird zugesagt.

Sterne + Buch

Die Öffentlichkeit wird hier nicht erfahren, für wie viel Geld dieses außergewöhnliche Produkt, Projekt verkauft wurde und wer der genaue Käufer ist.

Sterne + Brief

Eine stereotype Absage, obwohl hier ein eindeutig außergewöhnlich qualifiziertes Projekt, Produkt angeboten wird.

Sterne + Herr

Ein Agent/Headhunter wird mit dem hochqualifizierten Produkt, Projekt, inklusive der verantwortlichen Person, an andere Firmen herantreten. Er versucht es unterzubringen, zu verkaufen, zu vermitteln.

Sterne + Dame

Die eigene Genialität wird hier »angebetet«. Mit Intelligenz, Logik, Rationalität und einer gehörigen Portion Intuition werden vergangene Erfolge in ein derzeitig brauchbares Konzept umgewandelt.

Sterne + Lilie

Dieses Unternehmen gehört zu den oberen Zehntausend. Geld, Macht und Weltruhm sind vorhanden. Sollten Sie als Arbeitnehmer gezielt nach einem neuen Job fragen, so wird es nur Erfolg haben, wenn das Unternehmen, bei dem Sie sich beworben haben, diesen o.g. Kriterien entspricht. Bangen Sie als Selbstständiger oder Klein- bis Mittelunternehmer um Ihren Erfolg, so heißt es, falls Sie nicht gerade mit der Kirche oder einer anderen großen sozialen Einrichtung Geschäfte machen, dass der Erfolg auf Eis liegt.

Sterne + Sonne

Das ist der Beginn eines fantastischen Weges, eine erfolgreiche Verbindung zum Glück. Hier stimmen beide Komponenten. Die Personen, auch Firmen zeigen sich im Irdischen voller Lebenskraft und Festigkeit und sind in der Lage, ihre Klarheit und ihr Wissen erfolgreich miteinander zu verbinden. Dabei ist es gleichgültig, ob der berufliche, gesellschaftliche oder private Bereich gemeint ist.

Sterne + Mond

Dieser gewünschte Idealzustand lässt sich auf Dauer gesehen mit dieser Kartenausgangssituation nicht auf die Erde holen. Irdisch gesehen ist es inkompatibel, da beide Personen, auch Firmen jeweils auf einem anderen Stern leben. Auch die schönsten und klarsten Visionen sind und bleiben Träume, wenn sie nicht mit irdischer Tatkraft umgesetzt werden.

Sterne + Schlüssel

Mit Sicherheit wird hier klar und deutlich Stellung bezogen und alte Meinungen werden revidiert. Sie machen einem neuen, klaren, erweiterten Denken Platz.

Sterne + Fische

Eine alte Idee, immer wieder neu variiert, sichert den finanziellen Fluss.

Sterne + Anker

Eigentlich sollte dieser Arbeitsplatz, Aufgabenbereich nur vorübergehend sein. Doch er klebt wie »Pech und Schwefel«.

Sterne + Kreuz

Dieses Produkt, Projekt, der Aufgabenbereich entspricht sowohl der künstlerischen als auch der klar und logisch denkenden Seite des Menschen, seine Lebensvision zu verwirklichen.

Die Störche – Herz Dame

Karte Nr. 17

Finanzielle, Materielle Bedeutung

- *Veränderung und die Bereitschaft dazu*
- *langfristige Planungen*
- *Arbeiten an Langzeitprojekten*
- *beantragte Gelder, Auszahlungen später*
- *vorgesehener Arbeitsplatzwechsel, Job, Karrierewechsel, Strukturwechsel*
- *sporadischer Arbeitseinsatz*
- *gesicherte Standortverlegung*
- *Aufgabenverantwortung anerkennen*
- *Zeitfaktor – immer einige Monate*

Unsere wunderschönen Störche deuten im finanziellen, arbeitsmäßigen oder materiellen Bereich mehr als nur auf Veränderungen hin. Sie zeigen uns an, dass hier sehr gründlich, lange und konkret geplant wurde. Gar manches musste berücksichtigt werden und zu einigen Entscheidungen müssen mindestens zwei Personen gehört werden. Das bedeutet also, wenn wir nach definitiven Jetzt-Entscheidungen fragen, dass die Angelegenheiten in der Entscheidungsphase beziehungsweise in der Realisierungsphase sind, wir aber noch nicht über Geld, Erfolg, Job verfügen können.

Die Störche deuten auch an, dass wir eventuell unser Glück in einer anderen Bank, bei einer anderen Institution oder in einer anderen Region versuchen können oder aber Pendeleinsätze bei Arbeitssuche nicht von vornherein ablehnen sollten. Wir werden hier aufgefordert, einmal mehr über den Tellerrand zu schauen, als wir es bis dahin gewohnt waren.

Auf alle Fälle ist es so, dass sich in den nächsten Monaten Veränderungen ergeben werden. Der Mensch hat hier den Vorteil, dass er das Wissens nutzen und sich rechtzeitig darauf einstellen kann. Das ist doch Gold wert.

»Wo sich Störche niederlassen, wohnt das Glück«, das ist Ihnen sicher auch bekannt. Unsere gefiederten langbeinigen Freunde bringen uns Glück, wenn wir unser »Nest« so liebevoll sorgfältig bauen wie sie das ihre.

Störche – Nr. 17, Herz Dame in Verbindung

Störche + Reiter
Die übermittelte individuelle Nachricht fordert das Team, die Mannschaft auf, Vorbereitungen für einen anderen Ortseinsatz zu treffen.

Störche + Klee
Relativ bald wird sich am neuen Einsatzort eine schnelle Sieg- oder Glücksserie ergeben.

Störche + Schiff
Die interne Bewerbung an einen anderen Ort, Niederlassung (das hatte man sich schon lange gewünscht), kann jetzt realisiert werden. Sollte die Frage für ein Unternehmen gelten, so bedeutet es, dass mindestens die Hälfte des Personals den Umzug mitmacht.

Störche + Haus
Sie haben ein passendes Objekt für die Firma gefunden. Die betreffenden Personen sind sehr zufrieden damit und meinen, es könnte für immer sein. Der Arbeitnehmer findet hier eine passende Firma vor, muss aber vorübergehend pendeln, da sein Zuhause anderswo ist.

Störche + Baum
Ein Arbeitnehmer müsste sich hier auf Saisonarbeit einstellen. Als Unternehmer denken Sie an eine Auslagerung der Firma in den ländlichen Bereich oder auch in ein Gewerbegebiet.

Störche + Wolke
Egal, ob Sie schon mit dem Bau begonnen haben oder kurz davor stehen, es scheinen sich immer mehr Zweifel und Sorgen einzustellen, da Sie sich nicht auf die Aussagen eines kompetenten Verhandlungspartners verlassen können. Für Arbeitnehmer ist die Versetzungsmöglichkeit in Frage gestellt.

Störche + Schlange
Ihren alten Arbeitsplatz zu erhalten, ist hier schier unmöglich, da eine andere Kollegin inzwischen diesen Posten erklommen hat und um nichts in der Welt bereit ist ihn wieder loszulassen.

Störche + Sarg
Die geplanten Veränderungen bei Arbeitnehmern/Selbstständigen/Unternehmen/Bauvorhaben kommen nicht zum Tragen. Es fehlen die Freigaben, die Unterschriften z.B. bei Genehmigungen. Sie können derzeit nicht weiter vorangetrieben werden, da alles stagniert. Meistens ist hier Urlaubszeit oder Krankheit im Spiel.

Störche + Blumen
Im Kreis netter Arbeitskollegen wird ein Einstand in der Firma gefeiert. Als Selbstständiger oder Unternehmer ist dies als Feier einer Inbetriebnahme einer neuen Abteilung oder Filiale zu sehen.

Störche + Sense
In dem neuen Job oder beim Wechsel in eine andere Abteilung oder Filiale wird gutes Gehalt geboten, wenn man glänzende Leistungen bringt. Wenn alles planmäßig läuft, darf man sich als Unternehmer einen guten Ertrag ausrechnen.

Störche + Ruten
Halbierung von Arbeitsplätzen oder auch Kündigungsgespräche ziehen Stress, Sorgen und Auseinandersetzungen in das Leben des Arbeitnehmers.

Störche + Vögel
Veränderungsgespräche oder dahingeredete Kündigungswünsche sind hier nicht ernst zu nehmen, da sie nur halbherzig angedacht werden. Der Arbeitnehmer ist derzeit noch nicht so weit. Als Selbstständiger oder Unternehmer sprechen Sie mit anderen Leuten über eine Standortveränderung. Der ins Auge gefasste Platz würde finanziell gesehen auch nicht mehr Geld bringen.

Störche + Kind
Die Kündigung wird zurückgenommen und es wird verziehen. Als Selbstständiger oder Unternehmer wird der geplante Wechsel widerrufen.

Störche + Fuchs
Mit ein bisschen guter Organisation und Pfiffigkeit geht auch diese Veränderung glatt über die Bühne, denn dafür wurde ein kompetenter Organisator angefordert.

Störche + Bär
Die geplante und anvisierte Veränderung steht jetzt oder in Zukunft unter einem besonderen behördlichen Schutz. Bei Fragen nach Arbeit handelt es sich um behördliche Genehmigungen oder Absegnungen.

Störche + Sterne
So stabil ist das Glück hier nicht und ein erfolgreicher Einstieg ist keine Garantie für die Dauer. Ob durch diese geplante Veränderung, die sich wie ein Traum darstellt, die Realität wirklich zum Vorteil verändert werden kann, muss noch bewiesen werden.

Störche + Hund
Der Arbeitsplatz bleibt erhalten, auch wenn Sie über einen längeren Zeitraum nicht anwesend sind. Kollegen, die gute Freunde sind, übernehmen Ihren Arbeitsbereich.

Störche + Turm
Ihre Veränderungswünsche, das Ziel, durch einen Stellenwechsel zu einem höheren sozialen Status zu gelangen, ist unerreichbar. Die Grenzen sind natürlicher Art und aus den Umständen der Vergangenheit wie Zeugnisse, Noten usw. entstanden.

Störche + Park
Aufgrund der sich anbahnenden Veränderung in Ihrem Leben, Arbeit, Firma – es geht um den sozialen Status – ist jetzt der richtige Zeitpunkt gekommen, um die Öffentlichkeit um Hilfe und die verdiente Unterstützung zu bitten.

Störche + Berg
Hier blockiert jemand Ihre angestrebten Ziele. Das dauert und dauert, und es scheint, als ob es überhaupt nicht voranginge. Die kommunale Behörde betreibt Verwaltungsaufwand. Starrsinnig, kleinkariert werden Wünsche verweigert.

Störche + Wege
Hier sollte ein persönliches Gespräch dem Telefonat vorgezogen werden, denn es muss in den nächsten Wochen entschieden werden. Die Person selbst muss entscheiden, nicht jemand anderes.

Störche + Mäuse
Die Veränderung, die jetzt bereits im Ansatz vorhanden war, kann nicht realisiert werden. Sie wird abgebrochen oder der Abbruch kommt von selbst.

Störche + Herz
Der Mensch plant eine Veränderung seiner Stellung, auch Selbstständigkeit, weil ihn die Liebe an einen anderen Ort zieht.

Störche + Ring
In absehbarer Zeit wird eine gesicherte Standortverlegung der Firma/Unternehmen erfolgen. Bei einem Arbeitssuchenden kommt es hier zu einer gesicherten Anstellung. Für die Karriere bedeutet es die Beförderung.

Störche + Buch
Ein Arbeitnehmer hat schon eine neue Anstellung, während er sich noch in der Kündigungsphase befindet, dies aber seiner alten Firma verschweigt.

Störche + Brief
Das ist nicht das passende Objekt, um Ihre soziale Struktur und Ihr emotionales Empfinden zu befriedigen. Das sind und bleiben nur schnell vorbeigehende Episoden.

Störche + Herr
Ein Selbstständiger, eine Firma bemüht sich persönlich, um die Mitarbeit dieser exzellenten Führungspersönlichkeit zu gewinnen.

Störche + Dame
Selbst ist die Frau! Sie stehen zu den geplanten Veränderungen und lassen sich von niemandem reinreden.

Störche + Lilie
Der Arbeitnehmer/Freiberufler oder auch Selbstständige verlegt seinen beruflichen Bereich in den sozialen Sektor. Das kann vom Pflegeberuf bis zur Sekretärin eines Kirchenvorstandes alles sein. Standardunternehmen, die nicht dem sozialen Aufbau dienen, wie Auto, Computer, Spiel- und Spaßprodukte usw., werden unter dieser Kombination von sozialen Gesellschaftselementen angegriffen, die Veränderungen erschweren.

Störche + Sonne
Alles läuft bestens! Haben Sie schon Urlaub gemacht? Eine einmalige Gelegenheit!

Störche + Mond
Geschäftlich und beruflich ist das gar nicht gut. Hier wird zu viel geträumt und nichts realisiert. Setzen Sie sich klare Ziele. Machen Sie sich Zeitvorgaben, bis wann Sie etwas erledigt haben wollen.

Störche + Schlüssel
Mit Sicherheit wird sich die soziale Struktur in Ihrer Selbstständigkeit/Firma oder bei dem Arbeitnehmer verändern. Arbeiten Sie auf allen Ebenen aktiv mit und klären Sie den sozialen Bereich, denn dieser ist am stärksten in Mitleidenschaft gezogen worden. Hier kommt es auf Ihr eigenes Tun an.

Störche + Fische
Durch Eigeninitiative und persönliche Geschäftsbesuche entstehen positive, vorteilhafte langlebige Geschäftsverbindungen, die auf Dauer gesehen gutes Geld bringen.

Störche + Anker
Sie sind dabei, sich in absehbarer Zeit an einem Ort niederzulassen oder in Umstände zu geraten, die nicht so von Ihnen gewünscht sind, aber trotzdem akzeptiert werden.

Störche + Kreuz
Die Veränderung im sozialen Bereich wurde schweren Herzens zurückgestellt.

Der Hund – Herz 10

Karte Nr. 18

Finanzielle, Materielle Bedeutung

- *Freunde helfen bei Jobsuche, vermitteln*
- *Verlass auf Freunde bei Engpässen im Finanziellen oder Karrierebereich*
- *treues Team, gutes Kollektivverhalten*
- *normaler Geldeingang, wenn Bank, Banker und Kunde guten Kontakt halten*
- *neutrale Beschützer – Schutzfunktionen*
- *Zeitfaktor: zustandsbedingt*
- *Zeitfaktor: Freunde, Partner – lebenslang*

Der Hund besagt: Auch wenn ein Mensch in Not geraten ist, so hat er immer noch liebe, gute, selbstlose Freunde, die ihm weiterhelfen. Die Freunde stehen ihm loyal und hilfsbereit auch als Vermittler für weiteres Fortkommen zur Verfügung.

Wenn Sie auf Zusagen warten, so können Sie davon ausgehen, dass bei der angefragten Person eine wohlwollende, von Herzen kommende Bereitschaft vorliegt zuzustimmen. Zumindest steht sie Ihnen freundlich gesonnen gegenüber. Mit Hilfe einer großen Anzahl von Hunden werden Häuser gebaut, Firmen wachsen sich groß und neue Jobs in guten Teams kommen zustande. Alles funktioniert fast wie von selbst.

Einen Hund im finanziellen/materiellen Bereich als »guten Engel« zu haben, muss nicht unbedingt ein Leben lang zur Freundschaft führen. Helfende Hunde stellen sich oft über völlig neue Situationen ein, begleiten den Betroffenen eine Zeit lang, solange er sie braucht, und plötzlich sind sie wieder weg. Der Kontakt reißt ab.

Wie im Spirituellen so im Irdischen, Materiellen, Finanziellen, bei der Arbeit und in der Karriere ist der Hund der Wächter, der Beschützer, der Hüter von Gerechtigkeit und Ordnung. Seine Opferbereitschaft, im sozialen Bereich oder auf Personen bezogen, entspricht seiner inneren Ethik und seinem ausgeprägten Gerechtigkeitsgefühl.

Hund – Nr. 18, Herz 10 in Verbindung

Hund + Reiter
Besondere Einladungen, nur für das Arbeitsteam, werden überreicht.

Hund + Klee
Arbeitsmäßig wird in naher Zukunft nicht so viel zu tun sein. Trotzdem ist das Glück Ihnen hold.

Hund + Schiff
Arbeitsmäßig wird hier auf bessere Zeiten gehofft.

Hund + Haus
Hier wird gerne gearbeitet, da man selbstständig und eigenverantwortlich für die Sicherheit der Firma und des Arbeitsplatzes verantwortlich ist.

Hund + Baum
Dies wird für viele Jahre ein fester, sicherer Arbeitsplatz sein, auch wenn das Finanzielle nicht so hoch dotiert ist.

Hund + Wolke
Gegen diese Arbeitssituation kommen Sie nicht an, obwohl Sie es nur gut gemeint haben. Der redegewandte Vorgesetzte wirft Ihnen Ihre Hilfsbereitschaft vor, und dass Sie sich zu viel um andere kümmern. Bei Selbstständigen/Unternehmen deutet es auf einseitige Abhängigkeit gegenüber Lieferanten hin.

Hund + Schlange
Diese berufliche, schmeichlerische »Anbetung«, die als Freundschaft deklariert wird, löst in Ihrem Inneren einen Widerstreit aus, denn der andere versteht es meisterhaft, Sie für seine Zwecke einzuwickeln. Für den Selbstständigen sind das dann geschäftliche Partnerschaften, in denen der Hund (Firma) für die Schlange (Lieferant) die größten Opfer vollbringt und das Menschenmögliche machbar macht.

Hund + Sarg
Überstunden, Aufopferung, wofür? Sie geraten ziemlich schnell in eine Situation, in der Sie sich leer und ausgelaugt fühlen. Eine Firma ist es, die Ihnen den letzten Nerv raubt. Das Ganze macht Sie seelisch und psychisch krank. Sie werden hier nur benutzt. Läuft Ihre Nase? Tränen Ihre Augen? Haben Sie Kopfschmerzen? Wenn diese Anzeichen auftreten, dann wird es höchste Zeit, die Firma zu verabschieden oder die eigene Einstellung zu ändern. Das gilt sowohl für Arbeitnehmer als auch Arbeitgeber.

Hund + Blumen
Unerwartet werden Sie mit einem Geschenk beglückt, mit dem der andere zum Ausdruck bringen will, wie sehr er Sie schätzt und mag. Das gilt sowohl für Arbeitnehmer als auch Arbeitgeber.

Hund + Sense
Es wird versucht eine versprochene Gehaltserhöhung rückgängig zu machen. Man nimmt die allgemeine Wirtschaftslage als Vorwand. Beim Selbstständigen oder Unternehmer reitet der Auftraggeber auf der Wirtschafssituation herum und versucht erst einmal nicht zu zahlen.

Hund + Ruten

Leider bleibt Ihnen nichts anderes übrig, als Ihr arbeitsmäßiges, berufliches Recht einzufordern, auch wenn Sie mit dem anderen ehemals eine »Freundschaftsbeziehung« hatten.

Hund + Vögel

Hier gibt es keine klare Struktur. Änderungspläne, die seit langem in der Schublade liegen, werden wieder hervorgeholt und endlos diskutiert. Alles ohne finanziellen Ertrag, zumindest für den Arbeitnehmer. Hingegen geht es bei dem Arbeitgeber darum, wie auf Kosten seiner Belegschaft Einsparungen vorgenommen werden können.

Hund + Kind

Beruflich gesehen werden hier Umbesetzungen in geringer qualifizierte Arbeitsbereiche vorgenommen. Für einen Arbeitssuchenden würde es allerdings bedeuten, er würde einen Job bekommen.

Hund + Fuchs

Der Arbeitnehmer, auch der Selbstständige wird ständig kontrolliert und »überwacht«. Jeder Schritt, jeder Vorgang wird misstrauisch beäugt und man redet ihm von außen hinein.

Hund + Bär

Das Unternehmen, der Vorgesetze steht voll und ganz zu seinen Leuten. Er schätzt ihre Arbeit, die Treue und die Loyalität der Mitarbeiter. Als Arbeitssuchender würden Sie hier eine Arbeit erhalten, weil Sie in das Unternehmen passen.

Hund + Sterne

Als Teammitarbeiter nicht unmittelbar betroffen, doch Ihre hervorragende vorbereitende Leistung lässt auch Sie für kurze Zeit in dem hellen außergewöhnlichen Glanz des Erfolgs erstrahlen.

Hund + Störche

Jemand, mit dem Sie eine freundschaftliche Arbeitsbeziehung pflegen, wird in absehbarer Zeit aus dem Unternehmen ausscheiden. Bei einem Selbstständigen oder einer Firma deutet es auf die Fertigstellung eines Projektes hin, das lange gedauert hat und jetzt das Haus verlässt.

Hund + Turm

Mehr als 24 Stunden kann man nicht arbeiten. Ihre Freundschaft, Loyalität und Retterrolle wird von jemandem, der große Visionen und Pläne hat, schamlos ausgenutzt werden.

Hund + Park

Ihr Interesse am Niveau Ihrer Firma oder auch Selbstständigkeit entspricht Ihren eigenen Neigungen. Sie werden sich daher in Zukunft viel in der Öffentlichkeit bewegen.

Hund + Berg

Im arbeitsmäßigen produktiven Bereich muss das Rad nicht neu erfunden werden. Die wirtschaftliche Lage ist schwierig genug. Die Marktöffnung läuft hier nur zäh und schleppend.

Hund + Wege

Treue und Loyalität zur Arbeit und zum Arbeitgeber sind gut. Aber Sie wissen, dass Sie eine Entscheidung treffen müssen und am besten sollte es hier freiwillig geschehen. Ihr mitfühlendes, ja fast mitleidendes Herz sollte mit Vorsicht betrachtet werden. Es ist derzeit kein guter Wegweiser. Achten Sie darauf, dass Ihre Entscheidung nicht zu einem späteren Geldverlust führen kann.

Hund + Mäuse

Eine Person, zu der Sie eine arbeitsmäßige, fast freundschaftliche Bindung haben, wird durch einen unverhofften Umstand plötzlich aus der Firma ausscheiden.

Hund + Herz

Ein Team, wie man es sich wünscht. Miteinander verbunden und sich sehr herzlich zugetan.

Hund + Ring

Als Arbeitssuchender wäre Ihnen eine neue Anstellung sicher. Und als Arbeitnehmer wären Sie sehr fest und mit einem langjährigen Vertrag an die Firma gebunden. Auch als Selbstständiger oder als Unternehmen unterzeichnen Sie hier langjährige Arbeits- und zugleich geschäftlich freundschaftliche Bindungsverträge.

Hund + Buch

Die eigenen freundschaftlichen Beziehungen müssen in der Arbeitsstelle geheim gehalten werden. Ein Unternehmen/er würde seine freundschaftlichen geschäftlichen Beziehungen geheimhalten.

Hund + Brief

Das Arbeitspensum wird durch Nachrichtenüberflutung ansteigen. Vieles ist nicht verwertbar, trotzdem kostet es Zeit und Nerven.

Hund + Herr

Der angekündigte neue Kollege hat kein Interesse an der Teamarbeit. Er wäre eher bereit die Führungsrolle zu übernehmen. Auch ein freundschaftlich erwarteter Geschäftsbesuch zeigt wenig wirkliches Interesse an der Arbeit der Firma.

Hund + Dame

Die richtige Person, die auch noch Führungsqualitäten hat, wird sich voll integrieren und das Arbeitsgebiet bereichern.

Hund + Lilie

Die Arbeit mit den traditionsreichen alten Einrichtungen ist zwar finanziell in Ordnung, doch es herrscht derzeit ein etwas unterkühltes Arbeitsklima. Als Verantwortlicher einer solchen Organisation können Sie sich auf Ihr Helferteam verlassen.

Hund + Sonne

Der Arbeitseinsatz bringt dem Unternehmen Erfolg und Gewinn und diesmal profitiert der Arbeitnehmer auch davon. Es ist eine allgemein fröhliche, gute Zeit.

Hund + Mond

Das, was Sie als Arbeit oder Beruf gewählt haben, scheint Sie nicht zufrieden zu stellen. Sie träumen einen anderen Traum.

Hund + Schlüssel

Mit Sicherheit wird diese Arbeit oder Arbeitsstelle zu einer festen Bindung. Und mit Sicherheit haben Sie sich als Arbeitnehmer, Arbeitgeber sowie als Unternehmen von einem nicht realisierbaren Traum verabschiedet.

Hund + Fische

Das, was Sie im Arbeitsbereich bekommen wollen, ist hier nicht zu haben. Statt dessen werden Sie etwas wählen, was so ähnlich ist. Dass es besser ist, wird Ihnen erst Jahre später klar werden, denn es ist auf längere Sicht seelisch, geistig und einigermaßen finanziell ausgewogen.

Hund + Anker

Immer nur die Arbeitsmühle, hier muss man ständig hinterher sein. Ohne Sie geht es nicht. Das gilt für Arbeitnehmer sowie für Arbeitgeber. Sie sind irgendwie einfach unentbehrlich. Ein zu großes Bemühen bewirkt in der Regel einen Misserfolg oder bringt ein Resultat, mit dem man auf Sicht gesehen unzufrieden wird.

Hund + Kreuz

Die Kombination besagt, dass der Mensch oder das Unternehmen bis zumindest ans Rentenalter daran gebunden ist. Es ist sein Leben und der Mensch wird zusehen, wie ein guter Arbeitskollege geht oder ein Geschäftspartner nach dem anderen ausscheidet. Ein Arbeitssuchender hat hier keine Chance eine Stelle zu erhalten, weil das Unternehmen seine eigenen Regeln hat, auch dann nicht, wenn er mit dem Unternehmer befreundet wäre.

Der Turm – Pik 6

Karte Nr. 19

Finanzielle, Materielle Bedeutung

- *Finanzielle und materielle Macht*
- *Große Konkurrenz*
- *Dominanz durch Machtstrukturen und Regeln großer Systeme*
- *Verbindungen zu weltlicher Macht*
- *Absagen, Angebotsablehnungen*
- *unbeugsam – nein ist und bleibt nein*
- *Standes-, Firmendünkel*
- *Egoismus, Ehrgeiz, Einsamkeit*
- *geschlossenes System*

In erster Linie symbolisiert der Turm für uns die weltliche Macht, die Überherrschaft und die sozialen Strukturen mit ihren Dogmen, die es dem Menschen oft nicht ermöglichen, seine Chancen zu Erfolgen werden zu lassen. Zum Beispiel: dem Bewerber fehlt ein kleines Detail im Zeugnis, oder er hat in dem Anfragegespräch einen kleinen Fehler gemacht, oder für den Banker ist der Kunde zu klein, seine Projektanfrage würde sich zwar rechnen, aber der Kunde würde zu viel Arbeit machen. Der Turm will für sich nur das Beste, er sortiert lange, außer die Anfragenden stehen in sozialer Verbindung zu ihm.

Der Turm kennt zwar soziale Verantwortung und kümmert sich um die Versorgung, doch dafür will er volle Leistung und Anerkennung seines Unternehmens und seiner Person. Trotz allem können sich in dem Turm als Firma soziale oder Teamstrukturen herausbilden, in denen sich gut leben und arbeiten lässt. Denn der Turm bietet Sicherheit, ein Dazugehören, ein »Ich-bin-wer«. Er ist eine sehr interessante, herausragende Karte und gleichgültig, ob es sich hier um einen Fragenden oder einen Befragten handelt, jeder der beiden stellt sich als geschlossenes System dar und behindert damit die Kommunikation zwischen den Parteien. »Der einsame, hungrige Wolf«.

Außer bei ganz einfachen Fragen deuten Sie ihn immer in Verbindung mit anderen Karten. Denn als Einzelaussage ist er zu vielschichtig, um die Situation klar zu definieren.

Turm – Nr. 19, Pik 6 in Verbindung

Turm + Reiter
Von den Vertriebsleitern oder Repräsentationsvertretern werden gute Nachrichten erwartet und meist mündlich überbracht.

Turm + Klee
Dem, der schon Arbeit oder Macht hat, dem werden auch noch unverhoffte Leckerbissen einfach in den Schoß fallen.

Turm + Schiff
Die Arbeitsbereiche dieses Unternehmens werden sich auf weitere Exportgeschäfte ausdehnen.

Turm + Haus
Mit freier Entfaltung läuft hier leider nichts. Dieses Firmenimperium untersteht strengen alten familiären und gesellschaftlichen Strukturen. Der Ego-Wille wird zum Dogma erhoben, sein Wort ist Gesetz.

Turm + Baum
Das Unternehmen muss und wird sich den relevanten Umweltschutzbedingungen von Bund, Ländern und Gemeinden unterstellen, denn diese garantieren das lebenslange Wachstum der Firma.

Turm + Wolke
Zu viel Beharren auf seinem Recht bringt absolut keine Klärung. Der derzeitige Plan sieht nur vorübergehend nach einem Sieg aus. Das nächste Unheil braut sich zusammen.

Turm + Schlange
Eine raffinierte Strategie wird hier aufgebaut, ein Komplott geschmiedet, in dem neue, hinzukommende Personen eingesponnen werden. Die Aussage trifft gleichermaßen auf Unternehmen wie auf Arbeitnehmer zu.

Turm + Sarg
Falsche Investitionen führten zu einer Fehleinschätzung der Marktlage. Das Projekt, der Anbau, Umbau oder ein Neubau müssen vorübergehend eingestellt werden.

Turm + Blumen
Für ein Unternehmen selbst bedeutet es, dass es Auszeichnungen für besondere Leistungen oder Produkte erhält, die im lokalen Rahmen, bei einem Fest gefeiert werden. Als Angestellter erhalten Sie wider Erwarten ein Geschenk oder eine Gratulation, eine besondere Aufmerksamkeit. Als Arbeitssuchender würden Sie hier eine Jobzusage erhalten.

Turm + Sense
Ein unverschämt gerissener Schachzug wird hier angewandt, um die auszubezahlenden Gelder zurückzubehalten. Auch einem leitenden Angestellten würde es so gehen.

Turm + Ruten
Egoismus, Ehrgeiz und Ego-Wille bescheren dem Unternehmen rechtliche Auseinandersetzungen im größeren Stil.

Turm + Ruten + Fuchs + Sarg
deutet auf eine Pleite/Konkursverschleppung hin.

In Kombination **Turm + Ruten + Sense** geht es um den Vorgang einer betrügerischen Pleite/Zahlungsunfähigkeit.

Turm + Ruten + Sense
deutet auf eine Verschleierung der Machenschaften hin, die eine Pleite/Zahlungsunfähigkeit zur Folge haben.

Turm + Ruten + Lilie
gleicht einer Vorladung, wobei persönliches Erscheinen nicht erforderlich ist.

Turm + Ruten + Person
Hier ist bei der Vorladung persönliches Erscheinen erforderlich.

Turm + Ruten + Person + Lilie + Schlüssel
Hier steht eine Verhaftung bevor, zumindest wird sie angedroht.

Turm + Ruten + Sarg + Mäuse
deutet eine Pleite/Konkurs an.

(Mit Person in o.g. Beispielen ist die Dame oder der Herr gemeint)

Turm + Vögel

Dieses Unternehmen betreibt eine interessante Kommunikationspolitik. Durch bewusst aufregende Gestaltung der Informationen auf dem Absatzmarkt sorgt es dafür, dass es immer im Gespräch bleibt. Sorgen sind hier überflüssig, da dies absichtlich und gewollt so gehandhabt wird.

Turm + Kind

In diesem Unternehmen werden Umstrukturierungen vorgenommen und es wird sich wieder auf alte, vorhandene Werte/Produkte/Projekte konzentriert. Es ist wie ein Neubeginn, aber mit dem bereits Vorhandenen.

Turm + Fuchs

In das Unternehmen werden listige, schlaue Ermittler eingeschleust, die die Machenschaften aufdecken sollen.

Turm + Bär

Es liegt im Interesse der Behörden, dass das Unternehmen erhalten bleibt oder anderweitig fortgeführt werden kann. Derzeit spielt eine Behördenstelle den Mentor, denn das Unternehmen hat gute Aussichten auf Stabilität.

Turm + Sterne

Die Unternehmensphilosophie ist klar und die Wünsche reichen bis in den Sternenhimmel, zumindest umspannen sie strategisch minuziös durchgeplant die Absicht die Herrschaft auf dem Weltmarkt zu übernehmen.

Turm + Störche

Das Unternehmen ist im Begriff neue soziale Strukturen für die Belegschaft zu schaffen. Das dauert mindestens ein Jahr. Auch werden in diesem Zeitraum einige Arbeitnehmer ausscheiden.

Turm + Hund

Diese Firmeninhaber/Verantwortlichen nehmen in der Öffentlichkeit eine tragende Rolle ein, in einer verantwortungsvollen, der Menschheit dienenden Position. Sie sind ständig von Mitarbeitern umgeben, die ihnen selbstlos helfen.

Turm + Park

Ein größeres gesellschaftliches Ereignis steht an, vor dem sich der geladene Mensch – gleichgültig welche Ausreden er benutzt oder benutzt hat – nicht drücken kann. Es ist ein Muss dorthin zu gehen, ansonsten könnte es unter Umständen schlechte geschäftliche/berufliche Konsequenzen haben. Hier kommen gute Geschäfte zustande.

Turm + Berg
Die Ansprüche der Firma an die Mitarbeiter sind entschieden zu hoch, der Erfolgsdruck zu stark. Die marktwirtschaftliche Lage ist instabil und der geschäftliche Weg muss mühsam Schritt für Schritt gegangen werden.

Turm + Wege
Die Unternehmensführung sucht nach alternativen Wegen und Marktnischen. Der Arbeitnehmer denkt an Kündigung.

Turm + Mäuse
Das Unternehmen hat sich irdisch gesehen im großen Stil verspekuliert. Es führt kein Weg daran vorbei, dass es in Verlust geht, an den Rand des Konkurses gerät. Auch Arbeitnehmer werden hier ihre Jobs verlieren. Diese Wende ins Negative kommt ziemlich plötzlich.

Turm + Herz
Alte Geschäftspartner stützen das Unternehmen emotional und durch Aufträge und sichern somit einen Fortbestand der Firma.

Turm + Herz + Ring mit Langzeitverträgen

Turm + Ring
Dieses Unternehmen zeichnet Beteiligungsverträge, bzw. es bindet neue Firmen an sich oder kauft sie auf. Für einen Arbeitssuchenden bedeutet dies eine Festanstellung als Langzeitjob zu erhalten. Für einen Arbeitnehmer die Beförderung schriftlich zu erhalten.

Turm + Buch
Das Unternehmen schweigt und schweigt sich aus. Es gibt keine Stellungnahme ab, gleichgültig in welcher Situation es steckt.

Turm + Brief
Auf ein vertragsreifes, bereits fertiges Angebot erfolgt eine prompte Absage, die zwar ärgerlich ist, aber keine schlimme Wirkung hat.

Turm + Herr
Ein solventer möglicher Geschäftspartner hat sich vorgestellt, der aber sein Glück dann woanders sucht. Die Person ist nach dem Gespräch weder an Partnerschaft, Beteiligung noch einer Anstellung interessiert.

Turm + Dame
Ein alter Geschäftspartner/in wird wieder in diesem Unternehmen tätig werden.

Turm + Lilie
Nach außen hin herrscht in diesem Unternehmen Frieden, der eher einer Übereinkunft, einem schlafenden Vulkan gleicht. Es ist wie ein Stillhalteabkommen, solange der andere sich den dogmatischen Verhaltensregeln und den starren Richtlinien unterwirft und alle Forderungen erfüllt. Dies trifft Arbeitnehmer wie Arbeitgeber.

Turm + Sonne
Das Unternehmen floriert. Es ist sehr angesehen, sehr erfolgreich und jedes Kind kennt es, so ungefähr wie Mac Donalds, Microsoft, Avon usw. Alle Firmenmitglieder sind wie eine große Familie. Für den Arbeitnehmer zeigt es eine Beförderung an und für den Arbeitssuchenden eine Anstellung im o.g. Unternehmen.

Turm + Mond

Diese Firma begibt sich in eine irrationale Welt, so scheint es dem normal denkenden Menschen. Geschäftliche Aktivitäten werden immer undurchsichtiger.

Die Kombination in Verbindung
Turm + Mond + Wolke deutet zum Beispiel auf experimentelle Drogen oder Halluzinogene hin, die das Nervensystem beeinflussen.

Turm + Schlüssel

Mit Sicherheit kommt ein großer Auftrag ins Haus. Von einem Auftraggeber, meist einer gegengeschlechtlichen Person, die Ihnen auf der psychischen Ebene schon mal Kummer bereitet hat. Zum Beispiel kann das Unternehmen eine Versicherung sein, mit der ein Kunde sehr großen Ärger hatte. Aber jetzt steht er doch wieder mit ihr in Verhandlungen.

Turm + Fische

Ein stabiler Geldfluss ist gewährleistet und wird sich wie von selbst vermehren. Geld zieht Geld an. In der Regel deutet diese Kombination auf eine Bank hin.

Turm + Fische + Buch weist auf Finanzamt hin.

Turm + Fische + Buch + Schlüssel deutet auf Schatzamt und Tresore hin.

Turm + Anker

In dem Großunternehmen werden Arbeitsplätze zur Verfügung gestellt. Für einen Arbeitssuchenden bedeutet es auch den Gang zum Arbeitsamt.

Turm + Kreuz

Ein Inhaberwechsel des Unternehmens wird vorgenommen. Hier sind es meist altersbedingte oder gesundheitliche Gründe.

Der Park – Pik Acht

Karte Nr. 20

Finanzielle, Materielle Bedeutung

- *öffentliche, staatliche Arbeitsplätze durch Gemeinden, Bund und Länder*
- *Regierungsaufträge, auch für Forschung*
- *öffentliche Gelder, Subventionen, Renten*
- *staatliche, abgesicherte Darlehen*
- *Vorstandvorsitzende, Regierungskreise*
- *Gesellschaftschaftliches Interesse an eingereichten Vorhaben, öffentliche Lobby*
- *Senat, öffentliche Pressestellen*
- *Handelskammer*

Im Bereich der finanziellen, materiellen Ebene, Job oder Karrieremöglichkeiten sind wir zu hundert Prozent auf die öffentliche Meinung und die Ansichten der betreffenden Personen angewiesen. Es ist hier gleichgültig, wie gut Sie sind oder wie hart Sie gearbeitet haben oder wie qualifiziert Sie die Anfragen ausformuliert haben. Wenn Sie im richtigen Moment keine befürwortende Lobby aufweisen können, werden Sie keinen Erfolg haben und alle noch so schönen Pläne lösen sich auf. Hier kommt man nur wirklich weiter, wenn die Gesellschaft (das Volk) an den Produkten oder der Person interessiert ist.

Da uns der Park auffordert ins gesellschaftliche Leben zu treten und nicht wie im Turm »der einsame Jäger« zu sein, müssen wir, jeder für sich, für einen entsprechenden Rahmen unserer Persona sorgen. (Auftreten, Kleidung, Kontakte).

Beim Park bedeutet »Sehen und Gesehen werden« den Erfolg, während Schweigen und Rückzug die Niederlage einläuten. Reden ist Gold. Nicht dass wir anfangen, wie der Pfau ein Rad zu schlagen, diese Art von Profilierung ist hier nicht gemeint. Jeder, der bereits selbstständig war oder ist, weiß, wovon die Rede ist.

Auch in diesen Bereichen hat der Betreffende freiwillig gewählt so und nicht anders zu leben. Dahinter steckt eine Lebensaufgabe.

Park – Nr. 20, Pik Acht in Verbindung

Park + Reiter

Mitteilungen von äußerster Wichtigkeit werden der Öffentlichkeit durch besondere Sprecher auf Veranstaltungen bekanntgegeben.

Park + Klee

Aus dem Bereich der öffentlichen Hand werden überraschend kleine Erlasse, Erleichterungen im Finanziellen weitergegeben. Dies kann sich im Bereich Steuern oder Gesundheitsreformen bewegen.

Park + Schiff

Die öffentliche Hand, auch der Senat proklamieren eine neue Zukunftspolitik, die dem Unternehmer ermöglichen könnte, sich alte Träume zu erfüllen. Zumindest besteht hier eine sehr gute Chance, dass ein eingereichtes Projekt ausgezeichnete Voraussetzungen für eine Genehmigung hat.

Park + Haus

Viele Unternehmer/Selbstständige und auch illustre Gäste werden zu einem traditionellen gesellschaftlichen Ereignis, zu einer öffentlichen Veranstaltung geladen.

Park + Baum

Diese öffentliche Einrichtung hat aus dem Unternehmertum eine starke Lobby in Bezug auf soziale Einrichtungen wie Studentenwohnhäuser, Frauenhäuser, Altersheime zu erwarten. Für den Unternehmer besteht hier die Möglichkeit mit langfristigen Subventionen rechnen zu können.

Park + Wolke

Die Veranstaltung fängt ganz normal an, Friede, Freude, Eierkuchen und plötzlich werden Zweifel an den Aussagen laut. Drohendes Unheil braut sich zusammen und es kommt zu einem Streit oder Misstrauensvotum, was öffentlich ausgetragen wird.

Park + Schlange

Aus der vorher zugesagten Vereinbarung versucht sich eine öffentliche Pressestelle herauszuwinden. Der Unternehmer/Selbstständige steht ein bisschen »dumm« da, denn Menschen mit scharfer, spitzer Zunge, eventuellem Blitzlicht und gezücktem Stift für »nette Reportagen« warten begierig auf den weiteren Verlauf der Dinge.

Park + Sarg

Die Sprecher der Gesellschaft verweigern vorübergehend eine öffentliche Stellungnahme. Meistens soll hier ein Skandal vertuscht werden. Dies kann im Unternehmertum jeden Bereich betreffen.

In der Kombination
Park + Sarg + Schlüssel betrifft es Steuern.

Park + Blumen

Diese öffentliche Einladung/Einweihung wird sehr schön werden und etwas Besonderes dazu. Denn es geht um die Auszeichnung und Benennung der Unternehmen, die es ermöglicht haben, das Projekt planmäßig zu erstellen. Auch Arbeitnehmern wird in dieser Kombination eine Ehrung für besondere Leistungen zuteil, die die viele vorangegangene Arbeit und den Stress verblassen lässt. Stellen Sie sich als Leser dieser Kombination einfach die Eröffnung eines Vergnügungsparks vor.

Park + Sense

Man versucht dem Unternehmen zugesagte Gelder für Leistungen, auf die es einen Anspruch hat, vorzuenthalten, zu kürzen. Meist geschieht dies, weil die zahlungsunwillige Stelle im Nachhinein davon ausgeht, das stehe dem anderen nicht mehr zu. Gilt analog für Arbeitnehmer und Arbeitssuchende.

Park + Ruten

Eine öffentliche Stelle wie z.B. Bund, Land, Bundeswehr, Handelskammer, eventuell Gewerbeamt wird das Unternehmen in einen Rechtsstreit verwickeln, der unter anderem auch auf der Straße diskutiert wird.

Park + Vögel

Als Unternehmer/Selbstständiger werden Sie bei einer Behörde durch eine bewusst schiefe Darstellung von einem Angreifer denunziert. Eine persönliche Stellungnahme wird erwartet. Für einen Arbeitssuchenden kann sich diese Aussage auch auf das Arbeitsamt beziehen, für einen Auszubildenden auf die Schule.

Park + Kind

Nach längerer Ruhepause wird der Unternehmer doch wieder zu der Veranstaltung in der Öffentlichkeit gehen und es wird wie ein Neubeginn sein. Der alte Vorfall, das frühere Debakel ist vergessen und verziehen. Ein Arbeitnehmer würde hier zum Beispiel seine alte Stellung wieder bekommen und ein Arbeitssuchender eine Einstellung in einer öffentlichen Einrichtung.

Park + Fuchs

Hier versucht man Ihnen »eins reinzuwürgen«, leider nicht hinter verschlossenen Türen, sondern inmitten der Öffentlichkeit. Es sind Anfeindungen, die auf Ihre Person in Kombination mit Ihrem Geschäft oder auch beruflicher Tätigkeit zielen. Mit Lügen versucht man Sie aus dem Gleichgewicht zu bringen, auch aus Ihrer Position zu hebeln.

Park + Bär

Wenn Sie zu den alten traditionsreichen Unternehmern zählen, werden Sie zu einem Festbankett geladen. Es handelt sich hier um eine Einladung zu einer staatlichen Feier, die Sie nicht erhalten, wenn nur Geld oder Ruhm vorhanden ist. Der Wert der Tradition, das Alte ist hier ausschlaggebend.

Park + Sterne

Selbst im unternehmerischen Bereich zählt dieses großartige Ereignis zu den wenigen Sternstunden des Lebens. Es ist hier nur ein kleiner exklusiver Kreis zu einem viel begehrten Medienspektakel geladen. Dies kann eine besondere Konzert-, Theater-, Opern- oder Musicalaufführung sein, genauso wie eine Oscar- oder Nobelpreisverleihung.

Park + Störche

Die Öffentlichkeit, die Stadt und/oder das Land wird bzw. hat schon mit dem Bau eines großen öffentlichen »Spielplatzes« begonnen. Spielplatz in der Art wie Stadien, große Sportzentren, auch Festivalplätze usw. Arbeitnehmer würden in einigen Monaten an den neuen Standort wechseln.

Park + Hund

Eine Polizei- oder Wacheskorte wird zum Geleitschutz für die Person abgestellt, die sich auf einer öffentlichen Veranstaltung präsentiert.

Park + Turm
Bei einem gesellschaftlich hochkarätigen Ereignis werden Sie sich plötzlich abgesondert und isoliert vorkommen.

Park + Berg
Auf dieser Sitzung wird nur über die schwierige Marktentwicklung diskutiert. Diese Veranstaltung ist nur einem geschlossenen Kreis zugänglich.

Park + Wege
Bund, Land oder Senat suchen hier nach Lösungen, um die Unternehmen, die regional ansässig sind, nicht abziehen zu lassen.

Park + Mäuse
Auf dieser Veranstaltung spielt sich ein finanzielles Debakel ab und es kommt zu einem handfesten Skandal, der zum Schließen dieser Veranstaltung führt.

Park + Herz
Ein großer gemeinsamer Auftritt in der Öffentlichkeit mit vielen gleichgesinnten Menschen bleibt ruhig, friedlich und herzlich.

Park + Ring
Für eine öffentliche Stelle bedeutet es einen Partnerschaftsvertrag in Bezug auf Städtepartnerschaft zu schließen und öffentlich bekannt zu geben. Ein Selbstständiger oder Unternehmer wird mit einer öffentlichen Einrichtung einen langjährigen Arbeitsvertrag schließen. Ein Arbeitnehmer wird im öffentlichen Dienst als Beamter übernommen, während ein Arbeitssuchender eine Anstellung in einer Behörde erhält.

Park + Buch
Eine Person, auch ein Unternehmen wird im Auftrag einer Regierungsstelle arbeiten, wobei die Immunität des Auftraggebers gewahrt bleibt.

Park + Brief
Eine öffentliche Behörde versendet kurze knappe Informationen. Für den Unternehmer/Selbstständigen kann es sich um statistische Erhebungen, Handelsblätter oder auch nur um neue Auflageninformationen handeln. Für den Arbeitnehmer oder Arbeitssuchenden können es in diesem Fall auch Fragebögen des Arbeitsamtes, einer Rentenanstalt oder im banalsten Fall eine Wahlbenachrichtigung sein.

Park + Herr
Eine öffentliche Behörde sendet einen repräsentativen Vertreter auf Reisen, auch direkt zu den Unternehmen. Es geht hier um »gut Wetter machen«.

Park + Dame
Ein behördliches Gremium ist bei dem Unternehmen/Selbstständigen zu Gast und die Verhandlungen laufen sehr gut und sehen erfolgversprechend aus.

Park + Lilie
Ein ganz großes kirchliches Ereignis mit Staatsempfängen (Kirchentage und höher) steht an. Als Unternehmer werden Sie dazu geladen, als Selbstständiger oder Arbeitnehmer werden Sie aufgefordert mit verschiedenen Tätigkeiten/Arbeiten dazu beizutragen.

Park + Sonne
Hier laufen die Kontakte zwischen Publikum und Behörde reibungslos, die Öffentlichkeit im Amt

präsentiert sich in bester Form – so wie wir es aus dem Fernsehen kennen. Doch hier ist es Realität und es herrscht eitel Freude und Sonnenschein. Die entsprechende regionale Stelle wird aus Regierungskreisen viel Geld erhalten, das sie jetzt ausgeben kann. Ob Beförderungen oder Stellenzusagen, ist alles genehmigt und wird prompt vergeben. Auch Unternehmen haben mit Vergünstigungen zu rechnen.

Park + Mond
Der private Kontakt, die festlichen Anlässe in den Abendstunden, bescheren derzeit die besten behördlichen Resultate.

Park + Schlüssel
Dieses geschäftliche Treffen bringt absolute Gewissheit und Sicherheit in Bezug auf Genehmigung und Absicherung.

Park + Fische
Als bevorzugte Gäste werden mehrere Unternehmer zu dieser Veranstaltung geladen, auf der die öffentliche Hand es gut versteht, ihre Finanzen zu verbessern. Als Arbeitnehmer bei einer Behörde ist Ihnen die nächste finanzielle Stufe sicher.

Park + Anker
Die öffentlichen Behörden senden den Unternehmern Ausschreibungsunterlagen für regional bedingte Arbeiten zu. Für den Arbeitnehmer bedeutet es auch an Arbeitswiedereingliederungsmaßnahmen oder Sozialdienstleistungen teilzunehmen.

Park + Kreuz
Hier fällt eine öffentliche Institution in Ungnade. Wenn hier direkt nach einer Person oder einem Unternehmen gefragt wurde, so gilt das auch.

Der Berg – Kreuz 8

Karte Nr. 21

Finanzielle, Materielle Bedeutung

- *großes Geld vorübergehend blockiert*
- *Geld, nur kleine Beträge, schleppend*
- *wenig ertragreich, auch im Job*
- *Löcher stopfen, sparen*
- *Zusagen lassen auf sich warten*
- *in Verwaltungsaufwand geraten*
- *schwierige Firma, Partnerschaft, Bank, Kunden, Lieferanten*
- *Fortschritt nur durch hartes Erarbeiten*

Der Berg, uncharmant, langsam, gemächlich, störrisch, unflexibel, unbeweglich und starr, reagiert weder auf Geschimpfe, noch Geflehe, noch ist er aufnahmebereit. Er wirkt verschlossen, dickköpfig und stur. Und mit diesem störrischen »Berufs-Esel« müssen Sie über Land ziehen, da hilft kein gutes Zureden, denn er will sich einfach nicht vom Fleck bewegen. Stellen Sie sich vor, wie viel Nerven das kosten mag.

Genauso störrisch und langatmig bewegt sich unter diesem Aspekt die Umwelt auf Anfragen oder Angebote. Nichts geht so richtig vorwärts und kaum etwas gelingt auf Anhieb. Gute Ideen versanden, werden auf die lange Bank geschoben, es bedarf langwieriger Prozeduren, bis Erfolge endlich zum Tragen kommen. Alles oder vieles wird zurückgehalten, auch das Geldausgeben. Der Fluss in jeglicher Richtung ist mit Hindernissen, Hürden und Blockaden verstopft, und immer wenn man meint, es gerade geschafft zu haben, tritt ein neues Hindernis auf.

Wenn der Mensch beim anderen (Berg) Erfolg verbuchen will, so gilt es hier sehr schnell und strategisch gezielt zu handeln. Denn sobald man dem Berg Zeit zum Überlegen gibt, entwickelt sich die Angelegenheit zur langwierigen Prozedur. Diesen Rat sollten Sie bitte nur anwenden, wenn Ihre Einstellung ethisch und moralisch sauber ist, ansonsten ist es Überrumpelung und falsches Ausüben von Druck.

Berg – Nr. 21, Kreuz 8 in Verbindung

Berg + Reiter
Hier werden Botschaften, auch Anfragen von Personen an Sie herangetragen, die inmitten einer schwierigen Situation zu einem leichteren geschäftlichen sowie beruflichen Fluss führen würden.

Berg + Klee
Die vorübergehende Erleichterung, auch ein klein wenig im finanziellen Bereich, ist nicht der Verdienst der Unternehmen oder der Personen, sondern einfach das Glück, mit dem man in nächster Zeit rechnen kann.

Berg + Schiff
Stur und uneinsichtig will sich der Selbstständige oder der Unternehmer einen alten Traum erfüllen und so geht er mit einer engstirnigen Vorstellung auf die Reise. Für den Arbeitnehmer stellt es eher die Fluchtmöglichkeit dar oder das kurze Abdriften in einen Tagtraum, unter dem Motto: was wäre wenn . . .

Berg + Haus
Trotz schwieriger Arbeitsbedingungen ergibt sich in naher Zukunft eine relativ sichere Phase, da es einen festen wohlsituierten Geschäftspartner im Leben des Unternehmers/Selbstständigen oder bei Arbeitnehmern einen Vorgesetzter gibt, der zu einem steht.

Berg + Baum
Der Platz ist für schnelles Wachstum ungeeignet. Doch das Unternehmen gehört in die Landschaft und der Arbeitnehmer in diesen Ort. Trotz z.B. langjähriger Kunden- oder Auftraggeberbeziehungen ist hier sehr sehr vieles noch ungefähr so wie vor fünfzig Jahren.

Berg + Wolke
Als Arbeitnehmer bestehen hier ernstzunehmende Kündigungsgedanken, denn der Arbeitsplatz ist fest, starr, und der Rahmen so eng gesteckt, dass man es kaum noch akzeptieren kann. Und als Unternehmer/Selbstständiger zweifeln Sie, ob sich das alles rechnet.

Berg + Schlange
Die Zusammenarbeit mit einem Lieferanten wird ganz gut gelingen, da der Lieferant die Hindernisse und auftauchenden Probleme psychologisch durchschaut und ihnen geschickt aus dem Weg gehen kann. Arbeitnehmer würden trotz allem nicht kündigen, weil sie eine Vormachtsstellung genießen und der Arbeitgeber auf sie angewiesen ist.

Berg + Sarg
Das Unternehmen steckt in einer finanziellen Krise, die hier von Sozialabgaben herrührt, und ist bewegungsunfähig geworden.

Berg + Blumen
Die Einstellung dieser verantwortlichen, leitenden Angestellten, hier meistens eine Frau, ist für das Unternehmen oder den Selbstständigen ein wahrer Glücksgriff, der neue Perspektiven eröffnet.

Berg + Sense
Diese Einstellung eines Verantwortlichen in einer leitenden Position ist für das Unternehmen nicht ganz so gut wie bei Berg + Blumen, denn dieser Mann verlangt meistens zu viel Geld dafür. Für den Arbeitnehmer steht hier eine

Gehaltserhöhung an, diese kann aber nur durch eine Drohung wegzugehen oder auch mit einem Kündigungsgespräch erreicht werden.

Berg + Ruten

Ein Dickkopf und ein Hitzkopf. Jede schiefe Situtation wird irgendwann bereinigt sein, doch diese Rechtsstreitigkeiten können sich über Jahre hinziehen, um letztendlich vor dem obersten Bundesgericht oder einer Verfassungsbehörde zu landen.

Berg + Vögel

Mit »Klageliedern« über die schlechte Zahlungsmoral und die nicht eingehaltenen zugesagten Geldeingänge wird sich bei Freunden und Geschäftspartnern ausgeweint und guter Rat geholt.

Berg + Kind

Sehr viel besser als die nahe Vergangenheit sieht die Zukunft des Unternehmens auch nicht aus. Denn außer einem kleinen Kunden ist nicht viel zu erwarten. Für einen Arbeitnehmer bedeutet es, sich immer und immer wieder auf das knapp geschnürte Korsett dieser Firma einzulassen.

Berg + Fuchs

Derzeit glaubt Ihnen keiner mehr, dass Sie es nochmal schaffen. Doch Ihre Bemühungen sind ernsthafter Natur, und durch Ihre Hartnäckigkeit und Ihr inneres Streben stehen Sie direkt vor dem großen Durchbruch, dem Erfolg. Nur, das ist Ihnen gar nicht so richtig bewusst. Und genau da versucht man Sie wieder in Versuchung zu führen.

Berg + Bär

Was partnerschaftlich in der Vergangenheit mit vielen Mühen erarbeitet wurde, wird sich in den nächsten Monaten zu einem Erfolg aufbauen. Es wird eine gute, starke, stabile und sichere Position sein und sie wird amtlich beglaubigt oder vertraglich festgehalten werden. Kosmisch gesehen steht das Endprodukt unter geistigem sowie irdischem Schutz.

Berg + Sterne

So wie Sie sich jetzt fühlen, so haben Sie sich schon lange nicht mehr gefühlt. So leicht, frei und unbeschwert. Dies gilt auch für einen Unternehmer oder Selbstständigen, der eine geniale Idee hat.

Berg + Störche

Es mag zwar schwierig sein und äußerst mühevoll, da man viele Wege selber gehen muss, trotzdem gelingt es das Unternehmen auszubauen, zu verändern und vergrößern. Arbeitnehmer hätten hier in absehbarer Zeit mit einem Stellenwechsel zu tun, wobei die Hauptniederlassung weiterhin bestehen bleibt.

Berg + Hund

Wenn dieses Unternehmen/Selbstständigkeit keine oder nur wenig Freunde hätte, wäre es verloren. Es arbeitet wie eine große Familie, die den täglichen Ablauf bewältigt.

Berg + Turm

Lassen Sie vorübergehend alles wie es ist, rütteln Sie an nichts herum, ansonsten könnten Sie alles verlieren, was Sie jemals hatten. Doch wenn Sie den Mut eines Tigers besitzen, die Weisheit der Schlange, die Schläue des Fuchses, die Geschwindigkeit der Antilope, die

Dickhäutigkeit eines Elefanten und die Kraft eines Büffels, dann können Sie es wagen, diese uneinnehmbare Festung zu bezwingen und Ihre Fahne von der obersten Turmspitze wehen zu lassen. Ansonsten ist es nicht ratsam, diese Herausforderung anzutreten. Im geschäftlichen geht es darum »gegen die übermächtige Konkurrenz anzurennen«, beim Arbeitnehmer um den Sturz des Vorgesetzten bzw. der Geschäftsleitung und beim Arbeitssuchenden darum, als ungenügend qualifizierter Kandidat eine leitende Position zu erhalten.

Berg + Park

Ob es Ihnen passt oder nicht, Sie müssen dieser Einladung aus Ihrer Gemeinde/Stadt oder dem Firmenbereich Folge leisten. Und es ist hier wichtig, gut und stilvoll zu repräsentieren, was nicht ganz so einfach sein wird.

Berg + Wege

Mit einer konservativen und unprogressiven Einstellung stehen Sie vor der Wahl, der Entscheidung. Und es ist mehr als ein einfaches Entweder-Oder, denn jede Entscheidung, die Sie unter diesem Aspekt treffen, zieht eine Reihe von Veränderungen nach sich, die das soziale Gefüge des Menschen beeinträchtigen.

Berg + Mäuse

Das Unternehmen hat ausgedient, denn jemand Wichtiges ist hier ausgeschieden. Es bleibt nichts übrig.

Berg + Herz

Durch eine selbstlose Hilfsbereitschaft und einen von ganzem Herzen erbrachten Einsatz wird die schwierige Situation überwunden. Dies betrifft ein Unternehmen gleichermaßen wie einen Arbeitnehmer. Zum besseren Verständnis stellen Sie sich einfach eine Naturkatastrophe und den rettenden Helfereinsatz vor.

Berg + Ring

Im irdischen Sinne wird eine Arbeits- oder Berufspartnerschaft eingegangen. Dies kann gleichwohl eine weiterreichende Beziehung sein, deren erste Priorität allerdings die gemeinsame Arbeit ist.

Berg + Buch

Diese Situation ist einem ungewöhnlichen Arbeitseinsatz verschrieben, der fast an Besessenheit grenzt. Noch ist es ein Geheimnis, aber es wird in den nächsten Monaten einen steilen Aufstieg geben, und der gewünschte Erfolg stellt sich ein.

Berg + Brief

Der Kontakt zur Außenwelt wächst und die Kommunikation vermehrt sich. Allerdings wird es unter diesem Aspekt mehr Absagen als Zusagen geben. Man hatte hier auf eine Hilfsbereitschaft gehofft, die leider zu wünschen übrig lässt.

Berg + Herr

Dieses Unternehmen, der Selbstständige wird in absehbarer Zeit sein Image positiv verändern. Es wird erkannt, dass mit Einsiedelei, Introvertierheit und Arbeitssucht der Anschluss an die Außenwelt verloren ging.

Berg + Dame

Arbeit und schwierige Umstände geben ein Gefühl von Selbstbestätigung und das Bewusstsein gebraucht zu werden, was hier wie eine

Daseinsberechtigung erscheint. Würde sich hier jemand von diesen Blockaden, Problemen und wirtschaftlichen Engpässen trennen, würde er nichts mehr haben, was ihm das Gefühl gibt, gebraucht zu werden. Man hält daran fest.

Berg + Lilie

Dieses Unternehmen oder der Selbstständige, die vielleicht aus der Naturheilkunde oder therapeutischen Bereichen stammen, werden durch die regionalen sozial/kirchlichen Behörden toleriert und in Ruhe gelassen.

Berg + Sonne

Nur während der Sommermonate ist hier mit einer Zielerreichung zu rechnen. Die Blockaden sind zum großen Teil überwunden. Mit der derzeitig ansteigenden Energie bringt das sogar den langsamen und gemächlichen Berg auf Trab. Dies betrifft alle Anfragen nach Erfolg oder Gelingen.

Berg + Mond

Das geplante Vorhaben ist zu massig, zu unüberwindlich und es gibt endlose Fehlversuche, um es zu regeln. Trotz aller irdischen Hindernisse wird hier daran festgehalten.

Berg + Schlüssel

Erstaunlicherweise wird es der Person gelingen, ihren größten inneren Feind zu besiegen und Frieden mit der Firma, dem Chef, dem Vorgesetzen oder auch dem Angestellten zu schließen. Das wurde schon viele Male versucht, doch es funktionierte nie. Ab diesem Moment wird sich das Leben positiv in Richtung Geld und Erfolg verändern.

Berg + Fische

Die magere Saison ist zu Ende. Es wird etwas leichter, der ständige Disput über das Geld fällt weg. Eine Annäherung auf der Verstehensebene wird erfolgen.

Berg + Anker

Nur nichts verlieren, nur nichts hergeben, so könnte man diese Kartenkombination bezeichnen. Was mir gehört, bleibt bei mir, auch wenn ich es nicht mag, nicht schätze und auch nichts daran verdiene. Es war so, ist so, bleibt so, und das solange ich lebe. Firma klebt an der Arbeit, Auftraggeber klebt am Auftragnehmer, Angestellter an der Firma und Chef am Angestellten.

Berg + Kreuz

Wie schlecht es mir geht, wie ich mich abplagen muss, wie hart ich arbeiten muss, braucht keiner zu wissen. Das ist mein Leben und keiner hat darin etwas zu suchen. Diese Menschen, Unternehmer, Selbstständige und Arbeitnehmer nehmen ihr Kreuz manchmal so wörtlich, sind hart und starr, werden krank, können kaum noch und erklären immer noch, sie hätten nichts, es gehe ihnen bestens. Irgendwann brechen sie zusammen, und sogar dann haben sie Schwierigkeiten, die Hilfe anderer anzunehmen. Arbeiten bis zum Umfallen.

Das tut **Berg + Dame** auch, doch sie trägt dieses Gefühl nach Außen und erhält dadurch ihre Lebensberechtigung.

Die Wege – Karo Dame

Karte Nr. 22

Finanzielle, Materielle Bedeutung

- *Neues muss noch entschieden werden*
- *Verstandesentscheidungen*
- *Geld auf dem Weg, aber noch nicht da*
- *Arbeitssuche: noch nicht entschieden*
- *für Suchende: freie Wahlmöglichkeiten*
- *Selbstständige: eigene Wege gehen*
- *mehrere Chancen und Möglichkeiten*
- *Scheidewege, Kündigungen*
- *Zeit – kurzfristig, bis zu sieben Wochen*

Im Allgemeinen stellen »Die Wege« die Abzweigungen, Scheidewege und Ausrutscher dar, wenn der Mensch sich allzu weit von seinem gesteckten Lebensplan oder -rahmen entfernt hat. Jedoch hier, wenn diese Karte erscheint, so steht der Mensch gerade jetzt vor einer Wahl und er muss oder will sein Leben verändern. Er weiß, jede Wahl, die hier getroffen wird, hat erhebliche Auswirkungen auf seine Realität und die Materie.

Die Karte der Entscheidungen weist darauf hin, dass es für alle unsere Pläne und zukünftigen Erfolgsaussichten mehr als einen Weg gibt. Die Wege bieten uns an, unsere Pläne einer genauen Prüfung zu unterziehen, bevor wir damit an andere herantreten. Denn gerade diese anderen, an die wir die Anfragen richten, werden mehrere Alternativen in Betracht ziehen, ehe sie uns berücksichtigen und zusagen. Ob eine Entscheidung dann wirklich zu Ihren Gunsten ausfällt hängt unter anderem auch von Ihrer Vorbereitung ab.

Keinesfalls sollten Sie vergessen, dass Sie es selbst sind, der die Entscheidungen trifft, wie, wann und wohin sich Ihr Leben ändert. Sie haben die Entscheidungen, Zusagen, Absagen bereits lange vor Eintritt dieser Karte getroffen, entweder durch Handeln oder Nicht-Handeln. Jetzt spüren Sie nur die Auswirkungen auf der Materie-Ebene und werden zu Wegen gezwungen, die Sie vielleicht nicht wollen. Doch auch das geht vorbei.

Wege – Nr. 22, Karo Dame in Verbindung

Wege + Reiter
Die berufliche Entscheidung wird hier leicht gemacht, denn das Angebot kommt von außen auf Sie zu.

Wege + Klee
In absehbarer Zeit werden Ratenvereinbarungen getroffen, die unter einem glücklichen Stern stehen und das Leben erleichtern.

Wege + Schiff
Der beste Weg ist hier auch der offensichtlichste und führt auf direktem Wege zum Ziel. Nur ist es notwendig, dass zu dem anderen hingegangen oder wenn nötig auch hingefahren wird; in die Höhle des Löwen.

Wege + Haus
Dem Gefühl und dem Verstand ist bei dieser Entscheidung Rechnung zu tragen. Sie führen zusammen schlichtweg zu Stabilität, solidem Arbeiten, mehr Platz und der viel gefragten Sicherheit.

Wege + Baum
Diese Entscheidung wird das Unternehmen oder auch den Arbeitnehmer zwar in ein sicheres und ruhiges Leben führen aber auch das Wachstum und den Erfolg verlangsamen.

Wege + Wolke
Analytische Gespräche und Neuausrichtungen wie Einsparungen oder Qualitätsverlust versprechen kurzfristigen Erfolg, der aber wiederum durch die Abnehmer in Frage gestellt wird.

Wege + Schlange
Es wird entschieden, dass Bereiche oder Abteilungen zusammengelegt werden und die bisherigen Leiter beide gleichermaßen für den Erfolg oder die Niederlage verantwortlich gemacht werden sollen. Das führt in jeglicher Hinsicht zu Unsicherheit und auch ungewollten Verwicklungen.

Wege + Sarg
Jede wichtige finanzielle Entscheidung führt hier das Unternehmen, den Selbstständigen oder auch den Arbeitnehmer zu keinem Erfolg. Nichts bringt derzeit Geld. Zu schlapp, zu wenig Antrieb und der Mensch fühlt sich entscheidungsunfähig.

Wege + Blumen
Das Unternehmen, der Selbständige hat die Kurve gekriegt, den richtigen Weg erwischt und erntet jetzt bombastischen Erfolg, der gebührend gefeiert wird. Für den Angestellten bedeutet es eine unverhofft ausgesprochene Beförderung, einen guten Karriereschritt. Für den Arbeitssuchenden, dass er die verstandesmäßig geplante Anstellung auch wirklich erhält.

Wege + Sense
Dieser offene breite Weg ist wie eine einladende Mausefalle. Gleichgültig, was der andere Geschäftspartner anbietet, er gedenkt Sie zu ködern und den Speck selbst zu fressen.

Wege + Ruten
Ohne Einsicht und Nachsicht wird hier diskutiert. Mehrere Pläne und fehlende Zielsetzung behindern die Entscheidung mehr als nötig.

Wege + Vögel
Eine klare, vernunftorientierte Person wird sich für einen neuen Weg entscheiden und sie wird dem Gerede über die Vergangenheit die Stirn bieten.

Wege + Kind

Dieser jetzt eingeschlagene Kurs hat in der Vergangenheit schon einmal geklappt und man versucht es wieder.

Wege + Fuchs

Sicherer und ratsamer wäre es, dieses Vorhaben ganz zu unterlassen. Denn die Person, die sich hier als Retter und schneller Handler erweist, würde auf Dauer gesehen ein neues Drama hervorrufen. Dieser Weg ist nicht so gut.

Wege + Bär

Hier führt die Entscheidungsfrage direkt zum richtigen Bank- oder Behördenberater. Das, was geboten wird, ist ein stabiles, sicheres Leben, aber anders, als man es gewohnt war, denn es untersteht jetzt anderen Kriterien.

Wege + Sterne

Die getroffene Entscheidung ist richtig. Sie weist klar und deutlich den neuen Weg zum Erfolg.

Wege + Störche

Es gibt Möglichkeiten und Alternativen, doch keine der Lösungen ist wirklich befriedigend. Entweder leiden die Harmoniegefühle oder die Finanzen. Erst einmal wird die wirkliche Entscheidung ein paar Monate in die Zukunft geschoben.

Wege + Hund

Hier wird oder wurde vor kurzem die Entscheidung getroffen gemeinsam weiterzuarbeiten und dem anderen treu ergeben zu sein. Das deutet auf Überstunden, meist ohne finanziellen Ausgleich hin.

Wege + Turm

Obwohl man im beruflichen Bereich im Moment mehr als schwankend ist, hält man an seiner Entscheidung, zu dem anderen zu stehen, fest. Es sind gravierende Vorteile, die man sozial gesehen dadurch hat. Man hofft, dass es sich hier um eine Ausnahmesituation handelt und sich alles von selbst wieder nivelliert. Der Turm kann in diesem Fall als Glücksfall angesehen werden. Dies bedeutet, wenn Sie zuvor gut an sich gearbeitet haben und sich diesen Erfolg wert sind, werden Sie ihn auch erhalten und behalten können.

Wege + Park

Alle Entscheidungen werden hier nur im Hinblick auf die öffentliche Meinung getroffen. Wege werden beschritten, die die Person und auch ein Unternehmen nur so gehen wird, weil es vom Außen so erwartet wird.

Wege + Berg

Die Einstellung der arbeitenden Bevölkerung verhindert, dass Entscheidungen getroffen werden. Bei einem Unternehmen kann es auch die langjährige Belegschaft sein, die hier streikt.

Wege + Mäuse

Aus Angst falsche Entscheidungen zu treffen werden hier zu lange Entscheidungen hinausgezögert, bis sie sich von selbst auflösen. Zurück bleiben Trümmer und Scherben. Hier geht es nicht weiter.

Wege + Herz

Hier wird einem neuen Weg zugestimmt, der mehr aus dem Bauch als aus dem Verstand kommt. Es ist ein Kompromiss, der gut aussieht.

Wege + Ring

In dieser Situation waren Sie als Mensch oder als Verantwortlicher schon einmal. Es wird eine neue vertragliche Bindung geben, in Bezug auf

Sicherung der Materie und Geld, die einen Austausch, einen Ersatz für etwas Altes darstellt.

Wege + Buch
Die Wege führen hier zu stillen Beteiligungen, Teilhabern oder Beteiligungsgesellschaften, mit denen die Unterlagen vertraglich ausgearbeitet werden. Das wird der Belegschaft nicht offengelegt. Für einen Arbeitnehmer würde es eine Gehaltserhöhung bedeuten, die aber nicht publik werden darf. Ein Arbeitssuchender hätte hier bereits eine andere Stelle an der Hand, die er haben könnte.

Wege + Brief
Der neue Kurs in dem Unternehmen, der Selbstständigkeit wird nicht von allen widerstandslos akzeptiert. Für den Arbeitnehmer ist hier die Trennung schon deutlich auf Papier formuliert und trotzdem ist er sich nicht schlüssig, ob er richtig handelt, wenn er kündigt.

Wege + Herr
Kundschaftern, Ermittlern oder Marktforschern wird der Auftrag erteilt neue begehbare Wege für das Unternehmen zu erschließen. Als Arbeitnehmer beginnt man sich anderweitig zu orientieren.

Wege + Dame
Mit dem ständigen Umentscheiden hat dieses Unternehmen/Selbstständigkeit kein Problem. Im Gegenteil, sie mögen es und es bringt derzeit viel Freude.

Wege + Lilie
Hier werden Rehabilitationsmaßnahmen, auch neue Verfahrensweisen vorübergehend bzw. über einen längeren Zeitraum auf Eis gelegt oder auch eingefroren.

Wege + Sonne
Es ist gut. Die Entscheidung, mit der vollen Belegschaft weiterzumachen, ist getroffen. Alle werden zufrieden sein, zumindest reicht es, um gut leben zu können.

Wege + Mond
Derzeit hat man nur eine Entscheidung getroffen, und zwar für sich selbst etwas zu tun, für seine Seele. Das Geldverdienen ist hier auf später verschoben worden, wenn vielleicht das Traumobjekt in greifbare Nähe rückt. Das gilt auch für eine Unternehmensstruktur und genauso für einen Selbstständigen.

Wege + Schlüssel
Es ist unumgänglich, dass diese Entscheidung finanziell abgesichert sein muss. Meistens muss hier der private Partner mit unterschreiben.

Wege + Fische
Alte eingefahrene Wege werden verlassen, was mit Sicherheit ein glückliches Händchen beweist, denn auf Sicht gesehen bringt es mehr Geld, mehr Freiheit und Bewegungsfähigkeit.

Wege + Anker
Hier wird sehr gründlich gearbeitet. Das Unternehmen wächst und breitet sich in neuen Regionen aus. Als Arbeitnehmer ist Ihnen hier nur viel Arbeit gewiss. Als Arbeitssuchender ein Job mit viel Arbeit.

Wege + Kreuz
Die Entscheidung, die gerade ansteht, ist ein Kreuz. Hier ist nicht gesagt, dass Mensch oder Unternehmen mit dem Ergebnis zufrieden sein werden, denn nach nur kurzer Zeit wird diese Entscheidung wieder rückgängig gemacht, umkonstruiert oder anders entschieden. »Sich auf der Suche befinden«.

Die Mäuse – Kreuz 7

Karte Nr. 23

Finanzielle, Materielle Bedeutung

- *Trennung, Pfändungen, Schließen, Pleite, Konkurs, Verramschen, Räumungsverkauf*
- *Jobverlust, Lohn wird nicht ausgezahlt*
- *Absagen*
- *Geldverlust*
- *schlechte Zeiten, da starke Verlustängste*
- *»kosmisches und irdisches Saubermachen«*
- *Überflüssiges verschwindet*
- *Zeit – schnell, kurze Tage*

Wenn die Mäuse im finanziellen, materiellen oder arbeitsmäßigen Bereich auftauchen, so heißt das glatt »rien ne va plus« oder nichts geht mehr. Obwohl die Situation überhaupt nicht aussichtslos sein mag, fühlt sich der Mensch hier nicht in der Lage eine bewusste, willentliche Entscheidung zu treffen und die Durchführung einzuhalten.

Ein ohnmächtiges Gefühl lässt ihn kopflos und hilflos umhertaumeln und überschwemmt die Psyche mit diffusen Gefühlen, während der Verstand zu einer rationalen Lösung drängt. Dieser kurz zusammengefasste Ablauf setzt sich in gravierenden Fällen in atemberaubender Geschwindigkeit um, und Menschen stehen dann vor dem Aus. Die Mäuse können mit oder ohne Vorwarnung eintreten.

Doch nicht immer sind die Mäuse schlecht. Sie befreien uns durch Absagen, Beseitigung des Alten von Müll, Unrat und Überflüssigem. Eine schlecht bezahlte Arbeit oder eine Selbstständigkeit, die weniger als zum Leben reicht oder abgesagte Finanzspritzen von der Bank können als Überflüssiges angesehen werden, das nun weggeräumt wird, damit Menschen einen neuen Weg gehen können.

Unsere 1. »Mäuseregel« lautet daher: Die Blickrichtung der obersten Maus zeigt immer den maßgeblichen Verlust der Vergangenheit an. Also: Mausblick nach links: Das Geschehene (Karte davor) fällt weg. **Karte + Mäuse** 2. »Mäuseregel«: Mausblick nach links: Die Karte rechts daneben zeigt das Ereignis, den Weg in die neue Zukunft. **Mäuse + Karte**

Mäuse – Nr. 23, Kreuz 7 in Verbindung

Mäuse + Reiter
Nicht alles ist im unternehmerischen Bereich verloren. Gute Angebote für neue Verbindungen werden überbracht.

Mäuse + Klee
Dieser Verlust ist leichter zu verkraften, als die Person dachte. In naher Zukunft wird das durch mehrere kleine Möglichkeiten, die plötzlich ohne das Zutun der Person erscheinen, wieder wettgemacht.

Mäuse + Schiff
Die Katastrophe ist geschehen, es war nicht die Schuld des Unternehmers oder des Selbstständigen. Der Neubeginn wird zu einem neuen Ort führen, den Sie früher schon einmal angeplant hatten.

Mäuse + Haus
Der Unternehmer/Selbstständige lässt bereitwillig sein Waren- oder Produktionsangebot verschlanken.

Mäuse + Baum
Überraschenderweise schließen ringsherum einige Firmen und gefährden damit die sichere Versorgung dieser Region.

Mäuse + Wolke
Ereignisse müssen losgelassen werden, auch wenn sie noch so schmerzhaft waren oder auch noch sind. Auch erwacht die bange Frage, ob das Wirtschaftsdebakel an einem vorüberzieht oder man doch noch betroffen ist?

Mäuse + Schlange
Die Unternehmensführung hat hier nichts dazugelernt. Es wird schon wieder versucht alles nur mit der Ratio zu managen, damit das vormals Gewesene nicht wieder passiert. Zu viel denken, zu viel reden, zu viel Analyse ergeben prompte Verwicklungen.

Mäuse + Sarg
Der durch Fremdursachen ausgelöste Verlust war so bedeutungsvoll, dass das Unternehmen oder die Selbstständigkeit eigentlich Konkurs ist, obwohl dies erst mit der Kombination

Mäuse + Sarg + Brief amtlich ist.

Mäuse + Blumen
Bei so viel lieben Freunden (geschäftlichem Wohlwollen) und Aufmerksamkeiten aus unverhofften Ecken geht die »Rezessionsfühlphase« und Aufräumaktion rasch einem guten Ende entgegen.

Mäuse + Sense
Nicht nur, dass ein geschäftlicher Verlust eingesteckt werden musste, hier wird auch noch versucht, das davor erarbeitete Geld zu beschlagnahmen.

In der Kombination
Mäuse + Sense + Lilie handelt es sich um so etwas Ähnliches wie eine Zwangsvollstrekkung der privaten Sachwerte.

In der Kombination
Mäuse + Sense + Fische betrifft es die Geldwerte.

Mäuse + Ruten
Gar so gut ist der Mensch, auch das Unter-

nehmen hier derzeit nicht im Bewältigen irdischer Aufräumaktionen. Die anwaltliche Beratung erteilt nur gute Ratschläge und viel Psycho-Bla-Bla, anstatt zu helfen.

Mäuse + Vögel
Das Ausscheiden der Person/en stellt für den Unternehmer/Selbstständigen einen Prestigeverlust dar. Hier wird eine glaubhafte Version für das Verschwinden des Arbeitnehmers oder des geschäftlichen Partners zurechtgelegt.

Mäuse + Kind
Das vom Verlust betroffene Unternehmen verzeiht der Person und ist bereit, nochmals wieder auf Vertrauen zu setzen.

Mäuse + Fuchs
Ein gerissener und auf seinen Gewinn bedachter Organisator steht an Ihrer Tür bzw. bedrängt das Unternehmen, um zu sehen, ob er nicht noch wertvolle Teile günstig erschachern kann.

Mäuse + Bär
Durch das Abstoßen alter überflüssiger Bereiche und die damit verbundene Verschlankung des Unternehmens hält die Behörde wohlwollend still.

Mäuse + Sterne
Trotz äußerlicher »kosmischer« Einwirkungen wie Stromausfall, Wasserschaden, Verspätungen etc. wird die Premiere, Präsentation, Festival oder Ähnliches stattfinden.

Mäuse + Störche
Aus den »Trümmern« eines herben Schicksalsschlages wird hier in einigen Monaten ein Neubeginn an einem anderen Ort stattfinden. Diese Aussage gilt gleichermaßen für Mensch und Unternehmen.

Mäuse + Hund
Der Schaden in der Vergangenheit betrifft Person sowie Unternehmen und wird mit Hilfe guter Freunde geheim gehalten oder verdeckt/vertuscht, zumindest dringt es kaum an die Öffentlichkeit.

Mäuse + Turm
Dieses Unternehmen wird aufgrund politischer Turbulenzen oder wirtschaftlicher Zusammenbrüche in sehr kurzer Zeit in Insolvenz geraten. Noch versucht man nach außen sein Gesicht zu wahren.

Mäuse + Park
Der erste große Auftritt nach dem Fiasko des Unternehmens/Selbstständigen, auch Arbeitnehmers geht besser über die Bühne als erwartet. Die Masse Mensch vergisst schnell und der brisante Gesprächsstoff von gestern ist heute schon ein alter Hut.

Mäuse + Berg
Ein sehr langjähriger, guter, finanziell ertragreicher Kunde oder auch Geschäftspartner fällt aus nicht beeinflussbaren Gründen aus. Der weitere Firmenverlauf wird danach finanziell als mühselig und schleppend zu bezeichnen sein.

Mäuse + Wege
Um diesen Verlust nicht unnötig zu aktivieren, z.B. eine Kettenreaktion unnötiger Folgen heraufzubeschwören, wird hier eine kaufmännisch denkende zukunftsorientierte Person einge-

schaltet, die die übrig gebliebenen Möglichkeiten sondiert, damit sich Mensch sowie Unternehmen neu ausrichten können.

Mäuse + Herz

Der erlittene Verlust wird im Unternehmen/ Selbstständigkeit als Lernerfahrung behandelt und führt zum Umbau alter herzloser Strukturen in ein stärkeres Miteinander. Ein Arbeitssuchender hätte hier noch keine Chance auf Einstellung, obwohl man ihn sich dort gut vorstellen könnte.

Mäuse + Ring

Das Unternehmen/Selbstständigkeit oder hier auch nur noch die Restteile wie Name, Gebäude werden verkauft. Als Arbeitnehmer dieser Firma besteht hier die Möglichkeit einen neuen Vertrag zu erhalten. Als Arbeitssuchender keine Chance auf Einstellung.

Mäuse + Buch

Es ist noch nicht spruchreif, dass dieses Unternehmen oder der Selbstständige tatsächlich aufgibt, obwohl er einen ziemlichen, finanziell haarigen Verlust einstecken musste.

Mäuse + Brief

Ein unpersönliches Schreiben erreicht den Unternehmer, in dem gebeten wird eine Stellungnahme oder Erklärung zu seinem Verlust abzugeben.

Mäuse + Herr

Außer einem Namen und dem vergangenen Glanz ist nach dem Zusammenbruch nicht viel übrig geblieben. Doch beides ist noch wertvoll genug, um es gut vermarkten zu können.

Mäuse + Dame

Dieser Verlust wird vom Unternehmen nicht bedauert, sondern fast begrüßt. Welche Vorteile dem Unternehmen dadurch entstehen, müsste mit separaten Karten hinterfragt werden. Auch der Mensch ist hier für den Verlust dankbar, vielleicht nicht für das Chaos, aber das Lerngeschenk, welches er klar erkennt.

Mäuse + Lilie

Unter keinen Umständen – und das über einen langen Zeitraum – wird dieses Unternehmen/Selbstständigkeit seine Pforten wieder öffnen. Auch der Arbeitsuchende will oder kann wegen psychischer Ängste keine Anstellung antreten.

Mäuse + Sonne

Dieser Verlust wird durch den Einsatz der »Großfamilie«, auch gute Freunde und familiäre Helfer, treue Angestellte wieder ausgeglichen und führt zu Größerem. Arbeitssuchende würden, wenn sie sich auf ihre Kraft und Stärke verlassen, einen Job erhalten, der Anfangs zwar geringer dotiert ist, sich später aber dem Markt angleicht.

Mäuse + Mond

Wenn die Unternehmensstrategie oder die Einstellung des Menschen in Bezug auf Materielles nicht geändert wird, folgt eine Pleite nach der anderen. Hier passiert immer irgendetwas Unvorhersehbares, was ins Aus führt.

Mäuse + Schlüssel

Mit Sicherheit, und das zu zweihundert Prozent, will das Unternehmen, der Selbstständige, der Mensch, auch Arbeitnehmer oder Arbeitssuchender von diesem Kapitel der Vergangenheit nichts mehr wissen und sogar am liebsten den Namen ablegen.

Mäuse + Fische

Das hilft in keinem Unternehmen oder einer Selbstständigkeit weiter, wenn sich im Außen zwar gutes Geld verdienen lässt, doch die Substanz erkrankt ist und man damit nur Löcher und Altlasten stopft.

Mäuse + Anker

Aus Angst davor, den letzten Rest des Unternehmens, der Selbstständigkeit zu verlieren und vor dem Nichts zu stehen, wird hier eisern ums Überleben gekämpft. Auch der Arbeitnehmer fürchtet um seinen Job, wobei der Arbeitssuchende hier keine Chance hätte, außer seine Einstellung würde mindestens zu achtzig Prozent bezuschusst werden.

Mäuse + Kreuz

Der Schrecken ist vorbei, der Verlust verkraftet, die Angst zu Ende. Die Firma ist weg und mit ihr auch eventuelle Spätschäden aus der Vergangenheit.

Besonderheit bei den Mäusen

Mäuse an 1. Stelle

Lassen Sie uns ein kurzes Beispiel skizzieren: Ein Arbeitssuchender hat ein Vorstellungsgespräch, das recht angenehm verlaufen ist. Es sieht so aus, als ob er berechtigte Hoffnung auf den Arbeitsplatz hätte. Seine Frage lautet:

Werde ich diesen Arbeitsplatz erhalten?

Die Karten liegen so:

Mäuse + Klee + Schlange + Haus

Da die Mäuse an erster Stelle liegen, deutet es auf einen Verlust hin. Dabei ist es völlig gleichgültig, welche Traumkarten dahinter kommen. Sie zählen einfach nicht mehr.

Unsere 1. Mäuseregel lautet: Blickt die oberste Maus nach links, wird das Ereignis davor geschluckt, eliminiert, weggefressen. Danach beginnt die neue Zukunft.

Sollte keine Karte vor den Mäusen liegen, so betrifft es die soeben gestellte Frage. Denn das Grundproblem, um das es geht, liegt ja bereits in der Vergangenheit, genauso wie jeder Ihrer Gedanken, wenn er formuliert wird, bereits der Vergangenheit angehört.

Wenn auf eine Anfrage die Mäuse als erste Karte erscheinen, so bedeutet es immer ein Nein und alle weiteren Karten erübrigen sich oder haben keine Bedeutung. Denn aus dem »Spirituellen und Emotionalen Kartenlegen nach Mlle Lenormand« wissen wir, dass die Mäuse unter anderem den kosmischen Eingriff, auch als Schicksal zu bezeichnen, bedeuten.

Bei Anfragen ohne lange Vorgeschichte im beruflich, geschäftlichen Bereich, weisen uns die Mäuse auf ethische, moralische oder gesetzeswidrige Ungereimtheiten hin.

Menschen, die positiv oder spirituell denken und arbeiten, heben sich die scheinbar negativen Einflüsse der Mäuse auf, um Verbindungen, die ihnen derzeit nicht gut tun würden, auf die merkwürdigsten Weisen lösen zu lassen.

Das Herz – Herz Bube

Karte Nr. 24

Finanzielle, Materielle Bedeutung

- *guter Wille vorhanden*
- *Erfolg haben durch Verbundenheit mit herzlich gesonnenen Menschen*
- *Menschen arbeiten an Idealen, Zielen, auch Greenpeace, Rotes Kreuz, soziale Einsätze*
- *Geldzufluss nicht ganz so üppig, da ideelle Ziele einen höheren Stellenwert haben*
- *helfender, hilfsbereiter Einsatz*
- *Retter- und Opferbeziehung*

Das Herz steht für Liebe, Herzlichkeit, Gemeinschaften, Verbindungen, vor allem, wenn Ziele ideeller Natur dahinter stehen. Wenn die Herzen die äußeren Zwänge als Notwendigkeit erkennen, werden sie alles Menschenmögliche versuchen, um zu helfen und sich oft selbstlos einzubringen. Ihr inneres Verlangen, die Welt in einen Garten Eden zu verwandeln, lässt sie im wahrsten Sinne des Wortes bis zum Umfallen arbeiten.

Ist das Herz darauf angewiesen, zum Beispiel weil es selbstständiger Unternehmer ist, Zusagen oder finanzielle Mittel zu erhalten, so fällt es ihm schwer für sich selbst die richtigen Worte zu finden, um den gewünschten Erfolg zu garantieren. Daher bekommt es oft unverschämte Auflagen von z. B. Banken oder bei Verträgen, die es wiederum, wenn auch schimpfend, akzeptiert. Das Herz kann sich für sich selbst nur schlecht durchsetzen, für andere geht es besser.

Eine Firma, die von einem Herzen geführt wird, ist wie eine große Familie. Sie bietet einen guten Zusammenhalt und gewährleistet, wenn keine tragischen Umstände eintreten, eine lange Zugehörigkeit. Denn das Herz ist bereit, sich in schlechten Zeiten selbst einzuschränken, damit die Mitarbeiter nicht darunter zu leiden haben.

Die oberste Priorität ist hier alle Komponenten zu vereinigen wie Geist, Körper, Seele, Intellekt, Materie und die Durchsetzung im finanziellen Bereich.

Herz – Nr. 24, Herz Bube in Verbindung

Herz + Reiter

Besucher gleich welcher Art werden von den Verantwortlichen sehr herzlich empfangen und es wird ihnen besondere Aufmerksamkeit zuteil.

Herz + Klee

Freiwillig zahlen hier Kunden und Auftraggeber Ihre Waren an und versorgen das Unternehmen mit Abschlagszahlungen.

Herz + Schiff

Das Unternehmen verbreitet sich über MLM (Multi-Level-Marketing) und menschliche Gemeinschaften in verschiedene Kontinente. Für den Arbeitnehmer bestehen hier Aussichten auf leitende Positionen.

Herz + Haus

Innerhalb der Firma wird renoviert, verschönert, dekoriert und Altes mit Neuem verbunden. Die Struktur bleibt aber erhalten. Die finanzielle Lage ist stabil und der Arbeitssuchende würde hier einen gesunden Arbeitsplatz erhalten.

Herz + Baum

Die Unterstützung vieler Helfer und Verbundenheit zur Umwelt ermöglichen in dieser Gemeinde ein gesundes Wachstum.

Herz + Wolke

Es ist in diesem Fall unnötig, sich über die Treue oder Loyalität des Mitarbeiters Sorgen zu machen und sich den Kopf darüber zu zerbrechen. Sowohl die angedachten Personen als auch Geschäftsfreunde würden hier zu einem halten.

Herz + Schlange

Der allgemein offene, vertraute Ton in dieser Firma wird durch eine Person verletzt. Es ergeben sich Verwicklungen, Umwege entstehen und Heimlichkeiten führen zu regelrechten Verkettungen.

Herz + Sarg

»Lasst mich in Ruhe, ich will nichts mehr hören oder sehen und auch nichts wissen. Ich brauch' mal Pause«, so könnte der Eröffnungssatz hier lauten. Der Mensch als Selbstständiger oder Arbeitnehmer oder Arbeitssuchender ist psychisch verletzt und nimmt seine Auszeit.

Herz + Blumen

Während bei **Herz + Sarg** in der Kombination die Anerkennung fehlt, werden hier die Leistungen besonders hervorgehoben und auch anderen öffentlich mitgeteilt.

Herz + Sense

Die sozialen Abgaben an die Gemeinde werden erhöht. Ohne vorherige Ansage wird der Betrag gleich vom Konto eingezogen. Als Arbeitnehmer wird die anstehende Gehaltserhöhung durch die Erhöhung der Sozialabgaben kaum mehr an Nettolohn bringen als vorher. Beim Arbeitssuchenden nimmt eine Sozialstelle eine Kürzung/Einsparung vor, die sich negativ auf das Konto auswirkt.

Herz + Ruten

Der Mensch, gleichgültig in welcher Funktion, hat sich hier nichts vorzuwerfen. Er hat das Menschenmögliche versucht, um diese Angelegenheit zum Wohle aller Beteiligten zu lösen. Und trotzdem wird es eine Zerreißprobe für die Nerven, weil die anderen eine intellektuellere Auffassung haben.

Herz + Vögel

So kann das aber nicht richtig sein! Dass die Umwelt die Gutmütigkeit und das Mitgefühl des Menschen als Trotteligkeit auslegt und darüber spottet, ist nicht in Ordnung.

Herz + Kind

Dem Unternehmen, auch der Person wird in diesem Fall geglaubt, und man wagt einen kleinen Neuanfang.

Herz + Fuchs

Die Warmherzigkeit und Gutmütigkeit versuchen andere Menschen für ihre Zwecke auszunutzen, hier vorwiegend um Arbeitserleichterung oder mehr Freizeit zu erhalten. Für einen Arbeitssuchenden würde es keine Einstellung bedeuten, da jemand der schon dort ist und das Sagen hat, ihn als Konkurrenz sehen würde.

Herz + Bär

Diese Unternehmensanbindung steht unter einer Art staatlichem Schutz durch eine mit Vollmacht ausgestattete, überlegene, ihr Wissen weitergebende, höher gestellte Persönlichkeit. Gegenseitiges Vertrauen ist vorhanden.

Herz + Sterne

Ein besonderes Festival/Festspiele ist in dieser Gemeinde geplant, woran die Bevölkerung aktiv beteiligt sein wird. Der Personaleinsatz wird weniger durch die Gemeinde, sondern vielmehr durch die mitarbeitenden Firmen gestellt.

Herz + Störche

Eine offizielle soziale Behörde/Einrichtung plant eine Erweiterung ihres Bereiches mit einem neu einzurichtenden Gebäude. Für Arbeitssuchende wird es an dem neuen Ort freie Stellen geben.

Herz + Hund

Der Besitz, das Unternehmen, der Mensch wird bewacht. Dies können in dem Fall Sicherheitsleute oder Polizeistreifen sein. Auf alle Fälle sind es Personen, die man schon länger kennt und wie Freunde behandelt.

Herz + Turm

Die Mitteilungsflut und das Helfenwollen wird hier blockiert. Das Unternehmen wird geschnitten, boykottiert. Als Person stehen Sie hier vor einer inneren ethischen Sperre, die sich als »ich kann das nicht« bezeichnen lässt.

Herz + Park

Dank des rastlosen Einsatzes der Person steht diese öffentliche Veranstaltung unter dem Motto: Frieden, heile Umwelt anstatt Krieg.

Herz + Berg

Einer allein kann hier zu wenig ausrichten, dies bedarf schon eines Kollektivs von gleichgesinnten, aufopferungsbereiten Personen, die außer den Herzensfähigkeiten auch noch den klaren Verstand und das Eurozeichen in den

Augen mitbringen, um die mageren Wirtschaftsjahre erfolgreich zu meistern.

Herz + Wege

Als Verantwortlicher werden Sie sich entscheiden müssen zwischen Herz und Verstand. Die derzeitige Wahl beeinflusst nur Ihre materielle Seite und Ihren Status in der Gesellschaft. Ihr Herz bleibt davon fast unberührt. Es ist eine freie Wahl, und auch wenn die Entscheidung aus Ihrer Sicht im Nachhinein falsch sein sollte, so war sie trotzdem richtig.

Herz + Mäuse

Zu viel Herz ist ungesund – ist medizinisch erwiesen – so auch hier. Wenn es im beruflichen Bereich die falsche Person ist, an die Sie Ihr Herz gehängt haben, so ist blitzschnell alles weg.

Herz + Ring

In diesem Unternehmen kommt es zu einer beruflichen Bindung, in fast gleichberechtigter Partnerschaft, die auf Langzeit ausgelegt ist. Das normale Gefälle zwischen Chef und Arbeitnehmer ist hier von Haus aus um ein Vielfaches gemildert.

Herz + Buch

Da die verantwortliche Person sehr kooperativ und menschlich mit Mitarbeitern umgeht, werden frech »Fehlzeiten« als andere Aktivitäten deklariert und somit verheimlicht.

Herz + Brief

Eine Absage sowohl für Arbeitnehmer wie für Arbeitgeber, obwohl die Vorgeschichte sehr gut aussah.

Herz + Herr

Da den Verantwortlichen bekannt ist, dass ihre Wärme und Herzlichkeit in diesem Verhandlungsfall nur ausgenutzt werden würde und zu Verlusten auf der materiellen oder finanziellen Ebene führen könnte, schicken sie einen besonders dafür auserwählten Repräsentanten als Verhandlungspartner vor. Doch dieser macht es nicht kostenlos.

Herz + Dame

Das Unternehmen gedenkt eine Person einzustellen bzw. mit ihr zu arbeiten, die bereits schon einmal da gearbeitet hatte.

Herz + Lilie

Die offiziellen sozialen Behörden haben derzeit einen Einstellungsstopp. Und an Unternehmen werden derzeit keine Großprojekte wie Straßenbau, Krankenhäuser etc. vergeben.

Herz + Sonne

»Die Welt ist rund, sie ist bunt und wunderschön.« Alles läuft nach Plan und den innersten Wünschen der Menschen.

Herz + Mond

Die Person ist einfach glücklich, ihre Seele noch mehr als ihre Person, denn sie erhält Anerkennung aus dem Herzen anderer Personen. Finanzielles ist hier Nebensache.

Herz + Schlüssel

Mit Sicherheit wird hier ein Vertrag geschlossen, der das genaue Aufgabengebiet und den finanziellen Status sichert.

Herz + Fische

Finanziell gesehen werden Sie in absehbarer Zeit wie ein Fisch im Wasser schwimmen. Die materielle Ebene ist gut bestückt und wird durch familiäre Zuwendungen noch verbessert.

Herz + Anker

Die Liebe, die Berufung hält Unternehmer gleichermaßen wie Arbeitnehmer an diesen Platz, auch Firma gebunden. Lassen Sie die Zügel etwas lockerer.

Herz + Kreuz

Eindeutig besteht hier eine Affinität zu Leid und zum Mitleiden, die zum inneren Grundmuster dieser Menschen gehört. Doch hier in diesem beruflichen Fall ist es bedingt durch den Arbeiteinsatz der Personen, die oft die Retterrollen spielen müssen. Zwischen Mensch und Unternehmen ist meist eine langjährige Zusammenarbeit gegeben. Ein Arbeitssuchender würde unter dieser Kombination allerdings keine Einstellung erhalten.

Der Ring – Kreuz As

Karte Nr. 25

Finanzielle, Materielle Bedeutung

- *Verbindungen, Bindungen, Versprechen, Verantwortung tragen, Zusagen jeglicher Art*
- *Unterschriften, Vertragsabschlüsse*
- *Arbeit: Langzeitjobs, auch Lebensstellungen*
- *Gebundenheit an Firma, Job, Gebäude*
- *Abhängigkeit, Hörigkeit – mit Negativkarten bis Erpressung reichend*
- *Zusammengehörigkeitsgefühl, Treue*
- *Zeit als Ereignis oder immer wiederkehrend*

Im finanziellen und materiellen Bereich deutet der Ring zumindest auf das Erreichen eines Zieles hin, auf den Erfolg. Verträge werden unterschrieben, Zusagen werden gehalten und die Arbeit, wenn danach gefragt wird, ist auch sicher. Ob Sie damit glücklich sind, wird hier nicht beantwortet, jedoch ist es ein sehr starker Wunsch von Ihnen gewesen, diese Angelegenheiten so zu regeln, wie der Ring es jetzt bestätigt. Zumindest ist die materielle und wirtschaftliche Situation abgesichert, und das war doch Ihr Hauptanliegen.

Der Ring zeigt uns also Erfolg, Zusagen und oft einen Neubeginn an. Dazu kommen auch die Belobigung, die Anerkennung, der Respekt und die Absicherung zum Beispiel als Firmenrente oder Zusatzrente oder Lebensversicherung mit entsprechenden Karten. Der Ring deutet immer auf ein-»Gemeinsam sind wir stark«-Motto hin.

Der Ring als solches stellt immerwährende, immer wiederkehrende Situationen oder Ereignisse dar. Im negativen Fall, wenn der Fragende oder Befragte in schwierigen Situationen steckt, so wird sich auch das über einen längeren Zeitraum wiederholen. Hier kommt es in erster Linie darauf an, wo der Betreffende steht und ob die Zusage, zum Beispiel im finanziellen Bereich, die Wende in seinem Leben bringen kann. Und ob er zu diesem Zeitpunkt in der Lage ist, wirklich etwas zu verändern.

Ring – Nr. 25, Kreuz As in Verbindung

Ring + Reiter
Ein unterschriftsreifer Vertrag wird überreicht.

Ring + Klee
Aus dieser geringfügigen, jedoch fest vertraglich fixierten Bindung ergeben sich überraschende Möglichkeiten zu kleinen zusätzlichen Verdiensten.

Ring + Schiff
Der Vertrag und die entsprechende Hoffnung auf Erfolg ist derzeit nur eine Zukunftsvision, die noch in der Ferne liegt.

Ring + Haus
Ein langjähriger Vertrag für das neue Domizil wird abgezeichnet. Für einen Arbeitssuchenden würde es bedeuten, dass der Anstellungsvertrag ins Haus, also nach Hause gesandt wird.

Ring + Baum
Eine langjährige Verpflichtung wird übernommen und vertraglich dokumentiert. Diese Kombination erscheint oft, wenn es sich um eine Übernahme eines landwirtschaftlichen Anwesens oder um eine Generationsübernahme eines traditionellen Familienunternehmens handelt.

Ring + Wolke
Diese vertragliche Bindung macht mehr als Kopfschmerzen, denn die Erlösung währte nur kurz. Hier spürt man von innen heraus, dass etwas nicht stimmig ist, doch man kann nicht den Finger darauf legen.

Ring + Schlange
Der Unternehmer/Selbstständige ist dieser Person in keiner Weise gewachsen. So klar die Verträge zu Beginn auch aussehen mögen, so schnell wird er über die Fallstricke stolpern und sich darin verfangen.

Ring + Sarg
Die vertragliche finanzielle Verpflichtung wird vorübergehend eingestellt. Der Vertragsnehmer ist derzeit nicht liquide.

Ring + Blumen
Durch die Initiative eines Sponsors/Mentors kommt ein Vertrag zustande, der das Herz jedes Unternehmers höher schlagen lässt. Das gleiche würde für den Arbeitssuchenden gelten. Der Arbeitnehmer dagegen erhält hier unverhofft eine oder seine Traumposition.

Ring + Sense
Hier gibt es ein verbindliches Schriftstück, das dem anderen ermöglicht, jederzeit auf das Finanzielle des Unterzeichners zuzugreifen.

Ring + Ruten
Obwohl die Verträge in Ordnung sind, werden sie im Nachhinein beanstandet und angefochten.

Ring + Vögel
Die vielen vertraglichen Chancen und Verbindungen erweisen sich als illusorisch, genauso wie der vor kurzem gezeichnete Vertrag. Es kommt nichts Materielles und auch nichts Finanzielles dabei raus, sondern nur Ärger und Gerede.

Ring + Kind

Die alte vertragliche Bindung ist ausgelaufen zugunsten einer neuen, mit der ein Unternehmer oder Selbstständiger frisch und im gläubigen Vertrauen auf den Erfolg anfängt.

Ring + Fuchs

Diese nette materielle Sicherheit lockt sofort »falsche Boten« heran. Bleiben Sie wachsam und lassen Sie sich zu keinen dubiosen Geschäften verleiten, auch wenn sie noch so ertragreich klingen.

Ring + Bär

Diese Vertragsschließung stellt eine lebenslange Absicherung durch eine soziale Institution dar. Für den Arbeitnehmer müsste es sich um die Übernahme in den Beamtenstatus handeln, für den Ausscheidenden in den Rentenstatus, für einen Erwerbsunfähigen wäre es die soziale Versorgung. Für ein Unternehmen wäre es eine Dauersubvention, je nach Unternehmensstruktur.

Ring + Sterne

Straße ins Glück! Genauso werden Sie sich fühlen, frei, leicht, verliebt und Ihr geistiger Horizont wird sich ins Unendliche erweitern oder Sie gar nicht mehr denken lassen. Alles, was Sie derzeit beginnen, ist glücks- und erfolgversprechend. Hier ist es ein »Sieben-Meilen-Schritt« ganz schnell in den siebten Himmel, womit die Glitzerwelt im Showbusiness gemeint ist.

Ring + Störche

Lange wurde um diesen Vertrag, um diese Genehmigung gefeilscht. Nun endlich kann die Veränderung beginnen. Doch jetzt geht sie nicht so schnell wie ehemals geplant.

Ring + Hund

Trotz eines guten Vertrages und vieler möglicher Chancen hat der Verantwortliche hier keine freie Hand. Seine engsten Mitarbeiter achten darauf, dass hier keiner abhebt.

Ring + Turm

Durch neue Verträge wird dieses Unternehmen eine Vormachtstellung auf dem Kapital- und Finanzmarkt erhalten.

Ring + Park

Neu geschlossene oder geänderte Verträge aus den höchsten Ebenen werden öffentlich bekannt gegeben. Der Park kann hier sowohl einen Sitzungssaal als auch eine öffentliche Rednertribüne im Stadtpark darstellen. *Das ist, denke ich, von Stadt zu Stadt unterschiedlich.*

Ring + Berg

Trotz neuer Verträge: »Lasst uns den Gürtel enger schnallen«, bis sich da etwas im Außen ändert. Das kann dauern.

Ring + Wege

Der Vertrag ist unterschrieben und prompt muss man anfangen nach der nächsten Lösung zu suchen. In diesem Fall wäre eine rationell und finanziell getroffene Entscheidung die vorteilhaftere Lösung.

Ring + Mäuse

Der »Zahn der Zeit« nagt an dieser belasteten Bindung/Verbindung. Und plötzlich ist die

Bindung/Verbindung/Vertrag/Verpflichtung weg. Für den Unternehmer, der aus diesem Vertrag noch Schulden hatte, lösen sich diese auch auf. Entweder durch den Konkurs, die Pleite des anderen oder dessen dünner Kapitaldecke. Meist fehlt ihm das Geld um seine Schuld einzutreiben. Wenn ein Arbeitnehmer oder Arbeitssuchender einen Vertrag hat, geht dieser ebenfalls verloren. So oder so, egal für wen, diese Verbindung war belastend.

Ring + Herz

Durch diese vertragliche Bindung wird das Unternehmen, der Unternehmer/Selbstständige wieder in die Gemeinschaft aufgenommen und sehr freundlich behandelt.

Ring + Buch

Es wird ein Bund besiegelt, eine Unterschrift geleistet, ein Versprechen gegeben, das der betreffenden Person auf lange Zeit gesehen einen irdischen, meist finanziellen Gewinn bringt. Es ist wie ein Vertrag, in dem ein monatlicher Obolus für irgendetwas hinterlegt, bezahlt wird. Im besten Fall betrifft es Ausbildungsgelder und im schlechtesten Fall Schutzgelder.

Ring + Brief

Der Kontakt in der Verbindung wird schwächer, sporadischer und löst sich langsam auf. Gespräche, Verabredungen, Vereinbarungen werden immer öfter abgesagt oder verschoben. Nichts fließt derzeit richtig. Dies ist nur eine kurze Phase von einigen Wochen, danach wird es wieder besser.

Ring + Herr

Trotz vertraglicher Bindung, Verpflichtung kommt der Unternehmer/Selbstständige – es kann in dem Fall auch der Teilhaber des Unternehmers sein – seinen Pflichten nicht nach. Er sieht das alles recht locker. Das gleiche gilt in abgeschwächter Form auch für den Arbeitnehmer.

Ring + Dame

Hier ist man mit der Firma verheiratet, die Bindung ist bestätigt. Die Firma ist das Leben und die gesicherte standesgemäße Zukunft. Wobei hier aber doch ein bisschen Zeit für das andere Geschlecht bleibt.

Ring + Lilie

Verträge, Verpflichtungen werden hier auf Eis gelegt. Sie können nicht erfüllt werden, da sie von Verbänden, Organisationen oder Behörden gestoppt werden. Es ist wie eine einstweilige Verfügung, die es verbietet weiterzumachen, obwohl Verträge da sind. Dies können auch Baustopps oder Gewerkschaftsauflagen sein, je nach Branche.

Ring + Sonne

Eine langjährige Verpflichtung in Bezug auf einen Vertrag geht einem glorreichen Ende entgegen. Falls die Vorgeschichte mit Rechtsprechung zu tun hatte, so wird dies ein gewonnener Prozess sein. Auf alle Fälle ist es etwas Großartiges und bringt viel Geld, wobei Kapital vorhanden ist.

Ring + Mond

Dieser Vertrag beinhaltet so einige undurchschaubare Komponenten und verliert bei Tageslicht und mit einem guten Anwalt schnell seine Gültigkeit.

Ring + Schlüssel
Mit Sicherheit wird hier eine vertragliche Bindung aus finanziellen Gründen eingegangen. Materielles und die Absicherung des Finanziellen haben hier höchste Priorität.

Ring + Fische
Neue Mitarbeiter werden vertraglich an das Unternehmen gebunden und erweisen sich als »Goldesel«.

Ring + Anker
Hier hat man sich ineinander verbissen. Man kommt nicht los. »Und wenn du gehen willst, dann nur über meine Leiche«. Ein lockerer Spruch, meinen Sie? Doch hier leider sehr zutreffend. Das kann sich auf ein Bankverhältnis genauso beziehen wie auf einen Unternehmer/Selbstständigen/Arbeitnehmer und seine Arbeit, die er nicht aufgeben kann, will und wird.

Ring + Kreuz
Obwohl hier Mensch und Unternehmen noch unter der ehemaligen Last des alten Vertrages leiden, so wird sich diese in absehbarer Zeit auflösen bzw. erledigen. Falls hier ein Rechtsstreit oder ein Verfahren vorlag, so bedeutet es, dass es in absehbarer Zeit erledigt sein wird, fertig.

Das Buch – Karo 10

Karte Nr. 26

Finanzielle, Materielle Bedeutung

- *Geld ist vorhanden*
- *Geldquellen und Summen werden nicht offen gelegt, bleiben Geheimnis*
- *Arbeitsanfrage: unentschieden in der Ablage*
- *Geheimnisse im Berufsbereich*
- *Stellungen oder verborgene Tätigkeiten wie Undercoveragent, verdeckte Ermittler, Callgirl, Telefondienste, Kartenlegen etc.*
- *verschlossen, verborgen, versiegelt*
- *Zeit – lange Episoden, da geheim*

Wenn wir lernen, die Hieroglyphen des Buches zu entziffern, indem wir der Sprache unseres Herzens folgen und sie verstehen, so wird uns das Buch seine Geheimnisse enthüllen. Sicherlich nicht alle, doch die meisten. Denn manches ist geheim und hat geheim – in Sinne von nicht publik – zu bleiben.

Im finanziellen und materiellen Bereich steht das Buch für gutes Geld und gesunde Materie. Auf alle Fälle ist in entsprechendem Rahmen eine Absicherung bzw. Sicherheit vorhanden, auch wenn es nach außen hin etwas weniger, etwas kleiner dargestellt wird. Es deutet auch auf deponierte oder festgelegte Werte wie angelegte Gelder oder Grundstücke, auch Domizile in anderen Ländern hin.

Bei Unternehmen, deren Firmenstrukturen etwas verschachtelt sind, zeigt das Buch nur an, dass es Geheimnisse gibt. Hier können auch Gelder in Scheinfirmen geparkt sein.

Befindet sich ein Unternehmen in einer Krise, kann es darauf hindeuten, dass trotzdem Geld vorhanden ist. Genaueres, ob es zurückgehalten wird oder woanders lagert, kann man aus weiteren Kombinationen ersehen.

Auf Job und Karriere bezogen heißt es einfach, dass es noch nicht spruchreif ist.

Vergessen wir nicht, das Buch präsentiert uns einen hellen Schein, hinter dem das Geheimnis verborgen ist.

Buch – Nr. 26, Karo 10 in Verbindung

Buch + Reiter
Durch eine dritte Person wird hier eine Nachricht übermittelt und es wird um ein geheimes Treffen gebeten, bei dem dann über Finanzielles geredet wird.

Buch + Klee
Die nicht publik gemachten finanziellen Aktionen laufen mit Glück für einen kurzen Zeitraum ganz gut. In der Regel sind es hier Spieleinsätze, die sich vermehren und die in kurzfristigen Geldanlagen, auch Aktiengeschäften nicht offen gelegt werden.

Buch + Schiff
Das Finanzielle ist gut ausgewogen, doch das befriedigt nicht. Hier denkt der Mensch oder auch das Unternehmen über ein neues Domizil, kann auch Firma sein, in einem anderen Land nach. Die Person wandert unter dieser Kombination noch nicht aus, doch ein Teil des zur Seite gelegten Geldes ist dafür vorgesehen.

Buch + Haus
Ein Unternehmen beabsichtigt den Kauf eines Gebäudes, möchte aber als Käufer nicht in Erscheinung treten.

Buch + Baum
Ein Verkauf eines großen Geländes geht unter der Hand weg. Stellen Sie sich das folgendermaßen vor: Einige Stadträte sitzen mit ein paar Großunternehmern am runden Tisch und schieben sich gegenseitig die besten Leckerbissen zu.

Buch + Wolke
Es fehlt der Glaube, man zweifelt, dass diese Geldanlage in internationalen Geschäften den erwünschten finanziellen Ertrag bringt.

Buch + Schlange
Klug, intelligent und raffiniert versucht eine ausgesprochen interessante Frau die geheimen finanziellen Machenschaften aufzudecken.

Buch + Sarg
Eine Offenlegung wird es hier nicht geben. Eine Firma, die nur als Weiterleitung fungierte und nur zum Geldtransfer benutzt wurde, hat sich jetzt in Luft aufgelöst, verabschiedet. Hier ist irgendwie alles Pleite, obwohl viel Geld im Durchlauf war.

Buch + Blumen
Das Werk, an dem der Mensch lange Zeit hinter verschlossenen, abgeschotteten Türen gearbeitet hat, wird innerhalb kurzer Zeit publik und er wird von den Kollegen/Kunden und auch Vorgesetzen reichlich beglückwünscht.

Buch + Sense
Verdeckte Ermittler sind hier dem Unternehmen/Selbstständigen oder auch Arbeitnehmer so nahe gekommen, dass ein möglicher Zugriff auf alle Konten, auch die geheimen, nicht auszuschließen ist.

Buch + Ruten
Scharfe Wortgefechte um das liebe Thema: Geld. Hier wird man zu beweisen versuchen, dass man sich sein Geld redlich durch Arbeit verdient hat. Nur der andere denkt, dass der Mensch »etwas zu verbergen hat« und bohrt weiter. Wer der misstrauische Fragesteller ist, findet sich in der Fortführung unter der Kombination: **Ruten + Buch**.

Buch + Vögel
»Die Spatzen werden es von den Dächern pfeifen« und die Nachbarn (andere Unterneh-

mer und auch Arbeitnehmer) sich ihre Mäuler zerreißen. Der Ort, das Dorf, die Stadt ist zu klein, um dieses Geheimnis zu bewahren. Vorsichtig formuliert könnte ich es als finanzielle Unterschlagung bezeichnen, doch bitte denken Sie daran, die Vögel sind auch Mobbing, Gerede, Klatsch, Getratsche. Deshalb könnte die Wahrheit in dieser Geschichte auch harmloser aussehen. Es ist leicht jemanden zu verurteilen, aber schwer ihn wieder rein zu waschen.

Buch + Kind

Obwohl hier einer Person von einem Unternehmen/Selbstständigen ein finanzieller Obolus vorenthalten wurde, wird mit der Vergangenheit Frieden geschlossen und verziehen. Hier wird ein Neuanfang in Glauben und Vertrauen versucht.

Buch + Fuchs

Die finanziellen Dokumente sind zu gut verschlossen oder nicht dort, wo der andere sie vermutet. Er findet nicht das, was er sucht.

Buch + Bär

Mit diplomatischem Geschick und im Sinne einer vorteilhaften Gerechtigkeit werden die Geldanlagen und geheim gehaltenen Besitztümer des Großunternehmers von den Behörden toleriert, solange sie nicht zu öffentlich werden.

Buch + Sterne

Wie viel Geld hier tatsächlich in das außergewöhnliche Medienspektakel geflossen ist, darüber wird geschwiegen. Es sind Projekte, die bereits Unsummen im Verhältnis zu der Größe des Unternehmens verschlungen haben.

Buch + Störche

Der geheime, mit gutem Geld versehene Arbeitsplatz wird in einigen Monaten verlegt und der Arbeitnehmer geht mit.

Buch + Hund

Hier wird eine abgeschirmte Unternehmensgruppe angezeigt, die schon lange sehr eng befreundet ist und ihre besten Geschäfte durch diese Freundschaften macht. Alle haben einen guten finanziellen Hintergrund und jeder deckt jeden.

Buch + Turm

Geheimnisse, Geld, Kapital und große Macht reichen aus, damit etwas totgeschwiegen wird, ein Name nicht mehr genannt, an etwas nicht mehr gerührt wird. Es ist, als ob man eine Situation, ein Stück Vergangenheit ungeschehen machen möchte.

Buch + Park

Scheu und verschlossen zeigt sich dieses Unternehmen, der Selbstständige in der Öffentlichkeit und wahrt zumindest den guten Schein.

Buch + Berg

Mit unbekanntem Ziel verreist, zumindest lange nicht mehr anwesend. Urlaub, Aussteiger oder nur einfach verschwunden. Man kommt nicht an die verantwortliche Person heran.

Buch + Wege

Alle Wege, die hier angegangen werden können, sind vom Verstand her ganz passable Entscheidungen und führen zu einigen Gesprächen, die wiederum erfolgversprechend aussehen.

Buch + Mäuse

Der Weg, der hier begangen wurde, wird vorübergehend gestoppt. Hier läuft etwas mehr als falsch. Auf alle Fälle hat es etwas mit Nichtloslassen-können zu tun. Von den abgezweigten Finanzen wurde Geld investiert, das durch eine Außeneinwirkung in ganz kurzer Zeit zu Null aufgefressen wurde.

Buch + Herz
Von dem Überfluss des Unternehmens, des Selbstständigen oder des Arbeitnehmers werden finanzielle Mittel für Spenden freigestellt.

Buch + Ring
In der nahen Zukunft eines Unternehmens/Selbstständigkeit wird ein Versprechen abgegeben bzw. in eine Verbindung eingetreten, die zu den Elitegruppen der marktführenden Wirtschaftszweige zählt. Die Mitgliedschaft wird nicht oder nur unwesentlich öffentlich bekannt gegeben.

Buch + Brief
Es erwartet Sie eine Nachricht, die zu Sorgen berechtigt. Es hat mit der nicht so ganz sauberen finanziellen Geschichte aus jüngster Zeit zu tun. Es riecht nach emotionaler Erpressung.

Buch + Herr
Ein Verantwortlicher aus dem Finanzmanagement der Firma nimmt seinen Hut und geht.

Buch + Dame
Diese Person ist so fasziniert von den finanziellen Transaktionen, dass sie wie hypnotisiert unter dem Bann der Finanzverwaltung und des Geldanlegens steht.

Buch + Lilie
Dies ist eine Geldverschiebung auf internationaler Ebene im großen Stil. Zumindest ist eine Seite hier bekannt und das sind die kirchlich sozialen Organisationen, die auch öffentlich genannt werden. Sie handeln in aller Offenheit und zum Wohl der Bedürftigen. Die anderen Beteiligten wahren ihr Inkognito.

Buch + Sonne
Dieses Unternehmen oder auch die Personen ziehen Geld an wie Magnete.

Buch + Mond
Mysteriöse Geldquellen, meist aus emotional belasteten Geschäftsbeziehungen gespeist, veranlassten die Person Sicherheitsdepots anzulegen.

Buch + Schlüssel
Mit Sicherheit wird die Vergangenheit abgegolten werden, und das mit Geld. Der andere hat versprochen, daraufhin das Geheimnis zu bewahren.

Buch + Fische
Die Sicherheitsrücklagen stecken in Investitionen, die sich finanziell lohnen. Es wird aber nicht darüber geredet, wohin das Geld verschwunden ist.

Buch + Anker
Die finanziellen Sicherheitsreserven sind längst in die Firma, das Unternehmen, die Selbstständigkeit geflossen und bringen derzeit wenig Ertrag. Ein Arbeitssuchender nimmt hier meistens den Job an, da seine finanziellen Reserven sich dem Ende zuneigen.

Buch + Kreuz
Die Erträge aus dem Sicherheitsdepotkonto werden vom Lebensbedarf aufgefressen. Das Grundkapital verringert sich drastisch.

Der Brief – Pik 7

Karte Nr. 27

Finanzielle, Materielle Bedeutung

- *Angebot und Nachfrage*
- *wechselhaft, unbeständig*
- *Werbung, Akquisition, kurze Verbindungen*
- *Geld: kurzfristige Zahlungsziele, Anweisungen, Bankauszüge, Bestätigungen, aber noch kein Geldeingang*
- *spontane Zu- oder Absagen*
- *wechselnde, kurzlebige Kontakte*
- *Informationszentrale aller Nachrichten*
- *Zeit – kurz, schnell, eilig, jetzt*

Der Brief zeigt uns im finanziellen und materiellen Bereich Angebote, Kontakte, Meinungsänderungen, Entscheidungen und Umentscheidungen an. Doch ein Kontakt, ein Brief, eine E-Mail, ein Telefonat deuten immer auf etwas Kurzes, Kurzlebiges hin. Daher steht er im finanziellen Bereich für Schnelligkeit, Stress, sich selbst unter Druck setzen. Man will Erfolg haben, jetzt sofort. Wir können diese Karte auch als Eile und den Wunsch, alles am besten schon gestern erledigt zu haben, bezeichnen: Hundert Dinge gleichzeitig zu tun und abends festzustellen, wie fertig man ist und wie wenig man geschafft hat.

Der Brief fordert uns dazu auf uns zu bewegen, Aktivität und Einsatz zu bringen, doch der Erfolg lässt zu wünschen übrig. Man führt z.B. eine Riesenmenge Telefonate, mit dem Ergebnis, dass man sich die Hälfte davon hätte schenken können. Hier wird alles sehr eilig gemacht und vieles ist überflüssig, da es morgen schon überholt ist. Unter dem Aspekt des Briefes können Unternehmen trotzdem viel Geld verdienen, doch so wie es hereinkommt, fließt es wieder heraus und sie sind deshalb doch knapp bei Kasse.

Der Brief steht unter dem Planeten Merkur und deutet daher auf Fülle, Geschwindigkeit und Vergänglichkeit der Informationen sowie der Finanzen und der Materie in rascher Zeitfolge hin. Die Kombination mit dem Brief besagt, dass es richtig ist unsere Aktionsfreudigkeit, Vitalität und Kraft einzusetzen.

Brief – Nr. 27, Pik 7 in Verbindung

Brief + Reiter
Eigentlich sollte hier dem anderen eine Absage erteilt werden. Das alles war schon gut formuliert. Doch ausgerechnet zum gleichen Zeitpunkt wird eine Information eingespielt, die die Absicht wieder aufhebt.

Brief + Klee
Das richtige Angebot zur richtigen Zeit wird ins Außen versandt. Es wird postwendend angenommen und bringt kurzfristig Erfolg.

Brief + Schiff
Die geplante geschäftliche Reise wurde zu kurzfristig zugesagt und muss verschoben werden.

Brief + Haus
Ein kurzes Gastspiel im Haus, der Firma ist angesagt von jemandem, mit dem es ab und zu schon kleine Missverständnisse gab. Hier wird eine feste Vereinbarung erwartet, was vom anderen entweder nicht gekonnt oder noch nicht gewollt wird.

Brief + Baum
Alle Jahre wieder flattern die gleichen Briefe, die gleichen Kataloge und die gleichen Weihnachtskarten in die Firma des Unternehmers oder des Selbstständigen. Bei dieser Kombination ist nur wenig Raum für Veränderungen übrig. Das betrifft auch Beförderungen oder Neueinstellungen.

Brief + Wolke
Diese Zweifel schriftlich auszuräumen bringt hier nur wenig Klärung und wird den Empfänger der Nachricht dazu veranlassen, alles noch genauer zu hinterleuchten. Eine klare Ausdrucksweise in einem persönlichen Gespräch ist bei diesem Gegenüber von Nutzen.

Brief + Schlange
Ein gut gemeintes Schreiben führt im geschäftlich beruflichen Bereich zu Komplikationen und Verwicklungen. Der Betreffende ist beleidigt. Er fühlt sich in seiner Kompetenz angegriffen.

Brief + Sarg
Jeglicher Schriftverkehr wird verweigert, eingestellt, kommt zum Erliegen. Die Person dahinter hat sich von einer schlechten Nachricht herunterziehen lassen.

Brief + Blumen
Das Spiel »alles oder nichts« – im Geschäftsleben nennt es sich »wer hat die besten Nerven?« oder »wer hat das beste Pokerface?« – hat funktioniert. Hier wird das gewährt, worum man gepokert hat.

Brief + Sense
Im Grunde genommen ist das Unternehmen oder der Selbstständige in guter körperlicher und seelischer Verfassung. Auf die Nachricht sollte hier sofort reagiert und sich umorientiert werden, denn das Spiel »alles oder nichts« hat diesmal nicht funktioniert. Es besteht die Gefahr, kurzfristig viel Geld ungewollt loszuwerden.

Brief + Ruten

Eigentlich nur Kleinigkeiten, Nichtigkeiten führen in diesem Unternehmen zu wiederholten Auseinandersetzungen, mit denen sich dann übergeordnete Stellen wie Rechtsabteilungen oder Inkassobüros befassen müssen.

Brief + Vögel

Das Gerede, Getratsche, Geklatsche ist nur sehr kurz und völlig irrational. Es verschwindet für alle Beteiligten so schnell wie der Wind.

Brief + Kind

Die schroffe, kurze Abfuhr, mit der die Person zurückgewiesen wurde, tut dem anderen Leid. Er bittet um Verzeihung und um einen Neuanfang.

Brief + Fuchs

Durch schriftlichen, nicht mündlichen Kontakt lassen sich kleinere Schwierigkeiten auflösen, doch ein falscher, misstrauischer Ton bleibt erhalten. Denn dem Inhalt des Schreibens wird nicht ganz geglaubt.

Brief + Bär

Nachrichten, die derzeit ein Unternehmen oder ein Selbstständiger an Behörden oder größere Institutionen verschickt, werden nicht bearbeitet, dauern ewig und gehen meist einfach unter.

Brief + Sterne

Eine sehr klare, sehr detaillierte Information lässt hoffen, dass sich alles zum Guten entwickeln wird. Eine Zusage ist dies noch nicht.

Brief + Störche

Die Nachricht oder das Angebot wirft alle Ihre Planungen über den Haufen. Denn der Zeitfaktor ist kurz und plötzlich überschlägt sich alles.

Brief + Hund

Das hier auftauchende Problem wird durch den Ratschlag eines guten Freundes oder Kollegen halb so schlimm wie angenommen.

Brief + Turm

Hier helfen auch keine endlosen Anfragen, Briefe, Telefonate oder sonstige Kontaktversuche: Die einmal getroffene Aussage wird streng nach Paragraph und Wortlaut interpretiert, bleibt so stehen und wird unveränderbar. Hier kann es sich um große Banken, Leasingfirmen, große Inkassounternehmen, Finanzamt oder große Konzerne allgemein handeln, solche, die als in dem Sinne unnahbar gelten.

Brief + Park

Schnelle vergängliche Nachrichten werden der Öffentlichkeit schriftlich mitgeteilt. Für einen Unternehmer oder Selbstständigen können dies Artikel sein, die in einer Tageszeitung – kurze Laufzeit – zur Verfügung gestellt werden.

Brief + Berg

Bei diesem »rüden« Umgangston ist es nicht weiter verwunderlich, wenn sich Hindernisse auftürmen und Frust entsteht. Ein bisschen Freundlichkeit lässt die Blumen blühen.

Brief + Wege

Dieses ganze Hin- und Hergeplänkel soll nun endlich zu Ende sein. Kurz und schmerzlos entledigt man sich einer Arbeitsbeziehung und entscheidet, von nun an einen anderen Weg zu probieren. Für ein Unternehmen oder einen Selbstständigen bedeutet es, dass man sich von einem Angebot oder auch einem bereits erteilten Auftrag trennt.

Brief + Mäuse

Schriftlich wird der Kontakt zu etwas abgebrochen, das dem Unternehmen/Selbstständigen oder dem Arbeitnehmer nicht so wichtig erscheint.

Brief + Herz

Durch eine ungewöhnliche Aktion des Unternehmens oder der Person treffen viele sehr herzlich gehaltene Briefe, regelrechte Dankesschreiben ein.

Brief + Ring

Durch kurze knappe Informationen ohne große Herzlichkeit werden hier Verträge eingegangen, die rational gesehen gute Aussichten auf einen reibungslosen Ablauf bieten.

Brief + Buch

Eine Nachricht, ein Angebot, kurz, knapp und bündig mitgeteilt, bringt überraschenden finanziellen Ertrag, den man nicht publik machen möchte. Das gilt sowohl für Unternehmen als auch für die Person. Was dies genau sein könnte, mögen Sie als Kunde bitte selber herausfinden. Hier kann es sich um geerbtes, geschenktes oder erspieltes Geld handeln. Desgleichen auch ein Kontoauszug mit guten Zinserträgen oder eine unverhofft hohe Auszahlung aus einem Konkurs, der nun abgeschlossen ist.

Brief + Herr

Ein Verantwortlicher der Firma/Selbstständigkeit ist gezwungen durch Gastbesuche neue Aufträge persönlich einzuholen. Ohne seinen Besuch kein Auftrag.

Brief + Dame

Die Stärke dieser Person ist die sprachliche Formulierung, schriftlich wie mündlich. Das, was der Mann unter **Brief + Herr** durch seine Präsenz zum Tragen bringt, erreicht sie durch ihre Stimme und Ausdrucksweise.

Brief + Lilie

Die Anfrage auf Stundung von Zahlungen, die das Bruttosozialprodukt der Volkswirtschaft wie z.B. Zölle, Umsatzsteuern, Krankenkassenbeiträge etc. sichern, wird vorerst nicht oder nur ganz schleppend beantwortet. Es ist eine Art ungutes, eisiges Schweigen.

Brief + Sonne

Diese Geschichte nimmt einen guten Verlauf. Sie treffen genau die beste Energiephase der anderen Person. Wohlwollend werden Ihre Ideen und Vorschläge angenommen und Sie können mit Erfolg rechnen. Vergessen Sie Ihr Magendrücken oder Ihre Misserfolgsgedanken, weg mit ihnen, sie stören hier und gehören nicht hierher. Diese Aussage trifft auf die Person oder auf ein Unternehmen gleichermaßen zu.

Brief + Mond

Selbst als Großunternehmer muss sich der Verantwortliche hier mit emotionalen Verletzungen und gedankenlosen Aussagen herumschlagen. Erstaunlicherweise finden er und sein Kontrahent eine gemeinsame Basis der Verständigung und sie können sich in der Mitte treffen.

Brief + Schlüssel

Mit Sicherheit ähnelt dieses neue Angebot einem finanziell ausgewogenen Geschäft, das dem Unternehmen oder auch der Person Ertrag bringt, aber nur vorübergehend.

Brief + Fische

Obwohl das Geld sich hier auf viele erdenkliche Arten und Weisen – brieflich, Schecks, Bankeingänge – vermehrt, ist es genauso schnell wieder weg. Rein! Raus!

Brief + Anker

Dieses Angebot sich stärker und verlässlich einzubringen, sei es im materiellen Bereich, Besitz oder Arbeit, ist unter dieser Kombination nicht dauerhaft.

Brief + Kreuz

Die Nachricht, die hier versandt wird, stimmt den Absender nicht unbedingt traurig. Sie ist von Vernunft und Logik geprägt und man ist freiwillig nicht länger bereit Unzulänglichkeiten zu ertragen. Für den anderen ist das nicht einfach.

Der Herr – Herz Ass

Karte Nr. 28

Finanzielle, Materielle Bedeutung

- *vom Beruf Sohn oder Tochter*
- *Geld, Kapital, Materie durch Absicherung aus der Familie vorhanden*
- *Job, Karriere: nur wenn Selbstverwirklichung den eigenen Neigungen entspricht*
- *Unternehmen: wird immer zu Geld kommen*
- *Berufe: repräsentativ und kreativ, wenn freie Entfaltungsmöglichkeiten vorhanden*
- *Verbindung von Intellekt und Geist*

Der Herr symbolisiert die Selbstverwirklichung durch das Ego und den Geist. Auch im finanziellen und materiellen Bereich ist es hier nicht anders. Er wird nur geben, wenn er eine Gegenleistung erhält, die seinem Ego schmeichelt oder seinen Geist beflügelt. Zum Beispiel hat ein Kunde bei dem Banker, der derzeit unter dem Aspekt des Herrn steht, sehr gute Chancen, wenn er elegant, mit einer gewissen Noblesse, Charme und einer geheimnisvollen Persönlichkeit sein Anliegen schildert, im Gegensatz zu jemandem, der abgehetzt bei ihm erscheint.

Der Herr wird in finanziellen und materiellen Angelegenheiten nichts tun, was seinem Lebensstil oder seiner Karriere schaden könnte, bis er den Erfolg verbuchen kann. Später, wenn er sich immer sicherer fühlt, beginnt er sich zu überschätzen, die Ausrutscher häufen sich und es kann hier auch zum Absturz kommen. In der Regel setzt er dann alle seine charmanten Waffen und seinen Willen ein, um kurze Zeit darauf wieder im warmen Nest zu sitzen. Dazu investiert er hauptsächlich in Liebe und neue Bindungen, nutzt die Gefühle anderer für seinen Erfolg. Symbolisch gesehen gleicht der Herr einer Managerfigur/position.

Seine wichtigste Aussagekraft erhält der Herr in der Kombination mit der nachfolgenden Karte. Darin enthalten sind Zusagen, Absagen, Verluste und Gewinne. Die Karte davor zeigt das an, wovon er sich abwendet und was ihn nicht interessiert.

Herr – Nr. 28, Herz Ass in Verbindung

Herr + Reiter
Der Verantwortliche erwartet freudig diese gute Nachricht, die ihm hier durch einen Boten überbracht wird. Es verspricht ein guter Tag zu werden.

Herr + Klee
Der Verantwortliche erwartet Glück und gutes Gelingen, er redet es förmlich herbei. Und es kommt.

Herr + Schiff
Als Verantwortlicher eines Unternehmens oder einer Selbstständigkeit wird hier beabsichtigt einen persönlichen Kontakt zu einem Geschäftspartner aus Übersee aufzubauen.

Herr + Haus
Ein Verantwortlicher des Unternehmens kehrt nach längerem Auslandsaufenthalt in sein Stammhaus zurück. Ein Arbeitssuchender könnte hier im Hauptunternehmen eine Anstellung erhalten.

Herr + Baum
Ein Verantwortlicher des Unternehmens setzt sich zur Ruhe. Der Platz, an dem er nun sein Leben verbringt, ist von der Firma weit entfernt.

Herr + Wolke
Ein Wirtschaftsprüfer wird beauftragt die undurchsichtige Strategie in der Firma zu analysieren.

Herr + Schlange
Eine intelligente, wirklich äußerst charmante Frau wird dem Verantwortlichen vor die Nase gesetzt. Aufgrund der logischen rational denkenden Gehirnhälfte des Mannes ergeben sich ganz schnell Konfrontationen und Verwicklungen und bald versucht die Dame ihn auszuschalten.

Herr + Sarg
Das Projekt, welches großen finanziellen Gewinn versprach, wurde vom Management in den Sand gesetzt. Anstatt eine Lösung zu erarbeiten, blieb man zu lange passiv und spielte »Vogel-Strauß-Politik«.

Herr + Blumen
Eine unverhoffte Freude, ein Erfolg von weiblicher Seite, mit dem der Verantwortliche nicht gerechnet hat, stellt sich ein.

Herr + Sense
Dem Verantwortlichen soll das Entgeld für seine geleisteten Dienste vorenthalten werden, zumindest wird es versucht.

Herr + Ruten
Ihrem bewussten Verstand und Ihrer Logik entspricht es derzeit, die Dinge anzufassen und in Ordnung zu bringen und Versäumnisse aufzuarbeiten. Als Verantwortlicher ist es hier eine schwere Bürde, die zu immer neuen Streitquellen führt.

Herr + Vögel
Plötzlich wird Ihnen sehr wichtig, was die Leute reden und denken und welche Auswirkungen dies auf Ihr Leben und auch auf die Firma haben könnte. Sie fühlen sich vom schlechtem Image beeinflusst.

Herr + Kind
Ein kleineres aber dafür besser gepflegtes Unternehmen bietet einem Verantwortlichen, der noch vertraglich gebunden ist, die Chance zum wechseln.

Herr + Fuchs
Jemand will Ihnen den besten Mann/Frau aus dem Unternehmen schamlos abwerben. Ein bisschen viel Ausreden und viel Schönreden erwartet Sie hier. Der andere verfolgt mit süßer Stimme seine eigenen Pläne. Fallen Sie nicht darauf herein. Es sind falsche Worte, die Ihr berufliches Leben erschweren.

Herr + Bär
Ein interessanter Posten in leitender verantwortlicher Position, so gut wie »dauerhaft« gesichert, und ein gutes Einvernehmen mit den Behörden garantiert hier ein schnelles berufliches Fortkommen. Das kann unter dieser Kombination alles von Botschafter, UNO- oder EU-Abgeordnetem bis hin zum Vorstandsmitglied der Rentenversicherungsanstalt sein.

Herr + Sterne
Die Zukunft erscheint Ihnen ganz klar, leuchtend, strahlend und unendlich groß und weit, denn das Unternehmen hat einen neuen klaren Kurs eingeschlagen.

Herr + Störche
Kurzfristig wird hier ein Verantwortlicher des Unternehmens als Vertretung in eine andere Niederlassung, Zweigstelle versetzt, dort ebensfalls in leitender Position.

Herr + Hund
Durch freundschaftliche Treffen in den richtigen Kreisen (Workshops, Seminare, Ausbildungszentren usw.) ergeben sich brauchbare Verbindungen.

Herr + Turm
Im oberen Managementbereich bedeutet es Arbeit und Verhandlungen im kleinsten Rahmen mit ausgesuchten Kunden. Diese Personen sind kaum für das Personal zu sprechen.

Herr + Park
Vom Beruf Sohn/Tochter: Der gesellschaftliche Rahmen bestimmt das Leben dieser Person und sie will es voll auskosten, sich zeigen und angenehm auffallen. Ein »Salonlöwe«.

Herr + Berg
Für den Verantwortlichen sieht die Zukunft mit einem Berg von Arbeit nicht verlockend aus. Das freie Leben ist zu Ende und statt »Schickimicki«, nur noch »Tick-Tock« von morgens bis abends. Der Verstand macht hier das Leben schwer, indem er erklärt: »Das schaffst du nie.« Ist hier aber zu schaffen.

Herr + Wege
Ein leitender Verantwortlicher streckt seine Fühler nach einer neuen gut bezahlten Position aus. Er wird hier den Weg des geringsten Widerstandes mit dem meisten Geld wählen.

Herr + Mäuse
Sorry, eine Stellenabsage nach der anderen. Der Glanz, die Qualifikation, der Ruhm, der Erfolg der Vergangenheit verliert sich in kurzer Zeit. Auch für den Unternehmer/Selbstständigen/Arbeitnehmer oder Arbeitssuchenden wäre es eine Absage nach der anderen.

Herr + Herz

Der richtige Verantwortliche findet den anderen als richtige Person für sein Vorhaben. Es geht leichter als gedacht, denn der Gefundene ist dankbar.

Herr + Ring

Diese vertragliche Bindung stellt für beide Beteiligten eine kompatible Partnerschaft dar. Dahinter steht volles Engagement und irdische Sicherheit.

Herr + Buch

Eine verantwortliche Person sucht heimlich nach einer neuen Karrieremöglichkeit. Nach außen zeigt sie eine charmante, elegante Maske und lässt niemanden hineinblicken. Sie denkt verstandesgemäß, dass Sie sich das nicht erlauben könne. Hier ist eine Affinität zu viel Geld vorhanden.

Herr + Brief

Kurzfristig und überraschend wird hier die Kündigung zugestellt. In einer Managerposition wäre es eine fristlose Kündigung mit Freistellung.

Herr + Dame

Irdisch gesehen hat man den zweiten dazupassenden Geschäftspartner gefunden. Einer spornt den anderen an und man arbeitet mit Verständnis, Akzeptanz, Toleranz und persönlicher Nähe aneinander und an gemeinsamen Aufgaben.

Herr + Lilie

Gleichgültig wie sehr man sich anstrengt und wie überzeugend der Verantwortliche auch reden kann, hier wird er nur hingehalten, verschoben, auf die Warteliste gesetzt, vertagt und vertröstet. Das Geschäft kommt nicht zustande.

Herr + Sonne

Diese Kombination ist wunderbars: Herz Ass und Geld Ass (Karo). Ein gutes, interessantes, lebendiges Berufsfeld, Unternehmen und auch aktives Leben. Hier wird instinktmäßig – vom Urinstinkt – auf eigene Kraft und Energie gesetzt, um das erfolgreiche Gelingen auf allen Ebenen zu gewährleisten.

Herr + Mond

Hier wird eine Art Kontrolle durch sehr charmante, kluge, rhetorisch und psychologisch begabte Personen über das nächtliche Gewerbe ausgeübt. Es kann sich auch um eine normale seriöse Nacharbeit handeln, die trotzdem den Bezug, wenn auch im weitesten Sinne zum »Rotlichtmilieu« aufweist. Eine Stellenzusage wäre es nur, wenn eine selbstbewusste Person, kann in dem Fall auch weiblich sein, im Nachtgewerbe tätig werden möchte. In dem Bereich wären die Finanzen auch in Ordnung.

Herr + Schlüssel

Die verantwortliche Person hat eine verpflichtende Zusage erteilt. Daran wird sich nichts ändern.

Herr + Fische

Objekte, die sich nicht lohnen oder gut rechnen, werden hier nicht angefasst. Ausschlaggebend ist das Finanzielle und nicht Verpflichtung oder Gefühle. Hier kommt Geld zu Geld.

Herr + Anker

Hier läuft etwas schief, denn auf diese Person

kommen entgegen seinem vorherigen Leben magere Zeiten zu. Das gleiche gilt analog für ein Unternehmen/Selbstständigen oder einen Arbeitnehmer.

Herr + Kreuz

Das, was hier auf den Menschen zukommt, ist eine alte Bürde, Last (Verantwortung übernehmen für etwas, was schon lange Jahre von anderen getragen wurde). Um was es sich genau handelt, kann mit weiteren Karten erfragt werden. Das kann zum Beispiel sein: einen familiären Betrieb zu übernehmen, Haus oder elterlichen Hof, Eintritt in den elterlichen Betrieb. Auf alle Fälle handelt es sich um etwas, bei dem bereits der Gedanke daran als Last oder Bürde empfunden wird.

Wissenwertes über Herr und Dame

Die Dame sowie der Herr sind im Lenormand Deck immer die Karten, die sich auf die innere und äußere Persönlichkeit des Menschen beziehen. Sie stehen in erster Linie für die Psyche, für die Emotionen und die Handlungen der Personen. Dabei ist es gleichgültig, ob Sie nach Besitz, Geld, Beruf, Liebe oder Spiritualität fragen. Näheres auf Seite 141.

Noch eine kleine Besonderheit: Nehmen wir an, Sie haben sich ein großes Blatt mit 36 Karten oder das kleine Blatt mit 15 Karten ausgelegt. Sie als Dame, wenn die Fragestellerin weiblich ist oder der Herr, wenn der Fragesteller männlich ist, liegen auf einem der ersten vier Kartenplätze.

Es gilt, je näher die Personenkarte an dem Kartenbeginn zu liegen kommt, desto selbstbestimmter agiert die fragende Person in ihrem Leben.

Desto später sie in den Karten erscheint, desto weniger hat sie selber Einfluss auf das Geschehen in ihrem Leben.

Sollte sie z.B. in einem kleinen Blatt mit 15 Karten nicht erscheinen, so bedeutet es, dass sie kaum in der Lage sein wird, den Ablauf ihres Lebens im nächsten Jahr oder den dafür bestimmten Zeitraum zu verändern. Wir benennen einen derartigen Durchlauf als Wiederholung einer Zeitschleife, die dann irgendwann zu Ende geht.

Sie und ich, wir wissen, dass es für alles die richtige Zeit gibt. Menschen tun und machen, sie versuchen alles, doch es verändert sich kaum etwas. Und plötzlich von einem Tag zum anderen fangen die Angelegenheiten an zu gelingen und lang gehegte Träume werden wahr. Ja, dass war der richtige Zeitpunkt, hören wir uns oft im Nachhinein sagen und sind glücklich. Vergessen ist die Warterei.

Die Dame – Pik Ass

Karte Nr. 29

Finanzielle, Materielle Bedeutung

- *Orientierung an Vorbildern, Leitmotiven, statistischen Werten, berechenbaren Hoch- und Wahrscheinlichkeitszahlen*
- *Wiederholung und Verbesserung vergangener Erfolge und Gewinne*
- *Job, Karriere: großer Erfolg, wenn es mit Ihren Idealen übereinstimmt, ansonsten Erfolg durch sozialen Status und Ihr Auftreten*
- *Selbstständigkeit: weiß sich immer zu helfen*

Das Prägnante am Kartenbild der Dame ist, sie weiß sich immer zu helfen, sie weiß genau, was sie will. Sie steht als Symbol für die Selbstverwirklichung unseres inneren Ich-bin. Sie will aus sich selbst heraus, aus ihrer Seele und aus ihrem Geist ein Optimum in diesem Leben erreichen. Sie ist lernfreudig, aufgeschlossen und progressiv. Ihr Gefühl, ihre Intuition und ihr inneres Wissen werden nur eingesetzt, wenn es zwingend notwendig ist. Ansonsten verlässt sie sich auf ihren Verstand, ihren Intellekt und ihre Intelligenz.

Durch ihr klares, logisches Denken und ihre strukturierte, zielgerichtete Art kommt sie meistens im irdischen Leben wunderbar zurecht und findet ihre Selbstverwirklichung in dem Geschäft, in dem sie tätig ist. Sie kann ein großes Unternehmen genauso führen wie eine kleine Selbstständigkeit oder neben ihrer Hausfrauentätigkeit einen 400-Euro-Job haben. Alle von ihr eingereichten Unterlagen, Präsentationen oder geschäftlichen Gespräche sind top, denn sie strahlt in der Regel eine natürliche Kraft und Stärke aus, die auch durch den sozialen Status dieser Dame gesichert ist.

Ihre stärkste und zugleich wichtigste Aussagekraft erhält die Dame in der Kombination mit der nachfolgenden Karte. Darin wird gezeigt, wie sie in der Lage ist, die finanziellen und materiellen Bereiche in der Zukunft zu handhaben.

Dame – Nr. 29, Pik Ass in Verbindung

Dame + Reiter

Diese Person ist immer dermaßen beschäftigt, dass es Mühe macht, ihr die guten Nachrichten zukommen zu lassen.

Dame + Klee

»Früher war das alles anders, alles besser« könnte hier ein sehr beliebter Spruch sein, der aber nur eine Illusion ist. Diese Dame schaut lieber zurück als in die Zukunft. Besonders, wenn sie diese nicht berechnen kann und sich wie hier auf ihr Glück verlassen soll.

Dame + Schiff

Hier wird der Urlaub, Traumurlaub oder auch eine geschäftliche Traumreise verschoben. Daran schuld sind selbst auferlegte Regeln und Beschränkungen wie: »Das kann ich doch nicht tun. Ohne mich geht hier doch alles drunter und drüber«.

Dame + Haus

Auch in naher Zukunft fehlt die Anerkennung in der Arbeit und im beruflichen Bereich, obwohl sich hier immer mehr engagiert wird.

Dame + Baum

Der letzte Erfolg ist schon eine Weile her und das berufliche Leben verläuft in naher Zukunft in normalen Bahnen, was die Person manchmal als langweilig und eintönig empfindet.

Dame + Wolke

Eine ziemlich harte Kontroverse. Der andere Partner, vielleicht auch Chef, kann sagen, was er will. Es kommt nicht an. Man huldigt der eigenen Überzeugung und vertritt sie mit fast religiösem Fanatismus. Und von den Gewitterwolken, die hier aufziehen, will auch keiner etwas wissen.

Dame + Schlange

Die Einstellung einer verantwortlichen Person zur Gestaltung der beruflichen Laufbahn deutet auf einen Realitätsverlust hin. Der kluge Rat von den Mitarbeitern wird ignoriert. Die Vernunft darin nicht anerkannt und Verwicklungen erschweren den Umgang.

Dame + Sarg

Obwohl oder vielleicht weil materielles Auskommen vorhanden ist, will der Verantwortliche hier nicht nach vorne blicken. Es wird sich weder um eine Neueinstellung noch um eine neue Firma bemüht, mit der man zusammenarbeiten kann.

Dame + Blumen

Ob Sie wollen oder nicht, über Nacht wird Ihnen ganz plötzlich eine neue berufliche Aufgabe geboten, die Ihren Qualifikationen entspricht.

Dame + Sense

Die Vorstellung, dass es im beruflichen Bereich wieder so lebendig, so spritzig sein könnte wie damals . . . dieser Traum ist ausgeträumt. Es wird interessant, es kribbelt wieder, man steht unter Strom, doch das nur für kurze Zeit. Es wird kein neuer Dauerzustand werden.

Dame + Ruten

Die berufliche Zukunft erscheint mühselig.

Denn es gilt die Vergangenheit abzuschließen und neu zu lernen. Es dauert eine Weile, bis alles zum guten Ende kommt.

Dame + Vögel

Vom vielen leeren Gerede und zahllosen Versprechen, beruflich sowie finanziell, ist man bedient und zieht sich innerlich in eine Traumwelt zurück. Man will seine Ruhe haben und macht »Dienst nach Vorschrift«.

Dame + Kind

Wenn die jungen Mitarbeiter nicht wären, die sich voll auf Sie verlassen, gäbe es diese berufliche Partnerschaft schon längst nicht mehr. Es verhindert ein völliges Ablösen.

Dame + Fuchs

Hinter Ihrem Rücken wird geredet und gehetzt. Doch anstehender Kummer, eventuell kommende Sorgen oder Feinde wie Neider werden hier gar nicht wahrgenommen. Sie verschwinden so, wie sie gekommen sind, denn die intellektuelle Seite in diesem Menschen beachtet sie nicht.

Dame + Bär

Hier wird die Person auch im beruflichen Umfeld in ihren Wünschen respektiert, ihre Handlungen toleriert und sie selbst wird eher mit Nachsicht behandelt, so ähnlich wie man mit einem Kind umgeht. Sie fühlt sich geborgen und beschützt. Sie wird durch einen starken »Chef« gedeckt. Das Wort »Chef« kann hier auch durch Eltern, Behördenträger, Glauben oder Gott ersetzbar sein.

Dame + Sterne

Dass sich diese beruflichen Träume verwirklichen, die der andere anbietet, daran glaubt sie nicht recht. Sie erscheinen ihr zu utopisch. Sie baut auf das, was sie mit Verstand und Logik erreichen kann und bleibt fest auf der Erde.

Dame + Störche

Nein, die Dame des Hauses will im beruflichen Bereich keine Veränderung in ihrem sozialen Status. Es soll so bleiben, wie es ist. Sie hat schon genug Veränderungen hinter sich gebracht.

Dame + Hund

Das hier entgegengebrachte berufliche Vertrauen und die Hilfsbereitschaft wird von der Verantwortlichen nicht entsprechend gewürdigt. Sie nimmt die treue Freundschaft, die Wärme und Geborgenheit als selbstverständlich hin. So unter dem Motto: »Ich muss nur Biörn anrufen, der kommt auch mitten in der Nacht . . .« Auf alle Fälle ist hier jemand da, der ihr den Rücken freihält und sie beruflich machen lässt.

Dame + Turm

Dieses neue berufliche Engagement im Glaspalast entspricht nicht Ihren Plänen und Zielen. Sie fühlen sich dafür entweder nicht qualifiziert genug oder Sie befürchten, zu einsam zu werden oder es nicht zu schaffen.
Anm. der Autorin: Vergessen Sie alle Vorurteile und Ihre Vergangenheit, es wäre zu schaffen, denn Sie sind eine starke Person.

Dame + Park

In naher Zukunft wird das gesellschaftliche Leben, auf das vorübergehend verzichtet werden musste, durch berufliche Aktivitäten wieder aufgenommen werden. Vorabbesuche, Treffen finden hier statt.

Dame + Berg

Gleichgültig, welche Veränderungen oder Verbesserungen Sie vorschlagen, die beruflichen Partner haben weiß Gott ein Brett vorm Kopf. Sie kapieren nichts, verhalten sich kleinkariert und blockieren, und Sie wollen am liebsten nicht mehr hingucken.

Dame + Wege

Einer der beruflichen Partner hat ausgerechnet jetzt die Entscheidungsfragen satt. Er will keine neuen Veränderungen, die schon wieder ein Umrechnen des Budgets beinhalten. Er will den alten Zustand behalten und klammert sich ziemlich daran fest. Hier wird über die Verhältnisse gewirtschaftet.

Dame + Mäuse

Ein Mitarbeiter wird in seinem Intellekt so bloßgestellt und niedergemacht, dass er beschließt, von nun an einen anderen Weg zu gehen. Den Verursacher interessiert das nicht.

Dame + Herz

Aus einem ehemaligen Mitarbeiter- oder Kollegenkreis stehen in naher Zukunft sehr herzlich gehaltene Kontakte an. Das muss sich hier nicht umbedingt um Ehemalige handeln, sondern es können auch Personen aus z.B. einer anderen Filiale sein, bei der man selbst eine Zeit lang beschäftigt war und herzlichen Kontakt aufgebaut hatte.

Dame + Ring

Aus alten Verbindungen, von denen jetzt Abschied genommen werden muss, ist ein neue vertragliche Regelung für eine irdisch gesicherte Existenz zustandegekommen.

Dame + Buch

Geheimnisse passen einem der Partner hier überhaupt nicht, und vor allen Dingen nicht, wenn sie mit Geld oder mit beruflichen Aufstiegschancen zu tun haben. Man selbst will sich davon ebenfalls distanzieren.

Dame + Brief

Von diesem Angebot, dieser alten Last, will niemand etwas wissen. Das interessiert nicht und muss wieder verschwinden.

Dame + Herr

Beide der verantwortlichen Herrschaften orientieren sich hier beruflich anderweitig. Sie kommen sich auch nicht in die Quere und wissen von den Plänen des anderen.

Dame + Lilie

Der Verantwortliche soll beruflich »kaltgestellt« werden.

Dame + Sonne

Mühelos und leicht werden hier berufliche Erfolge gelingen. Für die nächste Zeit ein Dauerzustand.

Dame + Mond

Beruflich läuft es derzeit nicht so, wie man es sich wünscht. Man kann es nicht wirklich benennen, von was man gehindert oder behindert wird. Es sind mehr Ahnungen aus dem Innern heraus.

Dame + Schlüssel

Durch eigene Selbstsicherheit hat man erreicht, dass der berufliche Partner hundertprozentig zu seiner zugesagten Verpflichtung/ Verbindung steht, ebenso wie zu seinem wie auch immer formulierten Versprechen.

Dame + Fische

Im beruflichen Bereich wurde hier vorher schon gutes Geld verdient. Die Person kennt ihren Wert und kann sich gut verkaufen. Und außerdem wird sie in einer verantwortlichen Position der Firma wieder gutes Geld einbringen. Trotz der Karte »Die Fische« sind hier nur wenig Emotionen vorhanden, sondern eher schnelles, zielgerichtetes Handeln und extreme Stressbelastbarkeit.

Dame + Anker

Dieser Arbeitsballast ist leider nicht abzuschütteln und ohne vergnügliche Stunden, auch in die Vergangenheit, würde die Verantwortliche schier verzweifeln. Was hier ein Weggehen verhindert, ist überwiegend das soziale Umfeld.

Dame + Kreuz

Gleichgültig wie viel Herz, Verstand, Intelligenz oder Willen im beruflichen Sektor hier eingesetzt wird, auf längere Sicht gesehen ist es zum Scheitern verurteilt. Was heute nicht klappt, das klappt morgen auch nicht! (Abteilung nicht zu halten, Firma besteht den Überlebenskampf nicht, Produktlinie veraltet, Konkurrenz entsteht nebenan etc.). Selbst wenn das Kreuz wie hier neben der Dame liegt, so kann es trotzdem noch Jahre dauern, bis die verfahrene Situation sich endgültig auflöst. Doch bis dahin gibt es auch Gutes.

Wissenwertes über Herr und Dame

Die Dame sowie der Herr sind im Lenormand Deck immer die Karten, die sich auf die innere und äußere Persönlichkeit des Menschen beziehen. Sie stehen in erster Linie für die Psyche, für die Emotionen und die Handlungen der Personen. Dabei ist es gleichgültig, ob Sie nach Besitz, Geld, Beruf, Liebe oder Spiritualität fragen.

Die inneren Reaktionen wie Sympathie oder Antipathie bestimmen, diktieren und dominieren auch im geschäftlichen Bereich unsere Gepflogenheiten im Umgang miteinander. Sie treiben uns so weit, dass wir bei einer Angelegenheit den Rechtsanwalt einschalten und es bei einer ziemlich identischen stattdessen mit einem »Ja, ist schon gut, wir vergessen die Angelegenheit« belassen.

Wenn Sie mit sich selbst Karten legen und z.B. fragen würden, ob Sie einen neuen Job erhalten, und die Dame oder der Herr fällt in Ihre Reihe, so sehen Sie sich die oder diese beiden genauer an.

Ist es die Dame, so trauern Sie Ihrem alten Job mehr nach, als Ihnen vielleicht bewusst ist. Öffnen Sie sich dem Neuen, denn es wird anders sein als das Alte.

Fällt der Herr heraus, so suchen Sie eher nach einem etwas lebendigeren Job. Sie sind schneller bereit sich zu verändern, neugieriger auf Neues, mögen nicht so sehr starre Regeln oder Konventionen.

Die Lilie – Pik König

Karte Nr. 30

Finanzielle, Materielle Bedeutung

- *kirchliche, religiöse Einrichtungen (1)*
- *kirchlich soziale Organisationen (2)*
- *Geld vorhanden, selten Offenlegung*
- *Job, Karriere: Zusagen nur wenn Punkt eins und zwei im Spiel sind, ansonsten liegt die Bewerbung, Beförderung auf Eis*
- *Selbstständigkeit/Unternehmen in den Anfangsjahren: nur äußerer scheinbarer Friede*
- *Ältere Unternehmen: stabil aber dogmatisch*

Wer in der Position der Lilie ist, dem geht es zumindest im finanziellen und materiellen Bereich fast immer gut. Diese Person hat etwas zu sagen. Sie hat die Macht, ist aber auch eingebunden in vorgegebene Strukturen, nach denen sie die Entscheidungen zu treffen hat.

Hier werden Sie kaum auf Gefühle treffen, wenn es darum geht einen Kredit, ein Darlehen, eine Hypothek oder Investitionsgelder für Ihr Unternehmen zu erhalten. Hier wird nach den Buchstaben des Gesetzes und der Rückzahlungsgewährleistung entschieden. Hilfe oder Menschlichkeit ist nicht zu erwarten. Es verhält sich eher so, dass zum Beispiel eine Bank bereits den Regenschirm einzieht, noch bevor es begonnen hat, zu tröpfeln.

Die Lilie demonstriert nicht nur Macht, sondern sie präsentiert sich in der Person oder einer Angelegenheit oft kühl, unnahbar, unzugänglich und unerreichbar mit einem überzogenen Selbstbewusstsein, und die anfragende Person fühlt sich weder gesehen noch gehört. Sie wird einfach in eine Schublade gesteckt und vergessen.

Viele Angelegenheiten liegen hier auf Eis, je nachdem, was Sie wissen wollen. Es kann zum Beispiel ein Prozess sein, der nicht vorwärts und nicht rückwärts geht, oder Sie erwarten Geld, welches einfach nicht kommt, oder eine Unterschrift. Ebenso Erfolg, der sich trotz aller Planungen und Berechnungen nicht einstellen will. Auch Aufträge bleiben aus, obwohl sie versprochen waren.

Lilie – Nr. 30, Pik König in Verbindung

Lilie + Reiter
Im beruflichen Bereich werden die Nachrichten an den Verantwortlichen überbracht, doch dieser behält die Informationen für sich.

Lilie + Klee
Kurzfristig sieht es so aus, als ob das Unternehmen, der Verantwortliche etwas leichter zugänglich wäre. Doch die Phase geht schnell wieder vorbei.

Lilie + Schiff
Distinguierte, sehr seriöse Personen, »saubere Weste«, «steifer Kragen« reisen zu einem Treffen, welches in ähnlicher Art schon einige Male stattgefunden hat.

Lilie + Haus
Das Unternehmen wird eher durch die leitenden Verantwortlichen als durch den Eigentümer selbst geführt. Trotz seiner Stabilität und seiner neuen Erfolge behält es die Richtlinien aus der Gründerzeit bei, die derzeit warme, herzliche und freie Entwicklungen fast unmöglich machen.

Lilie + Baum
Diese Firmenstruktur, hier auch Arbeitsplatz, gleicht einem langweiligen, freiwilligen Gefängnis. Das Materielle und das Ansehen in der Gesellschaft ist ausreichend, doch Entwicklungsmöglichkeiten und Aufstiegchancen sind nur beschränkt vorhanden.

Lilie + Wolke
Ein Entrinnen und Ausbrechen aus diesem starren beruflichen System ist nicht möglich. Die ständigen Zweifel machen für den Fragenden die Situation fast unerträglich. Außer einer Menge ungeklärter Fragen ist da nichts.

Lilie + Schlange
Mit Diplomatie würde man hier viel weiter kommen als mit der Kälte des Verstandes. Denn einerseits versteht hier der Arbeitnehmer, weshalb der Chef so reagiert, wie er reagiert. Doch ihm gefällt das nicht, und er ist bereit an den starren Dogmen zu rütteln, bis er sich als Gleichwertiger anerkennt fühlt. Der Arbeitnehmer will hier dazugehören und nicht außen vor sein.

Lilie + Sarg
Ein sehr dicker, fetter, mit hohem Gewinn versehener Auftrag wird zurückgestellt. Er steht vorläufig auf Warteposition. Für einen Arbeitssuchenden bedeutet es auch eine Vertröstung auf später. Sollte es sich um eine Beförderungs- oder sonstige Arbeitnehmeranfrage beim Chef handeln, so wird diese verweigert.

Lilie + Blumen
Durch das Einlenken und die wieder bereitwillige Mitarbeit der Belegschaft wird hier das Unternehmen auf eine veränderte Basis gestellt. Ein Optimum an Lebensfreude, Vitalität und Erfolg wird erreicht.

Lilie + Sense
Die Auszahlung des dem Arbeitnehmer zustehenden Lohns ist in der nächsten Zeit gefährdet. Die Finanzleitung, die Verantwortlichen hüllen sich in Schweigen. Diese hier übliche Distanziertheit erschwert den Prozess des Einforderns.

Lilie + Ruten
Diese Firma weiß sehr wohl, wie sie mit Rechtsstreiten umzugehen hat. Die Verschleppungstaktik und das nicht richtige Herankommen an die Verantwortlichen erschweren das weitere Vorgehen.

Lilie + Vögel
Dieses Unternehmen bzw. seine Verantwortlichen spielen die Gegner/Auftragnehmer/Arbeitnehmer durch geschickte Publicity gegeneinander aus.

Lilie + Kind
Gleichgültig, wie sehr die Person hier in der Vergangenheit verletzt wurde, wenn der Arbeitgeber ruft, wird sie da sein.

Lilie + Fuchs
Hinterlistig und scheinheilig wird dem Unternehmer oder den Verantwortlichen ein Angebot unterbreitet. Da dieses Angebot nicht ganz sauber ist, könnte man in Zukunft damit erpresst oder unter Druck gesetzt werden.

Lilie + Bär
Eine kirchliche, soziale oder religiöse Veranstaltung **steht unter »göttlichem Schutz.«** Wenn Sie Atheist sind, finden Sie diesen Ausdruck vielleicht sonderbar, aber trotzdem trifft er zu. Gleichgültig, was hier in irgendeiner Art und Weise angedroht wurde, es wird nicht passieren.

Lilie + Sterne
In dieser Kombination steht der Mensch als Arbeitssuchender nicht mehr dem Markt zur Verfügung. Er lebt in seiner eigenen Welt. Wohingegen ein Arbeitnehmer den nächsten Karriereschritt machen könnte. Ein kleines bis mittelgroßes Unternehmen hat Erfolg durch traditionelle Werte. Wahrscheinlicher ist, dass diese Kartenkombination eher für die Großunternehmen, für die wenigen Mogule der Film- und Medienwelt steht. Sie haben hier immer neue Erfolge aufzuweisen, die Ruhm und Ehren bringen.

Lilie + Störche
Die Entscheidung ist gefallen. Ein Teil des alteingesessenen Unternehmens wird in eine weiter weg gelegene Stadt oder auch in ein anderes Land verlagert, wobei der Heimatort eine feste Basis bleibt. Diese Veränderung ist hier durch sozial günstige Bestimmungen des neuen Standortes beeinflusst worden. Z.B. niedrigere Löhne und soziale Abgaben.

Lilie + Hund
Auch wenn hier pausenlos leere Versprechungen gemacht würden und nur von der Hoffnung gelebt werden müsste, wären diese guten, lieben, treuen Mitarbeiter/Freunde mitunter bereit, ihr Leben in den Dienst dieser Sache zu stellen. Als Arbeitssuchender oder Besucher kommen Sie mit keinen noch so guten Tricks an der Sekretärin des Verantwortlichen vorbei.

Lilie + Turm
Was sich hier im Gefilde alter Traditionen, Politik, Geld und Macht abspielt, wird vor den Augen der Öffentlichkeit verborgen, hermetisch abgeriegelt. Für Selbstständige, kleine bis mittlere Unternehmen, Arbeitnehmer und auch Arbeitssuchende bedeutet diese Kombination ein Nein auf ihre Fragen.

Lilie + Park

Ein »Unternehmerverband« – so könnte man es am besten bezeichnen – bestehend aus sehr distinguierten Herren trifft sich in einer halböffentlichen Zusammenkunft. Eine genau geplante Strategie für die Zukunft wird vorgelegt.

Lilie + Berg

Ein ernst zu nehmender Konkurrent sitzt genau vor der Nase des alteingesessenen Unternehmens. Als Konkurrent wird er nur bezeichnet, weil er so stur ist und seinen Platz nicht räumen will.

Lilie + Wege

Diese alte Organisation ist derzeit bereit sich neuen Alternativwegen zu öffnen. Sie strebt eine zeitgemäße, vernünftige marktwirtschaftliche Anpassung an.

Lilie + Mäuse

Das alte erstarrte System wird marode, nicht länger leistungsfähig und vom zukünftigen Fortschritt überrollt. Es hört auf zu existieren.

In der weiteren Kombination mit:

Lilie + Mäuse + Kreuz

bedeutet es einen Konkurs, der durch den Fortschritt und den Zerfall der alten Werte verursacht wurde.

Lilie + Herz

Das sozial arbeitende Unternehmen organisiert einen Hilfstrupp. Personal wird benötigt und viele freiwillige Hände. Als Selbstständiger oder klein- bis mittelständischer Unternehmer werden derzeit viele Ihrer Anfragen mit spontanen Zusagen bedacht.

Lilie + Ring

Tradition »heiratet« Besitz und Macht. Das besagt nichts anderes, als dass je nach Ansehen des Fragenden oder des Unternehmens jetzt Langzeitbindungen und lebenslang angelegte Verträge zustande kommen. Diese Verbindung hat den Zweck, mit ethisch reinen, klaren, sauberen Richtlinien bis zum Lebensende zu halten. Ob es sich so gestalten lässt, werden die Karten der Zukunft offenbaren. Hier ist nur die Absicht erkennbar.

Lilie + Buch

Eine fanatische, religiöse, geheim gehaltene Gruppe mit viel Geld operiert aus dem Verborgenen. Der Verantwortliche scheut das Rampenlicht. Diese Kombination ist verschlossener und noch weniger durchlässig als früher der Eiserne Vorhang und gilt als fast nicht existent.

Lilie + Brief

Ein abschlägiger Beschluss/Bescheid einer sozialen Organisation oder staatlichen Einrichtung wird Sie erreichen. Die Anfrage hatte keine Chance auf Gehör.

Lilie + Herr

Ergebnislos zieht ein Verantwortlicher wieder von dannen. Sein Vortrag scheiterte an der Uneinsichtigkeit der Instutition. Auch ein Arbeitssuchender würde hier keinen Job erhalten.

Lilie + Dame

Überraschenderweise sympathisiert einer der Verantwortlichen mit der Unternehmensseite, obwohl er vorher den Anschein erweckte auf Arbeitnehmerseite zu stehen. Seine Anstellung ist gesichert. Ein Job oder eine Beförderung wäre hier zu erreichen, wenn a) nach dem Mund geredet wird und b) die äußere Verpackung stimmt.

Lilie + Sonne

Eine steile Karriere, ein großer öffentlicher Erfolg: Fernsehübertragung von Hilfseinsätzen oder offiziellen Kirchenfeiern, vielleicht auch ein guter Abschluss, das kommt ganz darauf an, was Sie wissen wollten. Als Person werden Sie anerkannt, haben Erfolg und Ihre geheimen Wünsche erfüllen sich über die Maßen.

Lilie + Mond

In den Abend- und Nachtstunden wird durch Personen, die im allgemeinen unnahbar und kühl oder auch harmlos scheinen, ein verborgenes, nicht ganz sittenstrenges Gewerbe kontrolliert.

Lilie + Schlüssel

Mit Sicherheit gibt es hier eine Institution, die Personen für den Sicherheitsbereich ausbildet und einsetzt. Außer finanzieller Sicherheit wäre nicht viel zu erwarten.

Lilie + Fische

Finanzielles und Materielles ist vorhanden, und Geld vermehrt sich, ohne dass der Betreffende noch etwas dafür tun muss. Aufstiegschancen im beruflichen Bereich werden hier mit Erreichen der Zielsetzung durch die Firma fällig.

Lilie + Anker

Diesen Arbeitsplatz, so werden Sie im Nachhinein sagen, den hatte ich mir anders vorgestellt. Zu viel Arbeit, zu viele Pflichten, zu wenig Rechte und gewürdigt werde ich als Persönlichkeit überhaupt nicht mehr. Für sozial arbeitende Personen oder Arbeitssuchende gilt: Augen auf, bitte schön, Workaholic im Anmarsch.

Lilie + Kreuz

Eine der Belastungen im beruflichen Sektor nimmt bald ein Ende. Der Partner, der ständig seine Macht missbrauchte und den anderen seinen Willen aufzwang, wird seine Macht verlieren. Obwohl die Betroffenen es längst hätten ändern können, sahen sie sich nicht in der Lage die Konfrontation durchzustehen. Es ist wie ein schicksalsmäßiges Aussitzen einer Situation und ein Warten auf die Erlösung.

Die Sonne – Karo Ass

Karte Nr. 31

Finanzielle, Materielle Bedeutung

- *lebendige, turbulente Selbstständigkeit*
- *gesunder, guter Familien- bis Großbetrieb*
- *Auftragslage gut, Gehälter gut*
- *lange Anstellungszeiten*
- *gewachsene Belegschaft*
- *Lebensfreude, Aktivität, Neugier*
- *Energie – Kraft – Wille – Erfolg*
- *bewusstes Leben in Gemeinschaft*
- *Zusagen werden gehalten*

Wie in allen Bereichen stellt die Sonne auch im Finanziellen und Materiellen für uns Menschen die Quelle des Lebens dar, ein gesundes und energievolles Leben in unserer Welt.

Für den geschäftlichen Bereich ist sie eine der gesündesten Karten – als einzelne Karte gelesen. Stellen Sie sich vor: Die Sonne scheint, es geht Ihnen gut, Sie sind gut drauf, Sie haben Erfolg, und wenn Sie Geld wünschen oder erwarten, so wird auch dies termingerecht eintreffen. Es gibt kaum Ärger und wenn doch, so ist er mit einem Lachen oder »Zewa wisch und weg« einfach weg.

Die Sonne symbolisiert das offene, lebendige Miteinander im Umgang mit Materie, Finanzen, Geld, Liebe und dem natürlichen Respekt voreinander. Unter diesem Aspekt treffen sich Menschen in Versammlungen oder feiern ihre Feste. Es ist ein Geben und Nehmen, wobei keiner erst fragt, was er herausbekommt. Hier sind die Angelegenheiten im Ausgleich. Man kann sich noch auf das Wort des anderen verlassen. Selbst wenn es Probleme gibt, wird damit nicht hinter dem Berg gehalten, sondern alle suchen nach einer gemeinsamen Lösung.

Diese Karte erscheint auch, wenn die Menschen nicht ganz so reich sind, aber ein gutes, gesichertes Einkommen haben und aktiv und lebendig leben. Wie der äußere oder innere Reichtum genau bemessen ist, sehen sie in der Kombination mit nachfolgenden Karten.

Sonne – Nr. 31, Karo Ass in Verbindung

Sonne + Reiter

Die überbrachte Nachricht entspricht genau den Erwartungen des Verantwortlichen.

Sonne + Klee

Da der Unternehmer/Selbstständige den Erfolg bereits gut geplant hat, fällt ihm auch noch ein kleines finanzielles Glück vor die Füße.

Sonne + Schiff

Eine geschäftliche oder auch berufliche Reise, die Sie sich gewünscht haben, lässt sich in die Realität umsetzen.

Sonne + Haus

Weil Sie es so »verdient« haben, leben/arbeiten Sie in einem Haus/Unternehmen, das so stark und energievoll ist wie Sie. Alles, was hier mit Veränderungen oder Hinzukauf von Gebäuden zu tun hat, steht unter einem guten Stern.

Sonne + Baum

Kein Kummer, kein Schmerz, kein gar nichts, alles bestens. Fast die gesamte Energie fließt derzeit in die Verwirklichung Ihres Lebensprojektes und es wird gut gelingen. Langsam, stetig, aber unaufhaltsam kommt der Erfolg.

Sonne + Wolke

Im Geschäft hat Ihr Wort Gewicht und und es wird ihm Folge geleistet. Ihre Aussagen sind präzise und klar. Durch die selbstbewusste Ausstrahlung Ihrer Energie und Ihres Willens empfangen andere Menschen eine gehörige Portion Kraft. Zweifel an Ihren Aussagen werden selten offen und laut ausgesprochen und verschwinden meist von selbst. Derzeit hat auch ein Unternehmen nichts zu befürchten, da es sehr präsent, sehr stark und auf Erfolgskurs ist. Ein Arbeitssuchender könnte sich hier, wenn er sich nicht selbstbewusst genug fühlt, durch seine eigenen Zweifel ein Bein stellen. Das gleiche gilt für Personen, die den nächsten, höher dotieren Posten anstreben.

Sonne + Schlange

Eine bewundernswerte Fähigkeit, die den Verantwortlichen hier »in die Wiege gelegt« wurde: mit Menschen zu kommunizieren ohne zu dogmatisieren. Ihre hohe Lebenskraft und das bewusste Leben und Arbeiten veranlasst die anderen, dem »Führer/Lehrer« bereitwillig zu folgen. Selbst Neider und Missgünstige haben keine Chancen. Bei dieser Kombination handelt es sich meistens um Menschen und Firmen, die über ein relativ korrektes Äußeres ihr ausgesprochen hohes diplomatisches Kommunikationstalent der Allgemeinheit zur Verfügung stellen. Besonders ausgeprägt ist diese Fähigkeit hier in den Bereichen, die mit Diplomatie, Weisheit und Lehren zu tun haben.

Sonne + Sarg

Mit Besorgnis sehen Sie auf die unmittelbar kommenden Ereignisse, die nicht nach Ihrem Geschmack sind. Es gibt da etwas, was Ihnen einfach die Energie abzieht. Meistens sind es eventuell auftauchende finanzielle Probleme. Aber jetzt sind diese noch nicht da, auch wenn eine Verschiebung der Termine stattfindet. Die Psyche beeinträchtigt hier Mensch und Unternehmen. Es wird alles »schlechtgeredet«.

Sonne + Blumen

Jedes noch so kleine bisschen an Energie, Kraft und Willen, das Sie in der Vergangenheit für eine positive Zukunft aufgebracht haben, hat sich gelohnt, zahlt sich aus. Sie werden beglückwünscht, geachtet und geehrt. Sie sind »wer«. Alle Anstrengungen der Vergangenheit und auch Zweifel, was völlig normal ist, sind über Nacht wie weggeblasen. Sie feiern mit anderen den Erfolg, das Fest.

Sonne + Sense

Hier kann einem niemand etwas streitig machen, es wäre nur ein lahmer Versuch. Der Fragende oder Befragte erntet hier die Früchte, den Lohn seines intensiv eingebrachten Einsatzes. Es kann sich niemand hineindrängen, denn es geht im Galopp zu Glück und Erfolg.

Sonne + Ruten

Bleiben Sie Ihrer eigenen Linie treu. Lassen Sie sich nicht auf einen Rechtsstreit ein, vor allem dann nicht, wenn nicht absehbar ist, ob es außer einem Berg von Arbeit auch wirklich den gewünschten Erfolg bringt. In solche falschen Richtungen treibt sie der andere mit seinem analytischen Gerede (negative Einstellung/gegen den Erfolg andenken).

Sonne + Vögel

Das kann wohl nicht wahr sein! Schon wieder ist Ihr Haus/Unternehmen/Selbstständigkeit von Bekannten/Freunden/Mitarbeitern mit Beschlag belegt. Da wird viel Unsinn geredet, richtig getratscht und fast nur über andere gelästert.

Sonne + Kind

Vergessen Sie über all Ihrer Arbeit und dem Erfolg bitte nicht, dass es auch noch Familie, Kinder und Freunde gibt, die schon lange darauf warten, dass Sie sich wieder einmal mit ihnen beschäftigen. Die Angebote erhalten Sie, doch Sie selbst sind es, der dafür die Zeit aufbringen muss. Gehen Sie darauf zu, greifen Sie zum Hörer, rufen Sie bitte Freunde/Kollegen oder Familie an und vereinbaren Sie Blitzbesuche.

Sonne + Fuchs

Dem Betroffenen ist anzuraten, sein berufliches Umfeld einmal genauer unter die Lupe zu nehmen. Es sind Menschen vorhanden – relativ neue – die wir als Schmarotzer bezeichnen müssen. Unter dem Deckmantel der falschen Freundlichkeit schlürfen sie die starke Energie des Betroffenen.

Sonne + Bär

Ihr bewusstes Leben und Arbeiten ist kraftvoll und mächtig. Es gibt nichts, was Ihnen derzeit Probleme bereiten könnte, so sehen es zumindest die anderen und in dem Fall haben sie Recht. Ihre Energie ist sehr stark und einflussreich und für manch andere Personen sind Sie die zentrale Schutzfigur, die alles in Ordnung bringt. Für Arbeitssuchende bedeutet es, dass sie in einer Firma eine Anstellung bekommen, bei der sie sich angenommen und verstanden fühlen.

Sonne + Sterne

Ein Traum wird Wirklichkeit. Sie werden die Zusage erhalten oder das Dokument wird unterschrieben. Das liegt vor allen Dingen an den vorangegangenen Gesprächen, die Sie diesbezüglich führten.

Sonne + Störche

Für das Unternehmen bedeutet es einen Dazukauf eines neuen Hauses. Für ein kleines bis mittleres Unternehmen oder einen Selbstständigen eine Veränderung, auch Umzug mit seiner Firma an einen anderen Platz.

Sonne + Hund

Sie können sich auf Geschäftsfreunde und Mitarbeiter verlassen. Alle halten zu Ihnen, nehmen Ihnen den täglichen Kleinkram ab und sorgen für Ihr Wohlergehen. Der geschäftliche Fluss läuft auch ohne Ihr Dazutun. Wenn hier jemand Arbeit sucht, so versuchen meistens die Freunde zu vermitteln.

Sonne + Turm

Diese Kombination ist fast wie eine Fessel, die den Menschen gefangen hält und zwar im Erfolgs- und Karrieredenken. Er muss sich als Verantwortlicher allen beweisen, der Großfamilie, Ehefrau, Freunden sowie der »High-Society«. Für eigenes Leben fehlt hier die Zeit.

Sonne + Park

Wenn der Unternehmer nicht so viel in der Öffentlichkeit stehen würde und sich etwas mehr um seine Firmenbelange kümmern könnte, wäre das gesamte Personal ein wenig glücklicher. Zwar sind seine Außenaktivitäten wichtig, bei denen er für Ordnung und Gerechtigkeit eintritt, doch auch der Schreibtisch muss hin und wieder vom Ballast befreit werden.

Sonne + Berg

Richtig kann man hier eigentlich gar nichts machen. Die ganze Energie wird blockiert. Der andere ist so starr und unbeweglich und redet gegen alles an. Man kommt hier nicht zum Zug.

Sonne + Wege

Es liegen mehrere Angebote vor. Sie werden wählen und sich für ein klares Ja oder Nein entscheiden müssen. Firmenmäßig sind dies ausgezeichnete Angebote, die bei richtiger Entscheidung ein Leben lang halten würden.

Sonne + Mäuse

Jemand »sägt an Ihrem Stuhlbein«. Dieses gut verständliche Bild bedeutet, dass es Zeit ist Ordnung zu schaffen, sein Umfeld in Bezug auf Treue, Loyalität zu überprüfen. So, wie Sie von Zeit zu Zeit Ihren Keller aufräumen, so sollten Sie jetzt beginnen Ihr Leben aufzuräumen, solange noch genügend Energie vorhanden ist.

Sonne + Herz

Im beruflichen Bereich wird eine sehr herzliche, lebendige Person den Personalrahmen erweitern. Desgleichen pflegt der Unternehmer oder Selbstständige herzliche, warme, freundschaftliche Verbindungen.

Sonne + Ring

In absehbarer Zeit werden sich zwei ebenbürtige Partner auf eine neue vertragliche Bindung einlassen. Sie ist für einen sehr langen Zeitraum gültig. Hier steht man mit all seinem Hab und Gut und seiner ganzen Persönlichkeit dahinter.

Sonne + Buch

Es wird etwas amtlich besiegelt. Der Betroffene bindet sich, verbindet sich mit dem finanziellen Erfolg, wobei er den Schatz, den er emotional dabei erhält, noch nicht zu würdigen weiß.

Sonne + Brief

Kleine Stolpersteine werden durch Kraft und Energie sehr schnell weggeräumt. Es sind keine ernsthaften Probleme, sondern kurze, oberflächliche Nachrichten (normaler Arbeitsalltag), die Sie nicht mögen. Seien Sie darüber erhaben.

Sonne + Herr

Der Betreffende gleicht einem Sportler beim Startschuss, der aus sich heraus die Kraft produziert, immer besser, immer schneller, immer präziser und immer erfolgreicher zu werden. Dafür sind die beiden Komponenten wie Energie und Wille (Sonne) und Urinstinkt (Herr) verantwortlich. Das gleiche gilt auch, wenn sich die Frage auf ein Unternehmen bezieht.

Sonne + Dame

In naher Zukunft kommen Sie in berufliche Situationen, in denen, wie es scheint, Sie der »Mittelpunkt der Welt« sind. Das haben Sie sich verdient, weil Sie hervorragende Leistungen erbringen.

Sonne + Lilie

Der Frieden und die Ruhe ist hier derzeit das Wichtigste. Sie sind gewährleistet und werden über einen längeren Zeitraum gewahrt. Obwohl lebendiger aktiver Erfolg vorhanden ist.

Sonne + Mond

Dieser energiegeladene Mensch riecht den Erfolg, schmeckt ihn, fühlt ihn und hört ihn schon von weitem kommen. Schwierigkeiten geht er bewusst oder unbewusst aus dem Weg. Er ist ein klarer, kraftvoller Geist mit einem ausgeprägten Einfühlungsvermögen. Prädestiniert für verantwortungsvolle, auch politische Positionen. Was hier geistig klar auf der Erde geplant wird, lässt sich durch die Marktwirtschaft und die Einflüsse der Medien verwirklichen.

Sonne + Schlüssel

Vorübergehend baut das Unternehmen, auch der Mensch auf Sicherheitsreserven, anstatt auf eigene Kraft.

Sonne + Fische

Durch guten Geschäftssinn wird der Reichtum mühelos vermehrt. Für einen Arbeitssuchenden würde es bedeuten, dass hier eine Anstellung zu haben ist, zwar mit einem guten Gehalt, aber auch einem Schleudersitz.

Sonne + Anker

Es ist gleichgültig, wo Sie sich örtlich oder beruflich niederlassen. Gemäß Ihren Lebensgesetzen, Ihrer Lebensfreude, Kraft und Energie werden Sie innerhalb kürzester Zeit etwas Besonderes daraus machen. Etwas, was strahlt und glänzt.

Sonne + Kreuz

Die Energie und der Kraftaufwand, der hier in der letzten Zeit investiert wurde, zahlt sich nicht aus. Dafür können Sie nichts, denn es hängt mit den Lebensumständen Ihrer Umwelt zusammen. Sie werden wie viele andere davon betroffen sein, doch aufgrund dieser noch vorhandenen Sonnenenergie gelingt es Ihnen leichter damit umzugehen und im Anschluss wieder weiterzugehen.

Der Mond – Herz 8

Karte Nr. 32

Finanzielle, Materielle Bedeutung

- *Finanzielles undurchsichtig, unausgegoren*
- *Sehnsucht nach Reichtum, Erfolg, Ruhm, Ehre und schnellem Gewinn*
- *Handlungsweise dem anderen oft unverständlich, Realitätsschwund*
- *Traumtänzer im Finanziellen*
- *Geldfluss träge, zögerlich*
- *Zusagen verzögern sich*
- *mit Sonne, Sterne zusammen: Ruhm, Anerkennung, außergewöhnliche Erfolge*

Hier kann man sagen: Es ist nicht alles Gold was glänzt, auch wenn der Mond und die Sterne auf dieser Karte noch so hell strahlen. Es ist nicht gesagt, dass das Materielle, zum Beispiel Haus und Unternehmen, dem Betreffenden wirklich gehören, der den Eigentümer spielt. Meist deutet der Mond auf einen anderen, weit weniger greifbaren Hintergrund hin. In der Regel ist der Erfolg hier von Depressionen, traurigen oder schwermütigen Zuständen überschattet, die nach außen nicht gerne gezeigt werden.

Der Mond ist im Finanziellen sehr verschlossen, er lässt andere nicht gerne in sein Inneres blicken, daher sind seine Aussagen, Zusagen in Bezug auf Geldfluss ungenau, bedeckt, nicht konkret. Oft wird der andere hier mit einem: »Es ist noch nicht entschieden, aber ich denke an Sie, ich werde Sie als erstes berücksichtigen« abgespeist. Damit landen Sie, wenn Sie Anfragen stellen, nach dem Gespräch oder Telefonat wieder im Ablagekorb. Der Mond ist generell nicht unehrlich. Seine Zusagen meint er ernst. Doch das Gesagte verblasst sehr schnell, denn der Mond rutscht wieder in seine eigenen Träume zurück. Was war, ist schnell vergessen, auch die Zusage.

Mit Sonne, Sterne, Fische kann der Mond bis an die Spitze und zu Weltruhm gelangen, jedoch benötigt er ein ausgezeichnetes Management, welches ihn in feste Termine bindet und ihm gleichzeitig die nötigen Auszeiten gewährt.

Mond – Nr. 32, Herz 8 in Verbindung

Mond + Reiter
Die Überbringerin dieser Nachricht beendet die Ungewissheit und der Inhalt bringt Licht ins Dunkel.

Mond + Klee
Eine kleine Präsentation, die in Kürze stattfindet, wird besser und leichter sein, als Sie es sich vorgestellt haben. Sie haben Glück.

Mond + Schiff
Der Tag ist zum Arbeiten da, die Nacht um zu schlafen und nicht um im Nachtleben zu fantasieren und sich »umnebeln« zu lassen.

Mond + Haus
Diese Unentschiedenheit tut weder einem Unternehmen/Selbstständigen noch Arbeitnehmer gut. Vor allem wenn die Neustrukturierung den eigenen Bereich betrifft.

Mond + Baum
Man kann nicht alles haben, so könnte die Devise der Menschen und Unternehmen hier lauten, und daher wird eher mit Beschaulichkeit und Vorsicht agiert, anstatt mit Power. Die glorreichen Ideen treten in Intervallen in den Vordergrund, doch die Kraft für die Anschubphase reicht nicht aus, um das gesamte Programm durchzuziehen. Deswegen werden immer wieder Projekte zurückgestellt und Planungen auf ein bodenständiges, wirtschaftliches Maß reduziert.

Mond + Wolke
Rational gesehen hätte der Verstand gerne einige Erklärungen für die Widersprüchlichkeit seiner Gefühle. Obwohl noch alles klar erscheint, befürchtet der Mensch, dass aus einer höhergestellten Position oder Stellung mit heftigen Attacken zu rechnen ist. Bei Auftauchen dieser Kombination kann alles bestens sein, doch der Mensch fühlt im Voraus, dass etwas kommt. Das, was der Mensch hier fühlt, wird geschehen, nicht was logisch oder berechenbar ist.

Mond + Schlange
Sich auf »Spielchen« einzulassen, gegen die das Innere des Menschen rebelliert, schädigt letztendlich die Substanz eines Unternehmens und die der betroffenen Personen. Ethische Grundsätze werden vergessen, mit Füßen getreten, und das nur, damit man z.B. seinen Namen auf einem Plakat oder an einer anderen Bürotür lesen kann.

Mond + Sarg
Das Tagesgeschehen und der Stress passen mit der erdachten Traumwelt in Bezug auf die Arbeit des Betroffenen nicht länger zusammen. Es bricht alles auseinander und man müsste dringend eine Pause einlegen, bevor man gezwungenermaßen in der Tat für Wochen aussetzt. Die freiwillige Pause geht hier jedoch nicht, da der Mensch mit seiner Arbeit »verheiratet« ist.

Mond + Blumen
Die beruflichen Mitstreiter versuchen Sie durch Gespräche und kleine Freuden zu erheitern. Sie erfahren volles Verständnis und Unterstützung für Ihre Situation.

Mond + Sense

DAS ERWACHEN!

Das muss jetzt anders werden! Was? Die ganze Gefühlsverstrickung! Das muss jetzt ein für alle Mal zu Ende sein. Und das sofort! Plötzlich! Gleich! Kein Aufschub auf morgen. Urplötzlich wird eine unvorstellbare Aktivität entwickelt. Vorsicht! Nicht alles kurz und klein schlagen. Kanalisieren Sie diese Energie, damit sie morgen auch vorhanden ist. Ein alter Schock, der kurzfristig durch eine kleine Verletzung reaktiviert wurde, bringt dieses unvorstellbare Handeln und Bewegen zustande. Hier geschehen Dinge wie, dass ein Künstler, der jahrelang keinen Bühnenauftritt mehr hatte, sich urplötzlich aufrafft und eine grandiose Vorstellung hinlegt. Oder ein Unternehmer will seit Wochen mit seinem Banker sprechen und hatte nicht den Mut, doch mit einem Mal reißt er sich am Riemen.

Mond + Ruten

Was nutzen die besten im Kopf ausgefeilten Gespräche, wenn sie nicht laut dem anderen ausgesprochen werden, weil der Betreffende vielleicht nicht da ist oder selbst seine Redeflut loswerden will. Ja, in Gedanken ist das alles vorhanden, doch es sollte klar ausgedrückt werden. Warten ist hier keine Lösung, weder für Unternehmen noch für die Person.

Mond + Vögel

Diese abendlichen oder auch nächtlichen Auftritte bringen Sie ins Gerede. Auch wenn es sich hier um reine Arbeit handelt, so wie es zum Beispiel bei Polizei oder Sicherheitsdiensten der Fall ist, würden andere Kollegen doch etwas daran auszusetzen haben. Hier schwingt auch Spott mit.

Mond + Kind

Der Betrieb ist nun einmal wie er ist. Der Mensch findet sich damit ab und kehrt zurück. Er verzeiht, vertraut dem Gespräch, das stattgefunden hat, und arbeitet wieder mit vollem Einsatz.

Mond + Fuchs

»Nicht ohne meine Tochter« – und »Nicht ohne diese Firma!« Obwohl die Person in diesem Unternehmen unerwünscht ist, kann sie es nicht lassen und versucht immer wieder in den Betrieb einzudringen. Den wird man nicht so leicht wieder los.

Mond + Bär

Als Unternehmer bei einer auch des Nachts betriebenen Firma haben Sie hier Glück. Behörden stehen z.B. Öffnungszeiten oder umstrittenen Darbietungen sehr tolerant und wohlwollend gegenüber. Auch Arbeitnehmer werden in Ruhe gelassen und selbst Arbeitssuchende aus diesen Bereichen finden wohlwollende Unterstützung und auch gewissen Schutz durch Behörden.

Mond + Sterne

Mit Sicherheit ist hier ein Zustand erreicht, bei dem keiner mehr zum anderen wirklich durchdringt. Es ist gleichgültig, was der andere sagt. Im beruflichen Bereich liegt hier meistens eine kreative Schaffensphase vor, die bereits für kurze Augenblicke einen klaren Blick erlaubt, aber noch keinen irdischen Erfolg anzeigt. Diese Aussage bezieht sich auch auf Unternehmen/Selbstständige, Arbeitnehmer/Arbeitslose oder betrifft auch Künstler.

Mond + Störche

Ihre bisherigen Träume vom schnellen Geld, Anerkennung oder Ruhm werden sich in einigen

Monaten verändern und realitätsbezogener werden, aber anders als Sie es erträumt haben. Unternehmen werden eher auf kleinere Ziele ausweichen und da die Erfolge suchen. Arbeitnehmer versuchen feste Verträge zu erhalten und Arbeitslose denken hier gar über einen Umzug nach, wenn es dafür eine feste Anstellung gibt.

Mond + Hund

Es hat sich so über die Jahre ergeben und jetzt gehören Sie zu der Firma, sind ein Teil der Firma geworden. Dies kann sich auf Arbeitnehmer sowie auf Lieferanten oder Kunden beziehen. Hier besteht eine sehr starke psychische Bindung, hervorgerufen durch gemeinsam erlebte Höhen und Tiefen. Arbeitssuchende haben hier nur Aussicht auf Erfolg, wenn die anderen Mitarbeiter, die Vertrauten der verantwortlichen Person zustimmen. Die Qualifikation ist nicht ausschlaggebend.

Mond + Turm

Das Unternehmen wird aufgrund von Projekten, die vor der Öffentlichkeit geheim zu halten sind, abgeschirmt und der freie Zutritt wird Besuchern verweigert. Wenn Zutritt, dann nach schärfster Prüfung des Einzelnen oder mit Sicherheitscode.

Mond + Park

Der Wunschtraum, an dessen Erfüllung lange gefeilt wurde, wird wahr und einer großen Öffentlichkeit vorgestellt. Sie werden sich sehr bestätigt fühlen, auch wenn Sie als Person oder Unternehmen nicht bis auf das Siegertreppchen gelangen. Dabeisein ist alles. Hier kann es sich z.B. um Vorstellungen neuer Kreationen wie Mode, Autos, Musik, Literatur handeln, alles was mit Design und künstlerischer Komposition zu tun hat.

Mond + Berg

Auch wenn der Ideenreichtum noch so vielfältig sprudelt, hier hat der Mensch sowie das Unternehmen mit irdisch verstrickter Bürokratie zu kämpfen.

Mond + Wege

Es ist Zeit zum Handeln, und die Suche nach einem passenden Geschäftspartner oder Mitarbeiter ist derzeit der richtige Weg. Zu berücksichtigen gilt, dass der andere eine gesunde finanzielle Einstellung mitbringen sollte, um mit seiner Bodenständigkeit als ausgleichender Gegenpol zu fungieren.

Mond + Mäuse

Ein bereits zwielichtiges Etablissement wird sich auf unvorhersehbare Weise über Nacht »in Luft auflösen«. Das ist kein Konkurs oder eine Pleite, sondern vielleicht verschwindet der Besitzer oder der Geschäftsführer nimmt die Kasse mit. Oder aus Unterweltskreisen wird eine weitere Tätigkeit untersagt. Bitte verstehen Sie das nur als mögliche Beispiele für eine Situation.

Mond + Herz

Dieses Unternehmen/Selbstständigkeit handelt mit Gefühlen oder auch mit Produkten, die Gefühle der Liebe, der Neugierde, der Spannung erzeugen. Bereitwillig fließt Finanzielles zurück.

Mond + Ring

Dieser Vertrag mit dem finanziell starken Partner sichert dem Unternehmen eine sehr gute Stabilität. Beide verbinden sich auf Gedeih und Verderb miteinander. Doch hier ist es in Ordnung, da der irdisch, rational Denkende die Erfolgsstruktur aufbaut und die Träume des Partners der Erfüllung näher bringt.

Mond + Buch

Wie lange soll das noch gut gehen? Hier wird im Außen etwas anderes gezeigt, als das, was sich im Geheimen abspielt. Schmutzige Wäsche wird hier blütenweiß gewaschen! Zumindest deutet diese Kombination auf undurchsichtige Geschäfte in Zusammenhang mit Geld hin. Um nähere Auskünfte zu erhalten, benötigen Sie weitere Karten.

Mond + Brief

Das Problem abgestempelt und außen vor zu sein, bleibt in dieser Kombination bestehen. Dies gilt für das Unternehmen wie auch für den Menschen.

Mond + Herr

Der Geschäftsführer/Verantwortliche nimmt Kontakt mit anderen Unternehmen auf, zwecks gemeinsamer Repräsentation im Außen. Hier wird versucht dem Unternehmen ein besseres Image zu geben.

Mond + Dame

Eine neue Mitarbeiterin, Verantwortliche wird sich sehr einfühlsam für das Unternehmen einsetzen und ein erfolgsorientiertes Management auf die Beine stellen.

Mond + Lilie

Der berufliche Partner ist unsensibel geworden. Er mag von Wünschen, Träumen, Fantasien, Versprechungen und all dem unrealistischen Zeug nichts mehr hören. Er will Ruhe und Frieden, denn er ist der Meinung, er könne hier sowieso nicht helfen. Selbst bei einem Beförderungs- oder Vorstellungsgespräch will der Verantwortliche nur nackte Tatsachen und Fakten hören.

Mond + Sonne

Diese Kombination ist paradox. Nicht der Wille des Menschen bringt den Erfolg, sondern seine seelische Kraft wirkt wie ein Magnet auf Erfolg und Gelingen. Da die seelische Kraft den höchsten Stand an Energie erreicht hat, den Sie überhaupt bekommen kann, wird genau das gelingen, was der Innere Kern des Menschen will.

Mond + Schlüssel

Das unbestimmte, unsichere Gefühl, in welche Richtung man sein Unternehmen oder seine Selbstständigkeit steuern soll, wird mit Sicherheit verschwinden und Sie werden wissen, was zu tun ist. Im Finanziellen handelt es sich hier oft um Verlustängste, ansonsten sind die Gefühle schwammig und selten richtig greifbar.

Mond + Fische

Der finanzielle Markt scheint derzeit unberechenbar, da wichtige Hintergrundinformationen fehlen. Sie kommen nur stückweise an und sind unzusammenhängend. Eine Jobzusage ist hier möglich, doch die Firmenzusammenhänge würden verschlossen bleiben, nicht transparent sein. Auch dann nicht, wenn es sich hier um eine leitende Position handelt.

Mond + Anker

Die »Traumzeit« ist zu Ende. Man greift im Arbeitsbereich nach etwas Bodenständigem, das wirklich viel Arbeit mit sich bringt.

Mond + Kreuz

Es ist derzeit nicht zu ändern. Die Person, als Arbeitgeber oder Arbeitnehmer, wird in dieser »Traum-Schein-Welt« ausharren, bis neue Lebensumstände eintreten.

Der Schlüssel – Karo 8

Karte Nr. 33

Finanzielle, Materielle Bedeutung

- *»Ja«*
- *es kommt mit Sicherheit*
- *Materie: abgesichert*
- *Finanzen: stabile Sicherheit vorhanden*
- *veränderungsbereit: nur wenn sicher*
- *Neuer Job: nur wenn neue Firma Sicherheit bietet, ansonsten keine Veränderung*
- *Karriere, nur wenn sicheres Angebot*

Als Einzelaussage bedeutet der Schlüssel auch im finanziellen, materiellen Bereich im übertragenen Sinne ein »Ja". Es kommt mit Sicherheit. Es wird werden. Es ist in Arbeit, in Planung oder es ist so. Und mit Sicherheit wird sich danach etwas verändern, und sei es nur Ihre Einstellung zu der Angelegenheit.

Der Schlüssel auf ein Unternehmen, Selbstständigkeit oder Ähnliches bezogen, zeigt uns auch, dass ein gutes finanzielles Polster vorhanden ist, das entweder erarbeitet, ererbt oder durch Heirat erreicht wurde. Nicht durch Spekulationen oder Spielgewinne.

Der Schlüssel symbolisiert auch die Ratio, den Verstand und die Entscheidungen durch den Verstand, genauso wie die Karte 22 die Wege, wobei der Schlüssel persönlich noch mehr auf seine Absicherung achtet und eigentlich für alles eine Sicherheit (Versicherung) braucht. Es hat im entferntesten Sinne mit Misstrauen und Geiz zu tun. Dies ist jedoch nicht so deutlich, denn die Grundstruktur in der Persönlichkeit oder Firma ist in dem Fall die (Über)-Sicherheit. Entscheidungen werden nur getroffen, wenn Sie absolut berechenbar sind und die materielle oder persönliche Karriere nicht beeinträchtigt werden kann. *»Was ich habe, das kenne ich, doch was ich kriege ...?«*

Der Schlüssel sollte nicht als Einzelkarte gewertet, sondern immer mit der zweiten gelesen werden, denn diese erzählt uns, ob wir mit unserer vermeintlichen Sicherheit auch sicher sind und bleiben.

Schlüssel – Nr. 33, Karo 8 in Verbindung

Schlüssel + Reiter

Sie erwarten die Ankunft einer Person, die mit Ihnen ein Gespräch führen wird. Dadurch wird gefördert und als richtig bestätigt, was man bereits früher in finanzieller Hinsicht entschieden hatte, um Sicherheit und Absicherungen zu erhalten.

Schlüssel + Klee

In Kürze werden sich aus alten, fast vergessenen Angelegenheiten oder Investitionen plötzlich Gewinne ergeben. Kurzes Glück. Kleine Beträge. Oft sind dies Kunden, die noch offene Rechnungen haben, die das Unternehmen aber schon fast oder ganz abgeschrieben hatte.

Schlüssel + Schiff

Mit Sicherheit wird diese Reise zu einem geschäftlichen Partner, den man aus alten Zeiten kennt, durchgeführt. Diese Person ist allgemein etwas risiko- und investitionsbereiter und offener für Neues.

Schlüssel + Haus

Dies ist mit Sicherheit das richtige Haus für die Betreffenden, denn es ist stabil und krisenfest abgesichert.

Schlüssel + Baum

Mit Sicherheit wird der Firmensitz oder auch die Firmenzuhörigkeit nicht verändert. Das gilt sowohl für den Unternehmer als auch für den Arbeitnehmer. Die Entwicklung ist zwar etwas langatmiger, aber umso stabiler. Ein an Karriere denkender Mensch oder Arbeitssuchender würde mit dieser Anstellung todunglücklich werden, falls er sie überhaupt nehmen würde, während ein eher bedächtiger, bodenständiger Arbeitnehmer sich hier wohlfühlen würde.

Schüssel + Wolke

Zweifel, die Sie für sicher bereinigt und ausgeräumt hielten kehren wieder zurück, sie hatten nur »eine Verschnaufpause eingelegt«. Das kann hier durch Misstrauen am Wirtschaftssystem und der Branche ausgelöst werden. Für einen Unternehmer oder Selbstständigen bestehen die Zweifel darin, dass er sich fragt, ob seine finanzielle Planung mit der wirtschaftlichen Entwicklung Schritt halten kann, oder ob ihm die Herstellungskosten über den Kopf wachsen. Ein Arbeitnehmer zweifelt daran, ob sein Arbeitsplatz auf Dauer gesehen seine finanzielle Sicherheit garantieren kann.

Schlüssel + Schlange

Einerseits versteht der Verantwortliche die finanzielle Lage des Unternehmers und die damit verbundene Sparsamkeit. Andererseits beschließt er in die Zukunft zu blicken und das »Klein, Klein« hinter sich zu lassen. Der Ansatz zu einem »Aufbruch zu neuen Ufern« ist vorhanden, doch das Durchhalten ist noch nicht gewährleistet.

Schlüssel + Sarg

Die eingesetzten finanziellen Mittel waren für den berechneten Erfolg zu gering bemessen und versandeten. Die Investition zahlt sich nicht aus. Die Ursachen können hier auch in der Zeit-, Produkt-, oder Materialqualität liegen. Worum es sich genau handelt, kann man mit dazugelegten Karten erfahren.

Schlüssel + Blumen

Na so was! Wer hätte das gedacht, dass mit solch geringem finanziellen Einsatz dieser Erfolg entstehen würde. Damit konnte man nicht rechnen. Auch ein Arbeitssuchender wäre völlig überrascht, hier die Zusage zu bekommen, und hätte das nicht erwartet.

Schlüssel + Sense

Das Unternehmen kommt intern mit den falschen Personen, Manager, Geschäftsführer, in Berührung. Diese Personen versuchen im guten Glauben an ihren Erfolg die Sicherheitsreserven des Unternehmens anzuzapfen. Für das Unternehmen ist Vorsicht geboten, denn die daraus entstehenden neuen Geschäftspartner haben nicht die gleichen Wertvorstellungen wie das Unternehmen. Ein Arbeitsloser würde hier eine Anstellung bekommen, wenn er mit der Gehaltsforderung niedriger geht.

Schlüssel + Ruten

In Wirklichkeit hat sich nichts verändert, auch wenn vorher das Blaue vom Himmel versprochen wurde. Es gibt endlose Debatten ums Geld, das einfach nicht locker gemacht werden soll.

Schlüssel + Vögel

Viele Gespräche laufen in die falsche Richtung, und nur selten ist eine brauchbare Information dabei, denn es sind wiedergegebene Meinungen aus Hörensagen und Gerüchten. Hier kann nicht mehr unterschieden werden, ob das Unternehmen/der Selbstständige wenig Finanzielles zur Verfügung hat oder nur so tut.

Schlüssel + Kind

Man hat sich arrangiert, sich ausgesöhnt, obwohl die Gehaltserhöhung in gewünschter Höhe nicht zu bekommen war. Für einen Arbeitssuchenden bedeutet es, er möge sich bitte bei einer seiner alten Arbeitsstellen oder bei ihm bekannten Firmen umsehen.

Schlüssel + Fuchs

Der »Schlüssel«, das Unternehmen schließt die Türe zu und lässt den »Fuchs«, die Person/en nicht rein! Dass man in dieser Angelegenheit einen Schlussstrich ziehen kann, können die anderen gar nicht fassen. Das glauben sie einfach nicht. Wieso sollten sie? Sie haben doch andere Erfahrungen gemacht. Doch ausgesperrt bleibt ausgesperrt. Hier kann es sich oft um eine geschlossene Gemeinschaft handeln.

Aber in der Kombination mit
Schlüssel + Fuchs + Haus
können wir sehen, dass es sich um eine einzelne falsche Person handelt, die Hausverbot erhält.

Schlüssel + Bär

Mit Gewissheit wird diese behördliche Sicherheitseinrichtung staatlich sanktionierte Einsparungsmaßnahmen in gewissem Rahmen an den Einzelnen weitergeben. Einstellungen würden stattfinden, wenn die Bewerbung an die o.g. Behörde gerichtet ist. Ein Unternehmen steht unter diesem »staatlichen Schutz«, obwohl die Behörde dafür genauen finanziellen Einblick haben möchte.

Schlüssel + Sterne

Mit Sicherheit ist für das Unternehmen, Selbstständigkeit ein Höhenflug angesagt, ein großer Erfolg, ein Durchbruch. Hier verhält es sich meistens so, dass man jahrelang gewartet und gearbeitet hat, keiner glaubte, dass man aus dem guten Durchschnitt herauskommen könnte, und plötzlich »die goldene Nase«, »das goldene Händchen« oder »die goldene Stimme«.

Schlüssel + Störche

Ein Teil der bereitgestellten finanziellen Reserven wird für neue Investitionen eingesetzt. Die Produktpalette wird vergrößert. Arbeitnehmer werden für diesen außerhäusigen Arbeitsbereich benötigt.

Schlüssel + Hund

Diese Bindung an das Unternehmen ist treu, loyal, verlässlich, denn sie entspricht auch der charakterlichen Grundstruktur eines Arbeitnehmers, der sich mit Absicherung, Sicherheit, Verwaltung identifizieren kann. Wenn Sie als Arbeitssuchender ein solcher Typ sind, so bestehen ausgezeichnete Chancen für eine Einstellung in einem guten Team. Auch führt das Unternehmen seine Aufträge äußerst korrekt und zuverlässig durch.

Schlüssel + Turm

Mit Sicherheit strebt das Unternehmen/Selbstständigkeit einen für heute unerreichbaren Traum an. Derzeit ist es gegen einen Giganten wie den »Turm« nicht konkurrenzfähig, selbst wenn es ein noch besseres Produkt zu bieten hätte. Auch ein Karrierekandidat oder ein Arbeitssuchender hätte hier mit seiner Einstellung keine Aussicht auf Erfolg.

Schlüssel + Park

Mit einem gut ausgeklügelten, eingespielten System geht man den Verpflichtungen nach, die man zu erledigen hat. Hier handelt es sich meistens um ein Präsenz-Zeigen, Patrouillieren und Herstellen von öffentlicher Sicherheit.

Schlüssel + Berg

Das finanzielle Budget ist zu knapp, um den wirtschaftlichen Herausforderungen gelassen zu begegnen. Die Angst, auf die Sicherheitsreserven zurückgreifen zu müssen, wirkt hier wie ein Hemmschuh.

Schlüssel + Wege

Der finanzielle Fluss versickert in zu vielen Kanälen oder auch zu vielen Verbindlichkeiten. Eine Entscheidung steht jetzt an. Eine Arbeitsanfrage jeglicher Art kann hier ebenfalls auch nicht definitiv entschieden werden, denn der andere hat zu vieles zu berücksichtigen.

Schlüssel + Maus

Das sind im Moment schlechte Zeiten. Das Unternehmen oder auch die Person wird um eine Offenlegung aller ihrer Finanzen gebeten, auch der »geheimen« wie Versicherungen, Depots, Gewinnerträge etc. Diese Kombination in harmloser Form kann bereits erscheinen, wenn es darum geht, einen Bankkredit aufzunehmen. Sollte eine drohende Insolvenz vorliegen, so kann sich diese Kombination auch auf die Aufforderung beziehen, eine eidesstattliche Versicherung abzugeben.

Schlüssel + Herz

Ihr durchgeführtes Vorhaben wird vom anderen herzlich begrüßt und es stellt sich erneut Urvertrauen, Liebe und Friede ein. Sie erhalten wieder Geldeingänge. Auch in Ihren sonstigen Angelegenheiten entstehen Situationen, die Ihnen wie eine wunderbare Antwort auf Ihre lang ersehnten Fragen erscheinen. Im geschäftlich beruflichen Bereich sprechen wir von »Rettung in letzter Sekunde«.

Schlüssel + Ring

Ein langjähriger Vertrag wird eingegangen, der zur Absicherung, Sicherheit im Finanziellen dient. Für Arbeitssuchende bedeutet es auch einen festen Vertrag zu erhalten.

Schlüssel + Buch

Mit Sicherheit wird die Person, von der man Geld erhalten hat, nicht genannt werden. Selbst wenn ein Teilhabervertrag gezeichnet wurde, so bleibt es eine stille Beteiligung.

Schlüssel + Brief

Wir haben es hier mit einer unbeständigen Person, auch Kunden oder Lieferanten zu tun. Zum Beispiel: Zuerst läuft sie weg, dann ruft sie an, entschuldigt sich und kommt wieder zurück. Nichts Halbes, nichts Ganzes.

Schlüssel + Herr

Diese Person wird im Nachhinein gesehen zu einem Ihrer besten Leute zählen. Wie kein anderer versteht sie/er es, Ihr Unternehmen/Selbstständigkeit meisterhaft zu vertreten. Für Arbeitssuchende gilt: Jemand der Karriere machen will, fängt hier nicht an. Das wäre ihm zu kleinkariert.

Schlüssel + Dame

Aufgeschlossen und konsequent stimmt der berufliche, geschäftliche Partner Ihrem Vorhaben zu. Mit Einsatz seiner ganzen Energie wird er Ihnen helfen Neuerungen/Veränderungen einzuführen.

Schlüssel + Lilie

Mit dieser Entscheidung fühlt sich die Person gut, sauber und rein. Sie möchte diesen Zustand eine Weile behalten und sich zurückfallen lassen in Ihr eigenes Potenzial und in ihre eigene Welt. Die Empfindungen sind: Ich muss das Ganze erst verarbeiten, brauche Ruhe und Frieden, und auf was Neues, nein, da lass' ich mich erst gar nicht ein. In der Regel handelt es sich hier um die freiwillige Ruhepause nach abgeschlossenen Projekten. Auch ein Unternehmen würde hier nicht sofort ein Anschlussprojekt planen.

Schlüssel + Sonne

Sie bersten fast vor Energie. Sie sind nicht länger zu halten und in Ihnen ist ein unbändiger Drang, der Sie nach vorne treibt. Sie sind in sich, in Ihrem Innern stabil und fest. Katastrophen, Probleme, die Sie früher an den Rand der Verzweiflung trieben, können Sie nicht mehr schrecken. Packens wir's an, ist Ihr Motto geworden. Das gilt nicht nur für die Person, sondern auch für ein Unternehmen, denn es hat finanziellen Gewinn gemacht. Ein Arbeitssuchender bekommt hier eine Jobzusage, denn das Unternehmen wächst.

Schüssel + Mond

Die Symbiose zwischen dem Finanziellen und dem Seelischen/der Berufung des Menschen ist geglückt. Der finanzielle Fluss wird sich einstellen, selbst wenn manches der derzeit noch vernunftgesteuerten Person »spanisch vorkommt«.

Schüssel + Fische

Geschäftliche und berufliche Verbindungen laufen gut, denn Geld und Erfolg sind hier das Wichtigste, und mit Sicherheit steht etwas zu feiern an. Der nächste Schritt ist oder wird geschafft.

Schüssel + Anker

Geschäftlich und beruflich gesehen besteht dieses Leben aus Arbeit, Arbeit und nochmals Arbeit. Schaffe, schaffe, Häusle baue usw. Fest zusammengeschmiedet, man kann sich gar nicht trennen. Einer ist auf den anderen angewiesen und das ist einem bewusst. Man schuftet hier so lange, bis ein Auftrag abgearbeitet ist, und dann der nächste, der übernächste usw.

Schüssel + Kreuz

Bei dieser Kombination kann man davon ausgehen, dass es bereits einen langen Leidensweg gab, weil man immer wieder mit den gleichen Problemen konfrontiert wurde. Zu diesem Zeitpunkt leiden Mensch oder Unternehmen still und keiner fragt mehr, ob es einen besseren Weg geben könnte. Doch diese bedrückende Phase geht nun zu Ende.

Die Fische – Karo König

Karte Nr. 34

Finanzielle, Materielle Bedeutung

- *Bank- und Börsengeschäfte*
- *Aktien, Wertpapierhandel, Spielcasino*
- *Hochs und Tiefs an der Börse*
- *Gewinne und Verluste*
- *leichter Energiefluss des Lebens*
- *müheloser Reichtum*
- *guter Geschäftssinn*
- *sehr hohe Gehälter, doch Schleudersitze*
- *Mitarbeiterverschleiß, da hoher Druck*
- *gute Intuition und Kreativitätsfluss*

Den finanziellen und materiellen Reichtum der Fische erkennt man schon zehn Meilen gegen den Wind. Er ist nicht zu verleugnen, noch zu verheimlichen, denn das wäre nicht die Art der Fische. Sehen und gesehen werden ist ihr Motto, und sei es auch nur unbewusst. Ein Fisch verkörpert Macht, entweder durch seine Ausstrahlung und Kleidung oder durch sein Geld und seinen Status. Das vermittelt sich dem anderen jedoch nicht so drastisch wie zum Beispiel bei der Karte »Turm« oder »Lilie«, deren Macht sich in Dominanz und dogmatischer Herrscherstruktur zeigt.

Der Fisch ist eleganter, zugänglicher, verbindlicher. Er kann auf den anderen eingehen und ihn besser erfassen. Im schlechtesten Fall manipuliert er geschickt die Gefühle seiner Geschäftspartner, um so den für ihn gewünschten Ausgang herbeizuführen. Seine Kreativität und Ausdrucksstärke ist um ein Vielfaches höher als die Norm. Dies befähigt ihn meistens dazu im finanziellen und materiellen Bereich seine Ziele zu erreichen. Selbst finanzielle Niederlagen steckt der Fisch leichter weg. Da glaubt er an sich, seine Intuition, sein Können und sein zielgerichtetes Handeln. Wie kaum eine andere Karte können Fische auf der finanziellen Ebene äußerst erfolgreich sein und gleichzeitig im Privatleben vor einem Scherbenhaufen sitzen.

Alle Bitten um Zusagen, die nicht mit Gelderwartung zusammenhängen, werden hier nur wohlwollend behandelt, jedoch nicht definitiv beantwortet.

Fische – Nr. 34, Karo König in Verbindung

Fische + Reiter

Eine dritte Person, die Gelder einholt oder auch nur zusammenfasst, wird dem Unternehmen/Selbstständigen die Unterlagen, oder auch Bargeld zur Verfügung stellen.

Fische + Klee

Durch einen wirtschaftlich unverhofften Aufwärtstrend in Ihrer Branche stellen sich in nächster Zeit einige neue Kunden ein, die Ihr Kapital mehren. Ansonsten bedeuten Anfragen: glückliche Umstände, leichter Fluss.

Fische + Schiff

Alte Kunden, auch im Ausland, stellen sich für gemeinsame Projekte in absehbarer Zeit wieder ein. Wobei der Kontakt von dem inländischen Unternehmer/Selbstständigen hergestellt werden sollte. Erst wenn die Modalitäten klar sind, wird Geld fließen.

Fische + Haus

Finanzielles ist in ausreichendem Maße vorhanden, um den Mitarbeitern eine relativ sorgenfreie irdische Existenz zu bieten. Ein Unternehmen oder ein Selbstständiger hat aufgrund seiner finanziellen Sicherheit gute Geschäftsverbindungen.

Fische + Baum

Stabile Vermögensanlagen, das meiste in festen Gütern wie z.B. Eigenheim, Immobilien, Landbesitz, gewährleisten einen angemessenen Lebensstandard. Flüssiges Geld ist hier weniger zu erwarten, da es wiederum für Anlagen/Investitionen verwendet wird.

Fische + Wolke

Der Plan, den Sie vor kurzem entwickelt haben, ist noch nicht ausgereift, unausgegoren und anscheinend stellen Sie das Gelingen innerlich selbst schon in Zweifel. Bei diesem Plan handelt es sich in der Regel um das Prinzip: Wie vermehre ich durch meinen analytischen Geschäftsverstand mühelos mein Geld?

Fische + Schlange

Das Unterbewusstsein trauert dem Geld hinterher, während der Verstand es gerade ausgibt. Für ein Unternehmen oder einen Selbstständigen bedeutet es, dass Sie sich von Akquisiteuren, Mitarbeitern oder Verantwortlichen zu Geldausgaben hinreißen lassen, die Sie eigentlich nicht wollen.

Fische + Sarg

Sorry! Körper, Seele, Partnerschaft, Finanzen, alles hat hier Auszeit. Es ruht, es liegt still. Es geschieht nichts. Der Mensch fühlt sich ohnmächtig und einflusslos. Andere haben die Entscheidungen übernommen. Das muss durchgestanden werden, es geht nicht anders. Als jemand, der Geld erwartet, könnten Sie sich auf den Kopf stellen und mit den Füßen wakkeln, es wird nichts, es kommt nicht wie geplant.

Fische + Blumen

Dem Beharrlichen wird letztendlich stattgegeben und das Unternehmen/Selbstständige verbucht zumindest einen dicken fetten Geldeingang. Die Höhe bezieht sich jeweils auf die Geschäftsgröße des Unternehmens und das, was er selbst als »fett« bezeichnet. Schlechte, schwere Energien verschwinden.

Fische + Sense
Will ein Unternehmen oder ein Selbstständiger seine »reiche Ernte« einfahren, Geldeingänge sichern und auch etwas davon haben, so deutet uns die Kombination an, dass er schneller handeln sollte, um die Gefahr eines Einbruchs zu verhindern. Denn wenn das Geld da bleibt, wo es ist, wird es weniger anstatt mehr. Das Wort »Einbruch« bezieht sich hier auf Wirtschaftseinbruch, Zinsverfall, Tief an der Börse, unverhoffte Ausgaben . . .

Fische + Ruten
Das leicht verdiente Geld wird angegriffen werden. Man meint, es wäre zu einfach gewesen. Daher gibt es Streitigkeiten und Auseinandersetzungen.

Fische + Vögel
Das gibt Ärger. Hier wird sich gleich mit mehreren Betreffenden zerstritten, obwohl die Person es nicht vorhatte. Man lästert, spekuliert und munkelt über Ihr Geld, da Außenstehende nicht nachvollziehen können, wohin es fließt. Die diesbezüglichen Ausgaben werden von anderen Personen für sinnlos oder überflüssig gehalten.

Fische + Kind
Für den Selbstständigen und auch ein Unternehmen laufen die Investitionen hier wirklich im kleinen Rahmen. Man baut auf das, was man selbst für richtig hält. Der Arbeitnehmer steht hier voller Vertrauen zu dem Unternehmer, während ein Arbeitssuchender eher die Rolle eines »Bittstellers« einnehmen würde.

Fische + Fuchs
Mit Hinterlist, Tücke und Fehlinformationen versucht man, den Unternehmer/Selbstständigen von seinem Vorhaben abzubringen. Die treibende Motivation für den agilen Mittelsmann, hier auch z.B. leitender Mitarbeiter, kann Angst und Sorge vor einem persönlichen finanziellen Verlust sein.

Fische + Bär
Es ist alles bestens, Geld ist stabil und mehrt sich. Diese Kombination könnte z.B. wie eine staatliche Lotteriestelle sein, die mit offizieller Genehmigung immer Gewinn einfährt. Ein Spielcasino, eine Bank oder Börsengeschäfte. Wenn es hier um Unternehmen geht, betrifft es stets solche, die krisenfest oder vom Staat sanktioniert sind oder in Notzeiten unterstützt werden.

Fische + Sterne
Die neue Idee im Bereich Medien oder Kunst wird klar ausgearbeitet werden und für den Auftritt präpariert. »Ein Märchen aus Tausend und einer Nacht« ist hier zum Leben erwacht und kann reiche Früchte tragen. Für diesen kreativen Bereich ist in Zukunft mit gutem Geld zu rechnen. Ansonsten bedeutet die Aussage nur, dass die finanziellen Aspekte klar und strukturiert ausgearbeitet sind und auf kommenden Erfolg hindeuten.

Fische + Störche
Teile im Finanzbereich werden gesplittet, damit die Versorgung für alle gewährleistet ist.

Fische + Hund
Es ist gut geschäftliche Freunde, loyale Mitarbeiter, eine Lobby zu haben, auf die man sich verlassen kann, denn jemand davon soll in nächster Zeit etwas Finanzielles in Ordnung bringen, bei dem das Unternehmen/Selbst-

ständige ein bisschen ausgerutscht ist. Es soll ja niemand erfahren. Arbeitssuchende können, wenn sie sich um eine Vertrauensstellung im finanziellen Bereich bewerben, gute Aussichten auf Erfolg haben. Für normale Tätigkeiten winken nur Absagen.

Fische + Turm
Das ist keine ruhige Firma. Mitarbeiter kommen und gehen genauso schnell wieder weg. Für einen Außenstehenden ist hier nur wenig in Ordnung, abgesehen vom Finanziellen. Unaufhörlich schiebt sich diese Unternehmensstruktur in die allervordersten Reihen. Meistens handelt es sich um weltumspannende Finanzinstitute, weniger um das kleine Finanzamt von nebenan.

Fische + Park
Der »Geldadel« gibt sich die Ehre. Man macht sich fein, es lohnt sich. Das Treffen findet in einem Finanzinstitut, auch Spielbank, Börsenspektakel oder ähnlichem statt. Für den Unternehmer/Selbstständigen bringt es, auch wenn er nicht geladen ist, finanzielle Extrabonbons.

Fische + Berg
Der Partner, der beim Geldausgeben ein Mitbestimmungsrecht hat oder auch nur denkt es zu haben, bockt und zickt und torpediert eigentlich alles, was Sie gerne möchten, angefangen von Ihren persönlichen Hobbys bis zu Werbung, Personalkosten, neue EDV-Anlagen, die ihm zu teuer sind usw. usw. Der Versuch Geld zu erhalten oder auszugeben, um einnahmeträchtig zu investieren, lohnt hier nicht.

Fische + Wege
In der nächsten Zeit überwiegen die Ratio und das Sicherheitsdenken, es gibt kaum noch gewagte Einsätze. Hier wird versucht aus einem unkoordinierten, intuitiven Verhalten in einen professionellen Zustand zu gelangen. Dies kann sich zum Beispiel in einer geschäftlichen Verbindung als Trennungsgespräch ausdrücken, das finanziell aber gut abgesichert ist. Unter Umständen betrifft es auch einen Berufs- oder Firmenwechsel, bei dem ein besseres Gehalt gezahlt wird. Hier sucht der Mensch oder ein Unternehmen aus einer gesicherten finanziellen Lage heraus eine neue rational vernünftige Struktur.

Fische + Mäuse
Das Geld oder auch das Produkt, mit dem das Geld hier verdient wurde, verschwindet von einem Tag auf den anderen. Übrig bleibt nur »Schrott«. Den müssen Sie dann selbst aufräumen.

Fische + Herz
Die organisierte Spenden-, Hilfsaktion bringt außer Geld auch noch sehr viele herzliche und selbstlose Verbindungen mit sich. Wenn zwischen Arbeitgeber, Banker, Arbeitnehmer oder Arbeitssuchendem die Chemie stimmt, gibt es auf die aktuelle Anfrage eine Zusage.

Fische + Ring
In dieser geschäftlichen Beziehung ist die finanzielle Bindung des neuen Partners oder Mitarbeiters an das Unternehmen/Selbstständigkeit schon fast eine Form von Abhängigkeit.

Fische + Buch
Geld ist vorhanden. Doch über Geldangelegenheiten wird hier im Unternehmen geschwiegen. Ein Arbeitnehmer kann lange Jahre in dem Betrieb arbeiten ohne zu wissen, wie reich

seine Firma wirklich ist oder wo die Gelder bleiben oder in was sie investiert werden.

Fische + Brief

Hier werden Termine »verschlampt«, die Geld bringen könnten. Zum Beispiel kommt man zu spät oder reagiert verzögert, weil die Nachricht entweder verlegt wurde oder die Person sie ungenau zur Kenntnis genommen hat. Ist nur kleiner Kummer, geht schnell vorüber.

Fische + Herr

Für diesen neuen Geschäftspartner ist das Unternehmen, der Selbstständige zu klein. Eine Verbindung kommt bedauerlicherweise nicht zustande.

Fische + Dame

Der Wechsel in dieses kleinere aber finanziell stabile Unternehmen wird dem Arbeitnehmer mehr Anerkennung im Außen bringen. Ein Unternehmer/Selbstständiger würde hier die richtige Person einstellen, um vergangene Erfolge erneut aktivieren zu können.

Fische + Lilie

Die finanzielle und materielle Sicherheit ist ausreichend gewährleistet, doch neue Ideen oder Veränderungen sind im Business unerwünscht. Die Geschäftsleitung wird von dogmatisch denkenden Herren ausgeübt. Selbst bei Auftragsvergaben werden keine Toleranzwerte zugelassen. Einstellung, Beförderung, Gehaltserhöhung, alles streng nach Vorschrift.

Fische + Sonne

Die Zeit, die vor Ihnen liegt, ist einfach traumhaft gut. Die Finanzen stimmen, die Psyche stimmt, die Energie stimmt und die Firma stimmt. Es läuft alles wie von selbst. Der Mensch tätigt ungewöhnliche und auch spontane Unternehmungen, die nicht geplant waren. Auch diese laufen fantastisch.

Fische + Mond

Die Finanzen stimmen oder vermehren sich nur unter zwei Bedingungen: Entweder haben die Geschäfte mit menschlichen Gefühlen und der Erzeugung von Emotionen zu tun oder es handelt sich um ein nächtliches Gewerbe. Wenn das nicht zutrifft, schlägt sich hier ein Unternehmen, der Selbstständige oder Arbeitnehmer mit Gelegenheitsgeschäften und Vernebelungstaktiken durch das Leben.

Fische + Schlüssel

Mit Sicherheit wird eine finanziell belastende Verpflichtung aus der Vergangenheit, was mit Bindung und Festhalten zu tun hatte, in naher Zeit endgültig ausgelaufen sein. Für ein Unternehmen, eine Selbstständigkeit wird schnell ein aus Vernunftgründen nötiger Imagewechsel aufgebaut.

Fische + Anker

Durch die Arbeit ist man ziemlich am Ende, so dass man teilweise vergisst, wie schön, wie leicht und wie einfach das Leben sein kann. Hier werden sogar die Geburtstage vergessen und der Partner oder die Mitarbeiter gehen langsam am »Krückstock«. Was nützt das bisschen Geld, das vorhanden ist, wenn keine Zeit mehr fürs Ausgeben bleibt.

Fische + Kreuz

Das leichte Leben, der mühelose Geldfluss ist vorbei. Das Unternehmen, der Selbstständige, der Arbeitnehmer schafft es derzeit nicht den Bedürfnissen des Marktes zu entsprechen.

Der Anker – Pik 9

Karte Nr. 35

Finanzielle, Materielle Bedeutung

- *Selbstständigkeit, Kleinbetriebe*
- *emsig, tüchtig, fleißig, sparsam*
- *Job, Karriere: wenig Aufstiegsmöglichkeiten*
- *bei Jobsuche: wahrscheinliche Zusage*
- *Beruf, Berufung, großer Einsatz*
- *Geldfluss: mager bis ausreichend*
- *Materielles: als Besitz oder Warenwerte*
- *hohe feste Kosten, Zahlungsverpflichtungen*
- *konjunktur- und saisonabhängig*

Die Karte der Anker symbolisiert im finanziellen, materiellen Bereich die Verankerungen, (auch) das Sesshaftwerden in jeglicher Form sowie das Festhalten. In der Regel ist der Anker nicht zu großen Veränderungen oder Risiken bereit. Er würde kein Geld in Aktien oder spekulative Geschäfte stecken, eher trägt er es zur Sparkasse und im besten Fall lässt er sich vom Bankberater zu einem Gesamtpaket überreden, wenn es ihm sicher erscheint und zur Absicherung seiner Rente dient.

Der Anker ist im unternehmerischen Bereich eher zu den Betrieben/Selbstständigkeiten zu zählen, die von den Wirtschaftsverhältnissen der Region oder Saison abhängig sind. Daher unterliegt er diesen Schwankungen, Regeln und der Marktlage mehr als ein Unternehmen, welches z.B. unter dem Kartenaspekt Fische, Turm, Schiff, Bär, Sterne, Störche, Park, Buch, Brief, Lilie, Sonne, Mond tätig ist.

Die finanzielle Lage im Anker ist oft angespannt, denn hier fehlt es an Leichtigkeit. Die Kommunikation und der gesellschaftliche Rahmen, auch die freundschaftlichen Kontakte werden durch die viele Arbeit oft sträflich vernachlässigt, so dass der Geldfluss trotz intensiver Bemühungen nicht so richtig in Bewegung kommt. Wir sagen über solche Menschen: »Der hat sich zu Tode gearbeitet«.

Die Entwicklung einer Firma geht nur langsam vorwärts, obwohl fleißig gearbeitet wird, und das Jahr für Jahr, stetig und ausdauernd.

Anker – Nr. 35, Pik 9 in Verbindung

Anker + Reiter

Arbeitsanweisungen werden persönlich durch einen verantwortlichen Boten an die Einsatzorte innerhalb Ihrer Arbeitsstelle übermittelt.

Anker + Klee

Die Witterungsverhältnisse begünstigen und beschleunigen den geplanten Arbeitsablauf.

Anker + Schiff

In naher Zukunft werden Sie sich von der kraftzehrenden Arbeitssituation etwas lösen, an der Sie ziemlich lange klebten. Nichts kann Sie mehr halten, Ihre Ängste und Zweifel sind verflogen und Sie fühlen sich geistig stark und klar. Hier ist es die Hoffnung auf gute neue Verbindungen, die stark macht.

Anker + Haus

So war es, so ist es, so wird es immer sein und deshalb halte ich dran fest, könnte hier der Leitspruch werden. Die Konstellation zeigt sich fest, hart und dogmatisch. Sicherheit ist vorhanden, doch finanzielle Reichtümer können auf diese Weise nicht erworben werden.

Anker + Baum

Es passiert derzeit nichts außer Arbeit und »tödlicher« Langeweile. Kein Esprit, kein kleines Glücksgeschenk, zu wenig Streicheleinheiten, zu wenig Anerkennung. Arbeit in jeglicher Form ist hier wie eine Pflicht und Berufung zu der zugewiesenen (Lebens)-aufgabe.

Anker + Wolke

Hier ist es etwas schwierig einmal abzuschalten und sich frei machen. Ständig gehen einem die Arbeit, die neuen Projekte und die damit verbundenen Ideen, Zweifel und zu treffenden Entscheidungen im Kopf herum. Ziemlicher Stress.

Anker + Schlange

Der Ratschlag, Vorschlag, der von einer Freundin, Bekannten, Kollegin oder Vorgesetzen erteilt wird, ist so raffiniert und verdreht dargeboten, dass Sie Gefahr laufen, bei Befolgung in Lügen- und Betrugsmanipulationen verstrickt zu werden. Unternehmer oder Selbstständige begegnen hier jemandem, der sozusagen Patentlösungen für alles und jedes anbietet. Vorsicht ist geboten.

Anker + Sarg

Sie werden sich beruflich überfordern lassen und der finanzielle Ausgleich lässt zu wünschen übrig. Man ist einfach k.o. und will nichts mehr hören und nichts mehr sehen. Alles ist zu viel. Und jeder, der einem in die Quere kommt, kostet einen den letzten Nerv. Selbst ein ganzes Unternehmen kann hier völlig fertig sein, »reif für die Insel«.

Anker + Blumen

Die Arbeit macht Spaß, sie bringt Erfolg, Anerkennung, die man vor allen Dingen durch Blumen oder Präsente bestätigt bekommt. Es ist eine glückliche Phase, bedingt durch den Erfolg in der Tätigkeit. Selbst Vorgesetzte oder Verantwortliche sind hier weder überkandidelt noch sonstwie problematisch. Eine Anfrage nach einer Arbeitsstelle sieht nach einem spontanen Ja aus, wenn sich beide Parteien im Preis entgegenkommen.

Anker + Sense

Hier wurde hart gearbeitet und der Erfolg steht der betreffenden Person zu. Doch jemand anderes wird bevorzugt. Eifersuchtsgedanken und das wütende Bewusstsein »Das ist ungerecht. Ich hatte es mir verdient!« bringen den Menschen ins Schwitzen und Rotieren. Arbeitnehmer verbeißen sich regelrecht in die ausgeschriebene Position und wollen diese unbedingt haben.

Anker + Ruten

Streitigkeiten um Finanzielles sind in diesem Fall aussichtslos, da der andere an seinen eisernen Grundsätzen festhält. Gefeilscht wird hier nicht, und Nachlässe gibt es auch nicht.

Anker + Vögel

Zu viel unterschiedliche Meinungen, zu viel Tratsch, Klatsch, Nervosität (könnte hier Mobbing auf der Arbeitsstelle sein) lässt Sie in Ihre eigene Welt flüchten. Meistens handelt es sich hier um berufliche Doppelbelastungen, die den Arbeitnehmer auslaugen und empfindlich für Sticheleien machen. Die Aussage trifft auf ein Unternehmen oder einen Selbstständigen genauso zu.

Anker + Kind

Es wird eine Art Neuanfang im beruflichen Bereich geben. So ähnlich wie ein Wiedereinstieg oder eine Integrationsmaßnahme. Ihr Einsatz wird gewürdigt und Sie werden tatkräftig und mit einer gehörigen Portion Vertrauen unterstützt. Auch für einen Betrieb würde es einen Wiederanschluss an alte Arbeitsprojekte und Produktionen bedeuten.

Anker + Fuchs

Es ist derzeit sinnvoll, die Veränderungswünsche gleich welcher Art vorerst für sich zu behalten. Es ist für die anderen durchaus bequemer Sie in den alten Bahnen zu halten und daher werden diese versuchen, Sie mit pragmatischer Logik davon zu überzeugen, dass es keinen Sinn macht, sich so großartig zu verändern. Ein Sonderfall ist, wenn ein Betrieb es zulässt, dass dieser bestimmte Berater ins Haus kommt. Dem Berater wird es ihm gelingen, den Betrieb für seine Wünsche einzuspannen und zu steuern. Die Wünsche des Unternehmers zählen dann nicht mehr.

Anker + Bär

Materielle und berufliche Pflichten halten den Menschen derzeit fest auf dem Boden. Gehandelt wird stur nach dem Ordnungsprinzip, aber gerecht. Diese Kartenkombination erscheint zum Beispiel bei Ordnungshütern, die Strafzettel verteilen, ein Auto abschleppen oder Bußgelder verhängen. Bei Karriereanfragen, Gehaltsanfragen oder Einstellungen geht es streng nach Alter, Dienstgrad, Leistung, also haargenau nach den Richtlinien oder auch einem Punktesystem.

Anker + Sterne

Ein wunderbares Projekt mit viel handfester Arbeit dahinter wurde verwirklicht und jetzt kann gefeiert, getanzt und geschwebt werden. Alles ist plötzlich ganz leicht und locker. Es gibt keine starren Konventionen mehr. Betriebe, die sich abgekämpft haben, schweben von einer Sekunde zur nächsten hinauf in den »siebten Himmel«.

Anker + Störche

Erstaunt werden Sie entdecken, wie leicht sich Ihre Gedanken mit einem Arbeitsplatzwechsel beschäftigen, obwohl Sie sich vor kurzer Zeit noch nicht einmal vorstellen konnten, überhaupt etwas zu verändern. Die Aktion, die zur Veränderung führt, liegt noch vor Ihnen, doch sie wird schneller wahr, als Sie jetzt annehmen. Für einen Betrieb gilt hier das gleiche.

Anker + Hund

Das Leben, so wie es ist, stellt Sie nicht zufrieden. Das hat unter anderem mit der Anbindung an die Firma zu tun, auch wenn Sie dort ein halbwegs zufriedenstellendes Einkommen haben. Einige besonders liebevolle Wegbegleiter – das können in diesem Fall Freunde, Arbeitskollegen, auch Familie sein – sorgen dafür, dass Ihr Lebensradius nicht erweitert werden kann. Das ist gültig für Arbeitnehmer sowie den Betriebsinhaber.

Anker + Turm

Derzeit ist es für einen Arbeitnehmer so gut wie aussichtslos, aus diesem Betrieb auszubrechen und etwas Neues zu beginnen. Meistens wird hier für Chefs gearbeitet, die Sie auch in der Freizeit jederzeit abberufen können. Sie sitzen fest, kleben fest und die Umstände erlauben keine Veränderung, da es ortsabhängig keine vernünftige Alternative gibt. Diese Kombination erscheint zum Beispiel, wenn es um Polizei, Streifendienste, Gerichte, Aufseher- oder Überwachungspositionen geht. Auch dieser Betrieb kann nicht machen, was er will, weil er wiederum von höheren Stellen abhängig und weisungsgebunden ist.

Anker + Park

In absehbarer Zeit wird sich der Mensch und auch der Betrieb einen Platz erarbeitet haben und dann hat man wieder Zeit, um das gesellschaftliche Leben zu pflegen. Für Arbeitnehmer in öffentlichen Diensten sei gesagt, dass es Zeit ist, einmal die Arbeit zusammenzupacken und auszugehen. Arbeitslose sollten unter dieser Konstellation öfter bei den Behörden nach einer Stelle anfragen.

Anker + Berg

Betrieb und Personal machen sich hier das Leben selber schwer. Eigensinnig, trotzig und rechthaberisch beharren sie auf eisernen Prinzipien und starren, längst überholten Meinungen. Das ganze Umfeld wird davon betroffen.

Anker + Wege

Der alte Weg, den Sie im Arbeitsbereich gegangen sind, ist zu Ende. Schütteln Sie ihn ab, geben Sie ihn auf und gehen Sie vorwärts. Seien Sie versichert, der nächste Schritt nach vorne unter dieser Konstellation ist immer der richtige und wird neue Möglichkeiten bringen. Dieser Betrieb ist gerade dabei, außer der breiten Straße auch die guten ertragreichen Marktnischen zu finden.

Anker + Mäuse

Seien Sie nicht traurig über den Verlust, der Sie jetzt trifft, denn im Grunde genommen und auf lange Sicht gesehen war das Verlorene es nicht wert behalten zu werden. Das hätten Sie längst freiwillig hinter sich bringen sollen. Zum Leben zu wenig, zum Sterben zu viel! Immerhin hat es materiell gesehen zum Überleben gereicht, aber mehr auch nicht.

Anker + Herz

Durch die Arbeit oder auf der Arbeit treffen Sie Personen, die Ihnen Aufmerksamkeit, Anerkennung, ja auch Bewunderung entgegenbringen. Das lässt sogar den vollen Schreibtisch in neuem Licht strahlen.

Anker + Ring

Das bereits vorhandene Zusammengehörigkeitsgefühl wird vertraglich bestätigt. Und es soll für immer sein. Es geht um Treue, Ergebenheit, man begibt sich beidseitig in Abhängigkeit, fesselt sich selbst. Dabei ist es gleichgültig, ob und inwieweit das involvierte Unternehmen seinen eigenen Wünschen noch gerecht werden kann. Für einen vertraglich fixierten Karriereerfolg oder eine Neueinstellung gilt in etwa die gleiche Aussage. Die eigenen Wünsche müssen hintenan gestellt werden.

Anker + Buch

Derzeit wird es nicht gelingen, detaillierte, aufschlussreiche Informationen über Aktivitäten der Firma oder der verantwortlichen Personen zu erhalten. Alles, was man hört, will einen nicht so recht befriedigen. Hier werden nicht alle Mitarbeiter offiziell genannt, geschweige denn ihre Einkünfte, ihr Einsatzort oder Arbeitsstellen. Liebe/r Leser/in, bitte beurteilen Sie diese Aussage nach Ihrem Gefühl, denn hier kann es sich um reine Schwarzarbeit oder auch um Undercovergeschichten handeln.

Anker + Brief

Die Mitarbeiter dieser Firma sind ständig im wechselnden Einsatz tätig. Auch können sie jederzeit zu neuen Aufträgen abgerufen werden. Dabei handelt es sich um Kurzzeitarbeit, die ohne nachhaltige Wirkung ist.

Anker + Herr

Das egozentrierte Denken der verantwortlichen Person ist ärgerlich. Er will sein Leben partout nach seinem Egowillen führen. Diese Arbeit ist ihm zu mühsam und zu nervenaufreibend. Der Unternehmer hatte aber seine Hoffnung, einen großflächigeren Erfolg zu erzielen, gerade auf diesen guten Manager gesetzt.

Anker + Dame

Haushalt Nebensache, Kinder Nebensache, Partner Nebensache! Die Arbeit ist das Wichtigste. Die Dame betrachtet ihre Arbeit als Lebensinhalt und wird Leistung ohne Ende bringen. Und sie will in erster Linie aufgrund ihrer erbrachten Leistung geschätzt und anerkannt werden. Der Betrieb ist damit gut bedient. Ein Arbeitssuchender hat hier die Möglichkeit über sein Auftreten und die Qualifikation die ausgeschriebene Stelle zu erhalten. Dieses Angebot lässt sich meistens im Stellenanzeiger des Arbeitsamtes finden.

Anker + Lilie

Ein Leben für die Arbeit und sonst nichts. Auch wenn es hier Familie gibt, so werden fast alle Grundbedürfnisse durch die Arbeit und in der Arbeit gestillt. Einschließlich der Sexualität. Das gilt für Unternehmer sowie den fragenden Arbeitnehmer.

Anker + Sonne

Eine machtvolle, strahlende Energie drängt in das Leben des Menschen und versorgt ihn mit allem, was er benötigt. Die Person und auch die Firma wird zunehmend an Kraft und Stärke gewinnen. Man zieht berufliches Glück geradezu an. Auf Ihre Anfragen und Bitten um Zusagen gibt es positive Antworten.

Anker + Mond

Hier sind Tagträume, Sehnsüchte und Zärtlichkeitsbedürfnisse, die aufgrund eines arbeitsintensiven Lebens derzeit nicht befriedigt werden. Ohne vernünftigen Schlaf wird bald regelrecht halluziniert, denn die Nerven sind bereits überreizt. Das gilt hier für alle Personen, nach denen mit den Karten gefragt wurde.

Anker + Schlüssel

Auf jeden Fall, ohne Zweifel bedeutet hier die finanzielle Absicherung/Sicherheit alles. Daher soll das Bindungs-, Vertrags- oder Verbundenheitsverhältnis am Arbeitsplatz mit allen Mitteln geheim gehalten werden. Unter Umständen könnte hier eher die Person entlassen, abgefunden oder versetzt werden, als dass man es wagen würde, dass die Geschichte publik wird.

Anker + Fische

Die materielle Sicherheit ist vorhanden und in Zukunft gestaltet sich der Geldfluss etwas leichter, denn es werden verschiedene Arbeitsbereiche in die Vervielfältigungsphase gehen.

Anker + Kreuz

Gleichgültig in welcher Fragestellung diese Kombination erscheint, es ist immer ein Hinweis auf eine besonders belastende Arbeit. Es kann sich sowohl um psychische als auch um körperliche Belastungen handeln. Außerdem ist es Arbeit ohne Ende. Der Mensch oder ein Unternehmen wird nie fertig. Hier wird man mit der Arbeit alt und sie ist zeitlebens eine Bürde. Streckenweise wird jeder neue Tag als Last empfunden. Es gibt nur zu tun!

Anm. der Autorin: »Was soll sich denn an meinem Leben noch viel ändern? Das geht so weiter, bis ich in Rente bin, und dann hoffe ich, noch ein paar schöne Jahre zu genießen.«
»Du willst genießen, was bitte?«
»Äh . . . na, ja, vielleicht Reisen, und irgendwann ab in die Kiste.«
»Aha, und das soll's dann gewesen sein?!«

Die Einstellung muss hier geändert werden, sonst stirbt derjenige irgendwann inmitten seiner vielen Arbeit!

Das Kreuz – Kreuz 6

Karte Nr. 36

Finanzielle, Materielle Bedeutung

- *finanziell erfolglos, Geldmangel*
- *Jobsuche, Karriere erfolglos*
- *bei Selbstständigkeit oder Unternehmen passiver Zustand, wenig Bewegung*
- *Materielles kann vorhanden sein – nur lässt es sich nicht zu Geld machen*
- *Belastung, Bürde, Last, Auflösung*
- *Ausharren, da kaum Wahlmöglichkeiten*
- *Beginn von etwas Neuem*

Im finanziellen und materiellen Bereich symbolisiert das Kreuz das Ausharren auf den Positionen, da, wenn das Kreuz erscheint, die Lage durch die Person weder zu retten noch zu drehen ist. Hier ist es gleichgültig, was der Mensch versucht. Erfolge werden sich auf Sicht gesehen erst einstellen, wenn die Kreuzphase durchlaufen ist und der Mensch eine Art Neubeginn gestartet hat.

Auch setzen wir das Kreuz mit dem Ende, der Auflösung und der Erlösung von der Belastung gleich. Demzufolge zeigt es uns mit der nächsten Karte nach dem Kreuz, wohin der neue Weg geht, wohin der Mensch sich wendet, wem oder was er seine Aufmerksamkeit schenkt und wie er gedenkt, seine Chancen für den neuen Weg oder Lebensabschnitt zu nutzen. Jedoch unter diesem Aspekt nickt er ergeben zu fast allem, auch wenn er innerlich revoltiert. Unternehmen, die im Kreuz stehen, haben oft einen hohen Krankenstand zu verzeichnen. Berufsbedingte Krankheiten häufen sich. Das Bedürfnis nach mehr Individualität und die Frührente zählen häufig zu den Ausscheidungsgründen.

Für Arbeitssuchende gibt es kaum Wahlmöglichkeiten, da in ihrem Umfeld oft nur ein paar mögliche Arbeitgeber in Frage kommen.

Als Einzelantwort auf erhoffte positive Zusagen kennt das Kreuz nur eine einzige Bedeutung, und die ist »nein«.

Wissenswertes zum Kreuz

Kombination

Kreuz als Einzelaussage
bedeutet Belastung jeglicher Art.

Kreuz + Karte
ist der Beginn von etwas Neuem.

Kreuz + Karte + Karte + Karte
zeigt den Weg an.

Karte + **Kreuz**
ist die Auflösung des Alten.

Karte + Karte + Karte + **Kreuz**
zeigt an, was aufgelöst wird.

Kreuz über der Person

Karte	**Kreuz**	Karte
Karte	**Person**	Karte
Karte	Karte	Karte

Wenn das Kreuz genau über der Personenkarte liegt (bei großen Auslegungen möglich), so bedeutet es, dass die Person viel an Leid, Schmerz, Kummer denkt. Materiell und finanziell gesehen beziehen sich die sorgenvollen Gedanken auf Geschäft, Wirtschaftslage, wirtschaftliche Entwicklung, Arbeitsplatzerhalt, Geldfluss, Kundenkaufkraft, Preisverfall, allgemeine Ängste vor der Zukunft. (Man trägt es im Kopf herum, alle Gedanken kreisen darum, man wird förmlich unter der Kreuzkarte erdrückt.) Dabei ist es gleichgültig, ob es sich um Vergangenheit, Gegenwart oder Zukunft handelt.

Kreuz unter der Person

Karte	Karte	Karte
Karte	**Person**	Karte
Karte	**Kreuz**	Karte

Wenn das Kreuz genau unter der Person liegt, so können Sie davon ausgehen, dass die Person versucht, das Leid, den Schmerz und Kummer unter anderen Dingen zu begraben, buchstäblich darüber zu stehen. (Offiziell tut man so, als würde man die Katastrophe nicht sehen.) In der Regel funktioniert das gut, viele, viele Jahre. Und manche Menschen kommen auf diese Weise tatsächlich halbwegs darum herum.

Außer, das Kreuz sitzt auf einem »Schicksalsknotenplatz« zur Personenkarte. Dann wird das Ereignis, der Verlust, die Auflösung eintreten, selbst wenn es zwanzig irdische Jahre dauert.

Finanzielles – Materielles – Wirtschaftliche Bindungen

Finanzen
Wenn das **Kreuz** + Karte in der Ausgangssituation erscheint, können Sie davon ausgehen, dass in diesem Leben, über einen derzeitig längeren Zeitraum die Finanzen gerade eben zum Überleben reichen.

Materielles
Werte wie z.B. Haus, Firma, Geschäft können vorhanden sein, doch die Belastungen sind entweder zu hoch oder die Materie kann nicht in Geld umgewandelt werden.

Wirtschaftliche Bindungen

Meistens Unterdrückung, auch im Sinne von Unterdrückung der eigenen Wünsche und Fähigkeiten, zugunsten Dritter. Aufopferung für Familie, Partner, Kinder. Oft erschöpfen sich hier die Möglichkeiten aus dem gegebenen System auszubrechen, weil zum Beispiel keine Ersatzfirma mit freien Stellen vorhanden ist. Man befürchtet den Verlust seines sozialen Status oder seines Einkommens.

Arbeitssuchende

Für Arbeitssuchende ist es aus der Situation

Kreuz + Karte

heraus sehr schwierig, aber möglich, eine neue Anstellung zu finden.

Wenn Sie eine finden, so ist es fraglich,

a) ob die Firma Ihr Kreuz mittragen will oder wird, z.B. eingeschränkte Arbeitszeiten wegen Kindern oder finanziellen Vorbelastungen,

b) ob Sie wirklich innerlich zu einer neuen beruflichen Partnerschaft bereit sind,

c) und ob Sie nicht gleich wieder in einen ähnlichen Betrieb hineingeraten wie Sie ihn gerade hatten, da eventuell die Last des »Kreuzes« nicht abgeschüttelt werden kann.

Kreuz – Nr. 36, Kreuz 6 in Verbindung

Kreuz + Reiter

Eine Benachrichtigung wird erfolgen, dass ein defektes, mit Fehlern behaftetes Teil zur Reparatur oder Verschrottung abgeholt wird.

Kreuz + Klee

Als Entschädigung für die Belastungen, für die der Empfänger diesmal nicht verantwortlich war, wird in Kürze Ersatz und ein ausgleichender Bonus angeboten.

Kreuz + Schiff

Eine geplante Reise ist vom Schicksal bestimmt, sie liegt bereits fest und gehört in den Weg einer Firma sowie auch der fragenden Person. Diese Fahrt zu dem anderen wird eine Veränderung der vorherigen schwierigen Situation bedeuten.

Kreuz + Haus

Ein Arbeitnehmer war an seinem Arbeitsplatz durch die unpassenden Räumlichkeiten und Spannungen in der Firmengemeinschaft starken Belastungen ausgesetzt. Doch diese werden sich nun größtenteils durch das Weiterziehen eines Firmenmitglieds erheblich verringern.

Kreuz + Baum

Es gibt Belastungungen, die derzeit nicht veränderlich sind, z.B. im sozialen Netz festzuhängen, das innerbetriebliche Sozialgefüge bzw. die starren, dogmatischen Verhaltensregeln für Arbeitnehmer, auch Arbeitgeber zu ertragen. Hier Abhilfe zu schaffen geht nur im Schneckentempo.

Kreuz + Wolke

Der vorausgegangene Verlust haftet an Person oder auch Unternehmen. Viele der Anfragen nach z.B. Bankkrediten, neuer Arbeit, sehen im ersten Moment deutlich positiv aus, werden dann aber sehr drastisch zerpflückt. Manchmal ist der Anfragende es selbst, der die Zweifel und Unsicherheit in die Situation bringt.

Kreuz + Schlange

Das Gesetz der Serie tritt hier in Kraft. Wenn ein Mensch oder auch ein Unternehmen bereits mit allen erdenklichen Mitteln um sein Überleben kämpft, spüren das die anderen Partner. Sie brauchen es nicht definitiv zu wissen. Zwangsläufig werden die Beziehungen zu neuen Auftraggebern, Kunden oder Arbeitnehmern auch verwickelt und Projekte verlaufen im Sande. Keiner will diese Schwierigkeiten, doch alle sind schon zu sehr darin verstrickt.

Kreuz + Sarg

Die Belastungen hier nahmen überdimensionale Ausmaße an, mehr als ein Mensch oder ein Unternehmen kurzfristig verkraften und verarbeiten kann. Geist, Seele, Körper, Finanzen streiken und es ist Auszeit. Selbst wenn hier alles weiter auf den Beinen bleibt und versucht zu funktionieren, so erkennt man die kritische Lage daran, dass vieles danebengeht und einfach schiefläuft. Sowohl das menschliche Kapital als auch das Unternehmen ist hier jedoch sehr zäh, willenstark und nicht so leicht unterzukriegen. Sturmerprobt!

Kreuz + Blumen

Das zählen wir bei dieser Ausgangsbasis zu einem kleinen Weltwunder. Mensch und Unternehmen haben sehr hart gearbeitet und viele Entbehrungen auf sich genommen. Und überraschenderweise klappt es jetzt auch. Erfolg und Anerkennung warten auf Sie!

Kreuz + Sense

Die Gefahr ist hier sehr groß, dass noch weitere Belastungen ertragen werden müssen und keine Rettung durch eine erfolgreiche Aktion, Saison oder einen guten Auftrag ausreicht, um das Blatt zu wenden. Auch ein Arbeitnehmer kann sich nicht sicher sein, dass er sein Gehalt bekommt, obwohl die Firma es jetzt eigentlich haben müsste. Hier ist das Finanzielle öfter in Gefahr.

Kreuz + Ruten

Aus Sturheit, Bockigkeit ist eine Situation entstanden, die nun zu einer fortdauernden emotionalen Belastung wird, z.B. könnte es sich um ständige Unterdeckung der Kosten handeln. Daraus erwachsen in naher Zukunft ziemlich gewaltige Probleme, die der Betreffende ohne fremde Hilfe wie Schiedsstellen, Anwälte oder Gerichte nicht lösen kann. Die Ursache des Problems ist karmisch bedingt, jedoch nicht der Verlauf.

Kreuz + Vögel

Eigentlich wissen Sie selbst am besten, was Sie zu tun haben und wie Sie weiter verfahren sollten. Es ist völlig überflüssig, mehrere Leute zu kontaktieren. Davon wird es auch nicht besser. Ratsamer ist es, wenn Sie sich müde und leer fühlen, auszuschlafen anstatt weiterzuarbeiten oder zu grübeln. Hier heißt es, selbst aktiv zu werden, um sich neue Gewohnheiten anzutrainieren. Für Unternehmen sowie für die Person gilt hier, durch Kommunikation gezielt auf die Verbesserung der Innenstruktur hinzuarbeiten.

Kreuz + Kind

Gleichgültig wie schwer die derzeitige Last zu tragen ist, man wird nicht aufgeben, sondern versuchen aus der drückenden Situation wieder neu und vertrauensvoll weiterzumachen.

Kreuz + Fuchs

Erstaunlicherweise gibt es mehr Menschen, als man allgemein annimmt, die sich am Leid und Schmerz der anderen ergötzen. Sehen Sie sich die Menschen genauer an, die Ihnen in naher Zukunft – im beruflichen Bereich – begegnen. Achten Sie auf Neugierde und übertriebene Freundlichkeit. Bleiben Sie selbst freundlich, höflich, aber halten Sie sich von ihnen fern. Man versucht die wirtschaftlich angespannte Situation zum eigenen Vorteil zu nutzen.

Kreuz + Bär

In Zukunft erwartet Sie eine erfreulichere Zeit, denn Ihr Leben steht unter einem besonderen Schutz durch die Behörden. (Das dient zum Besten des Menschen. Gilt auch für ein Unternehmen.) Irdisch gesehen werden Angelegenheiten, die rechtlich geklärt werden müssen, gut ausgehen. Das heißt nicht, dass Prozesse gewonnen werden. Es bedeutet nur, es geht gut aus. Für den Menschen oder das Unternehmen hört die vorherige Belastung auf und nach einigen Jahren ist er frei. Dabei kann es sich z.B. um eine Prüfungskommission handeln, die sich mit den Richtwerten des Unternehmens auseinandersetzt, oder um Medikamentenüberprüfungen oder auch – falls ein Konkursantrag im Hause liegt – ein Insolvenzverfahren auf Staatskosten. Also Angelegenheiten, die keinen beglücken, aber trotz allem zum Besten der Allgemeinheit dienen.

Kreuz + Sterne

Das Unternehmen sowie der Mensch beginnt hier seine Ziele und Wünsche neu zu definieren und eine klare Vision der Zukunft aufzubauen. Alles in allem bedeutet es hier nicht so sehr harte Arbeit sondern eher mehr Zeit für Lernen und wissenschaftliche Studien.

Kreuz + Störche

Eine diffizile Aufgabe wird erledigt. Sie ist geschafft. Sie verlassen Ihren Arbeitsbereich und fühlen sich eine Zeit lang frei und unbelastet. Doch je näher die neue Aufgabenstellung rückt, desto stärker fühlen Sie noch die alte Anbindung.

Kreuz + Hund

Unternehmer und Angestellte sind hier wie »Hund und Herrchen«. Einer trägt die Last des anderen. Die Mitarbeiter sind da, wenn sie gebraucht werden. Unbezahlte Überstunden, magerer Lohn, viel Arbeit, alles wird durchgestanden. Denn sie sind Wegbegleiter, deren Hauptanliegen es ist, dem Unternehmen wirklich nur zu helfen.

Kreuz + Turm

Mit dem Kopf durch die Wand geht nicht, wenn der Körper nicht mehr mitmacht. Die Unternehmensführung gibt aus Alters- oder Krankheitsgründen auf. Schließt. Das gleiche gilt für den Arbeitnehmer oder Arbeitssuchenden, doch hier sind es überwiegend gesundheitliche Motive. Oft ist damit das »Burn-Out-Syndrom« gemeint.

Kreuz + Park

Nach langem Ausgesperrtsein aus dem öffentlichen, gesellschaftlichen Leben werden Sie wieder zu den geladenen Gästen zählen. Auch Arbeitssuchende hätten hier sehr gute Aussichten auf eine Stellenzusage, denn die Vergangenheit ist abgegolten.

Kreuz + Berg

Im finanziellen Bereich lässt sich hier kein Blumentopf gewinnen. Die Materie/Ware/Besitz/Akquisition ist zäh wie Leder. Hier werden, um Erfolg zu haben, 48 Stunden benötigt, aber der Tag hat nun einmal nur 24 Stunden.

Kreuz + Wege

Innerhalb kurzer Zeit wird sich das Unternehmen zugunsten einer gesunden Marktwirtschaft entscheiden. Es wird ein Weg der Vernunft gewählt, und viele Emotionen werden nach hinten gestellt. Das gleiche gilt, wenn ein Arbeitnehmer fragt.

Kreuz + Mäuse

Diese Kombination ist nicht nur eine teilweise Erneuerung sondern fast eine Neufassung der menschlichen oder unternehmerischen Existenz. Vom alten Leben bleibt kaum noch etwas übrig. Hier können sich sogar die Gewohnheiten verändern. Im Irdischen kann dieser Verlust kurzfristig schmerzhaft sein, aber wie gesagt, es ist nur ganz kurzfristig, denn der Mensch fängt neu an.

Kreuz + Herz

Einige selbstlose Helfer stehen hier im Arbeitsbereich mit Rat und Tat zur Seite. Sie arbeiten fast für umsonst.

Kreuz + Ring

Hier wird ein vertraglich organisierter Ausverkauf aller beweglichen Güter stattfinden. Am Ende bleibt Geld übrig.

Kreuz + Buch

Dieses offensichtliche Leid, der Grund, warum es der Firma oder dem Menschen so schlecht geht, soll unter allen Umständen geheim gehalten werden. Sie werden nicht erfahren, warum, wieso und weshalb.

Kreuz + Brief

Von jemandem, auf den Sie gebaut haben, der Ihnen in Ihrem Schmerz helfen sollte, von diesem jemand erhalten Sie eine Antwort, die Ihren Schmerz verstärkt anstatt zu linden. Sie werden sich nicht auf ihn verlassen können. Das gleiche gilt für eine Unternehmensanfrage.

Kreuz + Herr

Die Belastung, die Bürde der Vergangenheit, wird nicht übernommen. Sie ist für die Interesse zeigende Person zu hoch, zu extrem.

Kreuz + Dame

Durch besondere Ereignisse werden Ihnen rational verständliche Erklärungen geboten, die mit Ihrem Fühlen übereinstimmen. Dadurch gelingt es Ihnen, vergangenes Leid aus einem anderen Blickwinkel zu sehen, und die Bitterkeit verschwindet. Das ermöglicht ein

Aufräumen und Neustrukturieren der alten übrig gebliebenen Teile und Scherben. (Hier wird viel durch gute Rhetorik in Ordnung gebracht).

Kreuz + Lilie

Das Unternehmen ist für Außenstehende so ähnlich wie einverleibt, infiltriert. Das bedeutet hier, dass es von einer religiösen Sekte oder kirchlichen Leitstelle dogmatisch, aber nicht offensichtlich geleitet wird. Berufliche Eigenentwicklung ist hier strengstens untersagt.

Kreuz + Sonne

Für ein Unternehmen, das sehr belastet ist, wird aus dem Allgemeintopf eine größere finanzielle Summe zur Verfügung gestellt. Es ist keine Frage: Eine neue Zeit mit sehr viel Kraft und Energie beginnt. Arbeitssuchende hätten anderenorts gute Aussichten auf eine hoch dotierte Anstellung. Und für einen Arbeitnehmer würde bald eine Beförderung oder Gehaltserhöhung anstehen. Sie wird tatsächlich genehmigt und das Leben sehr verbessern.

Kreuz + Mond

Der Glaube an Erfolg, den eigenen Stellen- und Marktwert oder bessere Zeiten ist verloren gegangen. Die Firma und auch die Person verliert immer mehr an Substanz, wird schwammig, verheddert und verhudelt sich. Kann sich selbst nicht länger organisieren.

Kreuz + Schlüssel

Mit Sicherheit erreicht der Mensch hier seinen Bestimmungsort. Er findet den richtigen Platz und die richtigen Menschen finden ihn. Die Vergangenheit ist endgültig vorbei und nichts kann ihn jemals wieder dahin zurückbringen, wo er herkam. Das gleiche gilt auch für ein Unternehmen, das fast ab sofort seine chaotische Vergangenheit beendet, nur noch nach finanzieller Sicherheit strebt und aus Gründen der Vernunft und Wirtschaftlichkeit gezielt handelt.

Kreuz + Fische

Das Unternehmen ist nicht von dem vergangenen Schmerz, dem Ärger, dem finanziellen Drama befreit, doch das wird jetzt als Belastung akzeptiert und man söhnt sich damit aus. Eine Phase der Heilung für Mensch und Unternehmen beginnt. Finanzielle Erfolge stellen sich nacheinander ein, so leicht und lokker wie schon lange nicht mehr.

Kreuz + Anker

Hier wird eine Veränderung von einer vorher ausgeübten Selbstständigkeit hin zu einer Arbeitnehmertätigkeit angezeigt. Wobei der Mensch sich innerhalb kurzer Zeit in seinem neuen Leben zurechtfindet und es als das akzeptiert, was es ist. Man unterstellt sich freiwillig den Spielregeln des Lebens und fühlt sich in der Gemeinschaft der Mitarbeiter geborgen.

Rituelle Vorbereitung

Es ist gleichgültig und ohne Einwirkung auf die Aussagefähigkeit, ob Sie nun mit der linken Hand oder mit der rechten Hand die Karten ziehen, sofern Sie das Medium »Karten« zu würdigen wissen. Auch ist es irrelevant, wo Sie die Karten legen, doch solange Sie nicht Meister oder zumindest gut sind, ist es hilfreich, einen bestimmten Platz in der Wohnung dafür einzuräumen. Veranstalten Sie doch ein kleines Ritual:

- Waschen Sie sich vorher die Hände,
- breiten Sie für einige Sekunden die Arme aus,
- mit den Handflächen nach oben,
- mit der Absicht die kosmische Energie aufzunehmen, sie Ihren Körper durchfließen zu lassen, um Sie zu reinigen.
- Legen Sie ein Tuch in der Ihnen angenehmsten Farbe (bitte nicht schwarz) auf den Tisch.
- Die Karten legen Sie geschlossen und verdeckt in die Mitte.
- Entzünden Sie für einen gewissen Zeitraum immer eine Kerze mit der gleichen Farbe wie das Tuch (bitte nicht schwarz) beim Kartenlegen.
- Erst dann fangen Sie mit dem Mischen an.

Diese kleine rituelle Handlung ruft mit der Zeit ein Gefühl der Sicherheit in Ihnen hervor und Sie werden sich selbst zusehen können, wie intuitiv richtig Sie reagieren.

Einen einfachen, gut funktionierenden Tipp hätte ich noch für Sie, den Sie eigentlich immer anwenden können, wenn Sie Energie benötigen. Strecken Sie den kleinen Finger und den Zeigefinger gerade und nach oben gerichtet. Mit den drei verbliebenen Fingern formen Sie einen Kreis. Die beiden nach oben gerichteten Finger wirken wie Antennen, die kosmische Energie ansaugen. Nach kurzer Zeit fühlen Sie sich dann erfrischt.

Kartenlegen oder mit Orakeln zu arbeiten gleicht einer magischen Handlung, genauso wie die tägliche Fahrt zum Arbeitsplatz oder die routinemäßig anfallende Arbeit. Versuchen Sie sich an schwierige Aufgaben zu erinnern und daran, wie lange es dauerte, bis Sie zum ersten Mal Sicherheit in der Ausführung erlangten. Also bitte verzweifeln Sie nicht, wenn finanzielles Kartenlegen noch nicht so will, wie Sie es wollen.

Wichtig

Fangen Sie bitte mit der einfachsten Legeart an (2 Karten) und nicht mit der schwersten (36 Karten).

Mischen und Auslegen

Mischen Sie die Karten so lange, bis sie sich in Ihren Händen gut anfühlen und Sie das Gefühl erhalten, jetzt ist es genug.

Großes Blatt

Karten mischen, dann verdeckt als Stapel auf den Tisch legen. Mit einer Hand drei Häufchen abheben und die Karten notieren. Die Karten wieder zusammenführen und dann offen von Nr. 1 bis Nr. 36 auslegen. Auslegung siehe gegenüberliegende Seite.

Kleines Blatt

Den Signifikator herausnehmen und die restlichen Karten gut mischen. Mit einer Hand drei Häufchen abheben und die Karten notieren. Die Karten wieder zusammenführen und dann offen von Nr. 1 bis Nr. 15 auslegen. Auslegung Seite 184.

Keltisches Kreuz

Den Signifikator bestimmen, aus dem Stapel nehmen und auf Platz 1 legen. Die Karten gut mischen und verdeckt halten. Die Karten nach Plätzen angefangen von Platz 2 bis Platz 10 offen auslegen. Bei dieser Legung können Sie auch nach dem Mischen die Karten verdeckt ausfächern und jeweils 1 Karte auf die Frage herausziehen und hinlegen. Auslegung Seite 185.

Siebener-Reihe mit Signifikator

Den Signifikator bestimmen und herauslegen. Die Karten danach gut mischen und verdeckt ausfächern. Danach einzeln die Karten ziehen und an dem Signifikator nach rechts anlegen. Sie können die Karten sowohl verdeckt als auch gleich offen (mit dem Bild nach oben) anlegen, doch es macht Sinn, sie verdeckt aufzulegen, da es ansonsten zu Irritierungen des eigenen Empfindens führen kann, wenn man wider Erwarten mit einer angeblich schlechten Karte konfrontiert wird. Auslegung Seite 203.

Einzelabfragen

Zweier-/Dreier- oder Vierer-Reihe genauso wie die Siebener-Reihe beschrieben. Wobei bei der Zweier-Reihe die Karten gleich offen hingelegt werden können.

Schicksalsrad

Mischen Sie die Karten gut und fächern Sie diese dann verdeckt aus. Ziehen Sie einzelne Karten und legen Sie diese dann verdeckt mit dem Bild nach unten auf die entsprechenden Plätze von Nr. 1 bis Nr. 10. Siehe Auslegung Seite 216.

Schicksalsweg

Mischen Sie die Karten gut und fächern Sie diese dann verdeckt aus. Ziehen Sie einzelne Karten und legen Sie diese dann verdeckt mit dem Bild nach unten auf die entsprechenden Plätze von Nr. 1 bis Nr. 7. Siehe Auslegung Seite 218.
Viel Spaß beim Legen und Deuten.

Legeart: Das Große Blatt

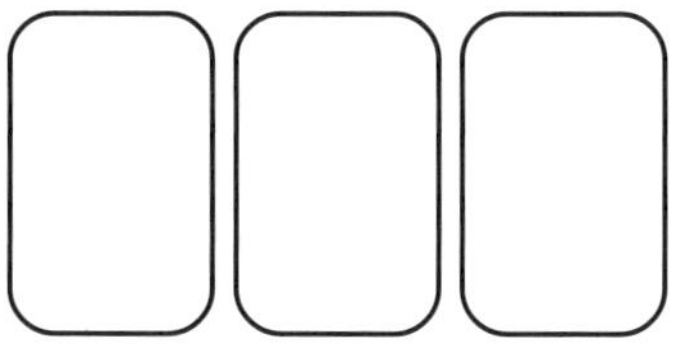

Karten des dreimaligen Abhebens

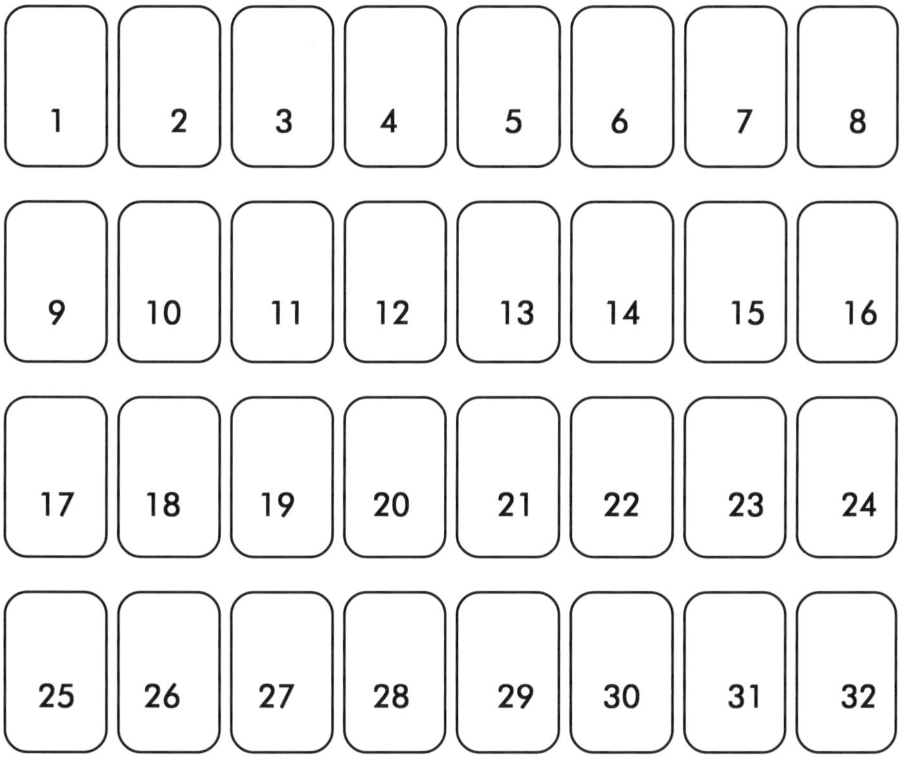

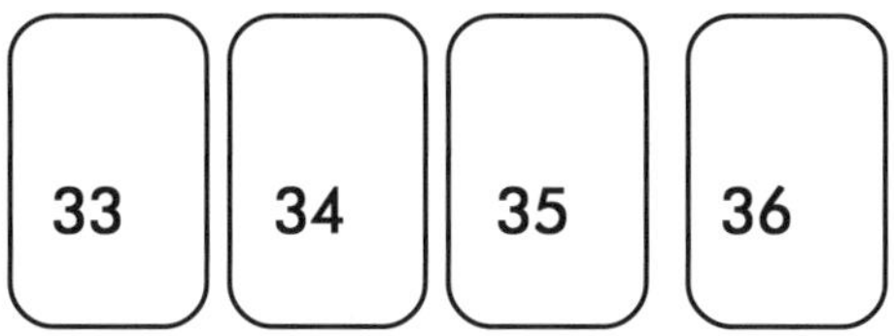

Bei dem großen Blatt gibt es hier keine nähere Erklärung, da es sich fast nur um ein Miteinanderverbinden der Karten handelt. Eine sehr gute Beschreibung finden Sie in »Mystisches Kartenlegen« auf Seite 140.

Legeart: Das Kleine Blatt

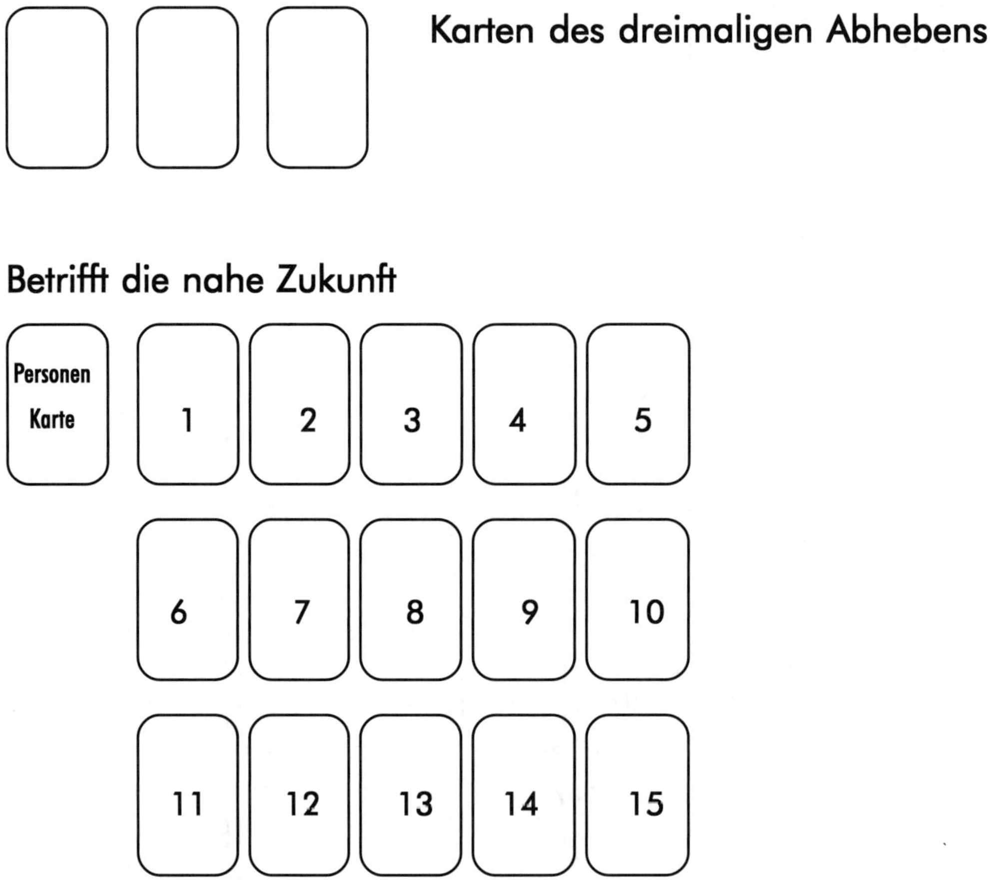

Im Laufe der Jahrhunderte haben sich bestimmte Legungen bewährt und neue wurden hinzuentwickelt. Die nicht so allgemein bekannten werden in diesem Buch kurz vorgestellt und jeweils mit einem oder mehreren Beispielen erläutert. Sie als Kartenleger/in entscheiden, welche Auslegung in Bezug auf den Klienten oder Sie selbst die richtige ist bzw. das meiste aussagen könnte. Bei dem kleinen Blatt gibt es in diesem Buch eine nähere Erklärung mit einigen Besonderheiten auf Seite 186.

Legeart: Keltisches Kreuz

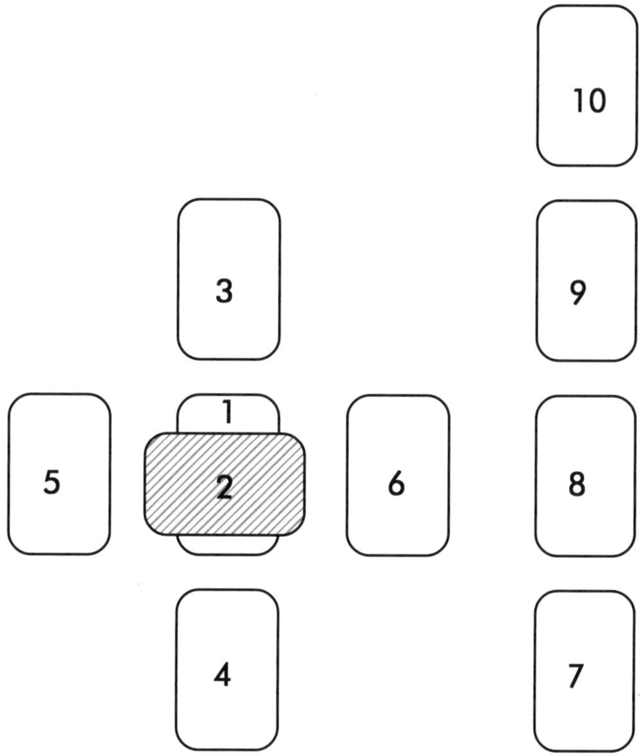

Das Keltische Kreuz ist eine sehr alte Kartenlegetechnik mit einer interessanten Fragestellung. Um vieles klarer und aussagekräftiger wird es, wenn Sie sich nach den ersten zehn Karten gleich nochmal auf die einzelnen Felder konzentrieren und eine zweite Legung darauf legen und diese entsprechend der Plätze zueinander lesen.

1. Karte: Die jetzige Lage, das Problem
2. Karte: Womit jetzt zu rechnen ist
3. Karte: Zeigt Ihre Gedanken und Sorgen der Gegenwart
4. Karte: Wovon Sie nichts wissen wollen
5. Karte: Die Ursache in der Vergangenheit
6. Karte: Was in der Zukunft kommt
7. Karte: Was bereinigt werden soll
8. Karte: Die Basis für den Aufbau
9. Karte: Ihre Hoffnungen und Tatkraft
10. Karte: Ihre Zielerreichung

Legung: Kleines Blatt

Aufgabe

Eine Dame, Frau B. – so um die 55 Jahre – möchte gerne wissen, wie es bei ihr beruflich und finanziell weitergeht.

Wir einigten uns darauf, den Zeitrahmen auf ein Jahr Laufzeit einzugrenzen, da sie selbstständig ist. Daher bat ich sie um 15 Karten, die ich ohne Signifikator und Schicksalskarten zu einer verkürzten Legung auslegte.

Sterne 1	Lilie 2	Klee 3	Haus 4	Wolken 5
Herr 6	Baum 7	Bär 8	Fuchs 9	Ring 10
Störche 11	Schlange 12	Vögel 13	Sarg 14	Reiter 15

Als erstes fiel mir auf, dass sie sich selbst nicht in ihr eigenes Blatt gelegt hatte. Das hat bei einer größeren Legung immer die Bedeutung, dass der Mensch sich leben lässt, vieles mit sich machen lässt, anstatt selbst zu agieren. Entschuldigen Sie, auch wenn es ein bisschen hart klingt, es ist so. Dass deutet immer auf eine Verlängerung eines passiven, fast handlungs- oder entscheidungsunfähigen Zustands hin. Ich bezeichne so etwas als fremdgesteuert, dass kann finanziell, wirtschaftlich oder auch emotional sein. Doch lassen Sie uns sehen, was uns tatsächlich erwartet.

Deutung des Blattes

Alles was Frau B. im nächsten Jahr in beruflich, finanzieller Hinsicht widerfährt, hat sie in den letzten Jahren bereits in ähnlichen Formen erlebt. Denn es beginnt mit der Klarheit der **Sterne** und endet mit dem **Reiter**, der 1. Karte des Decks, die wir hier als Neubeginn werten können, worauf uns die letzte Kombination des Blattes auch hinweist.

Der **Bär auf Platz 8** berichtet aber, dass ihr Leben und Arbeiten unter einem guten Schutz steht. (Das Wort Schutz wird der Betreffende immer gemäß seinen Erfahrungen deuten, es ist nicht notwendig das näher zu erläutern).

Die beiden diagonalen Karten Vergangenheit, die **Störche**, Zukunft die **Wolken** sind mit Zweifeln bei Veränderungen und neuen begehbaren Wegen belegt.

Beeindruckend sticht hervor, dass Frau B. den Traum eines Hauses träumt, **Haus auf Platz 4**, den sie in Kürze, in maximal einigen Monaten, verwirklichen möchte, was jedoch nicht zum Tragen kommt.

Die **Sterne** als Einzelkarte sprechen von erhofftem schnellen Reichtum und Gewinn, schnelles Aufsteigen in der Gesellschaft.

Sterne + Lilie, dieses Unternehmen, mit dem Frau B. gerade zusammenarbeitet, wird ihr keinen Erfolg bringen, denn die Projekte werden auf Eis gelegt.

Lilie + Klee, kurzfristig sieht es so aus, als ob der andere Unternehmer zum Erfolg beitragen würde. Doch diese Phase verebbt schnell.

Klee + Haus, unverhoffte Kundenbesuche oder auch Treffen bringen kleinen Geldfluss und tragen zur Stabilität bei.

Haus + Wolken, ein ihr noch vor kurzem wohlgesonnener Geschäftspartner steht nun Ihren Aktivitäten sehr zweifelnd gegenüber.

Wolken + Herr, sie selbst entwickelt Zweifel in Bezug auf eine wichtige Geschäftspartnerschaft und der andere ist im Begriff sich umzuorientieren.

Herr + Baum, ein Verantwortlicher des Unternehmens, mit dem sie zusammenarbeitet, setzt sich zur Ruhe. Sein Lebensplatz ist von der Firma weit entfernt.

Baum + Bär, da ihre Firma dem Gemeinwohl dient, ist trotzdem eine ausreichende soziale Versorgung vorhanden.

Bär + Fuchs, eine öffentliche Bekanntmachung einer Änderung, Eintragung lockt die falschen Berater in ihre Räumlichkeiten.

Fuchs + Ring, nur um keinen Prestigeverlust auf geschäftlicher Ebene zu erleiden, wird ein ausgeklügelter Vertrag geschlossen, in dem Teile der Firma verkauft/abgetreten/umgewandelt werden.

Ring + Störche, lange wurde um diesen Vertrag, um diese Genehmigung gefeilscht. Nun endlich kann die Veränderung beginnen. Doch nun geht sie nicht so schnell wie ehemals geplant.

Störche + Schlange, an die früheren Tätigkeiten wieder anzuschließen, die Erfolg und Geld brachten, ist jetzt schier unmöglich geworden. Der Markt ist anderweitig aufgeteilt.

Schlange + Vögel, die Aussicht auf einen schnellen finanziellen Erfolg wird trotz mustergültig geführter Gespräche nicht zustandekommen, da zwei Personen ihre Zustimmung geben müssen.

Vögel + Sarg, diffuse Ängste, Ahnungen, Unruhezustände, Befürchtungen machen in Bezug auf die finanzielle Lage der Wirtschaft depressiv und entscheidungsunfähig.

Sarg + Reiter, das erhoffte Gespräch in Bezug auf Klärung der finanziellen Lage wird schlichtweg verweigert.

Legung: Keltisches Kreuz

Aufgabe

Eine Dame, Frau S. – so um die 42 Jahre – möchte gerne wissen, ob sie wieder eine neue Arbeitsstelle bekommt, die vergleichsweise ihrer alten beruflichen Tätigkeit entspricht. Ihre Firma hat aufgrund der schlechten Wirtschaftslage Massenentlassungen vorgenommen, und der regionale Markt ist mit qualifizierten Kräften überbesetzt.

Ich bat sie die Frage einzugrenzen, auf:

a) neue Arbeitsstelle in der gleichen Stadt
b) in gleicher oder ähnlicher Branche
c) Gehalt, nicht weniger als vorher
d) keine Zeitarbeit
e) Festanstellung erbeten

Unter Umständen kann eine ungenaue Fragebezeichnung zu einem ungenauen oder mangelhaften Resultat des Kartenlegens führen. Denn die Karten können wiederum nur auf eine genau definierte Frage eine aussagekräftige Antwort liefern. Unsere Fragestellung lautete dann:

Wird Frau S. eine wie oben gewünschte Anstellung im nächsten halben Jahr erhalten?

Da Frau S. auf mich den Eindruck machte, als ob sie genau wisse, was sie wolle, entschloss ich mich, die Legung das Keltische Kreuz zu verwenden, und diesmal ohne die Dame als Signifikator zu arbeiten.

Bei Job-Fragen sollte in der Legung mit dem »Keltischen Kreuz« möglichst auf den Signifikator Dame verzichtet werden, da dieser sonst wertvolle Hinweise nicht anzeigen kann.

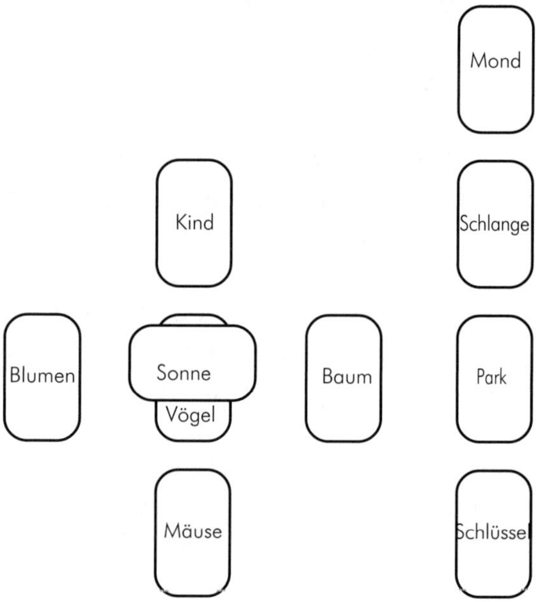

Karte 1: Die Vögel

Die jetzige Lage, das Problem

ist weitaus gravierender, als mit dieser an sich harmlos wirkenden Karte angenommen wird. Sie erzählt uns etwas darüber, dass diese Massenarbeitslosigkeit geradezu herbeigeredet wird. Auch berichtet sie, dass der soziale Status ins Wanken gerät und die Zukunft in

Bezug auf Arbeit ungewiss ist. Ein weiterer Aspekt ist, dass man dem Arbeitssuchenden erst wieder glauben schenken wird, wenn er sich bewährt hat. Woraus ich das alles lese, wollen Sie sicher wissen. Schauen Sie mal auf Platz 5, hier muss es sich um einen großen Karrieresprung gehandelt haben, und zwangsläufig ruft das die Vögel, das Gerede, die Neider auf den Plan.

Karte 2: Die Sonne

Womit jetzt zu rechnen ist

Frau S. könnte mit ihren Zeugnissen und ihrer Qualifikation und ihrer derzeit vorhandenen eigenen Kraft und Energie den richtigen Betrieb finden. Die Gelegenheit bietet sich so ziemlich jetzt. Es können hier max. 30 Tage Zeitverzögerung vorhanden sein.

Karte 3: Das Kind

Zeigt Gedanken und Sorgen der Gegenwart

Obwohl sie Vertrauen und Glauben in ihre Zukunft hat, macht sie sich Gedanken und Sorgen, weil sie wieder von neuem anfangen muss. Sie fühlt sich wieder in ihre Lehrjahre versetzt, fühlt sich wieder als Kind. Und innerlich bittet sie um Verzeihung, denn wie es hier scheint, muss sie vor dem Erfolg (Platz 5) einen guten, sicheren Job gehabt haben.

Karte 4: Das Schiff

Wovon Sie nichts wissen wollen

ist, dass es vielleicht Schicksal sein soll, dass sie ihren Arbeitsplatz verloren hat. Auch von den neuen Angeboten, die niedriger dotiert sind, will sie nichts wissen. Dass, wenn sie nichts findet oder ihre Erwartungen nicht zurückschraubt, sich Ihr Lebensstandard schlagartig auf ein Minimum reduzieren könnte.

Karte 5: Die Blumen

Die Ursache in der Vergangenheit

Sie hat den Erfolg, die Beförderung, vielleicht auch den Wechsel zu Firmen mit noch mehr Gehalt bevorzugt, anstatt den sicheren, soliden Arbeitsplatz mit etwas weniger Geld zu behalten. Der Wunsch nach zu schnellem, zu reichhaltigem Leben ist deutlich sichtbar.

Karte 6: Der Baum

Was in der Zukunft kommt

In diesem angefragten Halbjahres-Zeitraum wird sich nicht gar so viel verändern. Sie erhält zwar Angebote oder sie interessiert sich dafür, doch die sind alle zu »langweilig«, vielleicht auch zu kleinkariert. Es ist nicht das, was sie gewohnt war. Und die Gehaltsangebote liegen auch darunter.

Karte 7: Der Schlüssel

Was bereinigt werden soll

Eine äußerst interessante Karte auf dieser Position, denn der Inhalt des Schlüssels ist die Sicherheit. Sie wird aufgefordert, ihre alte Sicherheit zu verlassen und ins öffentliche Leben hinaus zu treten. Hier wird gefordert, dass alle, aber auch wirklich alle alten hemmenden Emotionen und Vorstellungen im beruflichen Bereich »mit Füßen getreten« oder über Bord geworfen werden müssen, damit es nach vorne gehen kann. Da die Karte der Schlüssel keine Bewertung darstellt oder eine Wertung beinhaltet, bedeutet das auch immer, die Person muss sich einsetzen, muss tun und machen. Dazu gilt es mit Verstand, Umsicht, Intelligenz, und klarer Strategie auf lange Sicht hin zu planen und zu handeln.

Karte 8: Die Störche
Die Basis für den Aufbau
stellt hier den eigenen Auftritt, die Eigeninitiative in der Öffentlichkeit dar. Da unsere Ausgangsfrage eine neue Arbeitsstelle war, so deutet der Park hier auf Arbeitsamt oder öffentliche in Staatsdiensten stehende Unternehmen hin.

Karte 9: Die Schlange
Ihre Hoffnungen und Tatkraft
Fr. S. baut auf sich allein. Sie glaubt, dass ihre nun vergangenen Erfolge, Ihr letztes Gehalt, durch die Blumen zu sehen auf Platz 5 ausreichen, um den Anschluss zu finden. Das ist hier nicht der Fall, denn auf Platz 4, wovon sie nichts wissen will, liegen die Mäuse, also die allgemein schlechte Wirtschaftslage, die wir nun mal haben. Auch finden wir den Hinweis auf Platz 7, Schlüssel, dass mit Verstand, Umsicht und Intelligenz und ohne Emotionen gehandelt werden soll. Und der Park auf Platz 8 weist überdeutlich auf die erforderliche Hilfestellung aus der Öffentlichkeit hin, ohne die in dem Fall kein Gelingen zu bekommen ist. Doch Frau S. will es dennoch allein versuchen.

Karte 10: Der Mond
Ihre Zielerreichung
Das Traumziel wieder zu »Erfolg, Ruhm und Ehren« (interessanter, spritziger, sicherer, hochbezahlter Job) zu gelangen ist weder im nächsten halben Jahr noch in den nächsten ca. 1,5 Jahren zu erhalten. Der Mond ist keine Geldflusskarte. Also wird es gleichgültig sein, was sie tut, es wird auf alle Fälle weniger Geld da sein.

Woran ich die Zeit berechne, wollen Sie jetzt sicher wissen? Schauen Sie sich den Baum auf Platz 6 an. Dieser wächst sehr langsam. Obwohl Frau S. im nächsten halben Jahr wieder arbeiten will, so sagt dieser Baum, dass eine wesentlich längere Zeitspanne dazwischen liegt. Der Schlüssel und der Park sind in dem Fall Hinweiskarten, doch Fr. S. macht etwas anderes, s. Schlange. Sie deutet auch auf einen Lernprozess hin, mit Wiederholungsschleifen, solange bis der Mensch die Erfahrung gemacht hat und für sich ein neues Leben aufbaut.

Obwohl die Karten als Gesamtbild auf den ersten Blick gut erscheinen, können wir davon ausgehen, dass Frau S. in absehbarer Zeit in der von ihr gewünschten Form keine neue Arbeitsstelle erhält, obwohl sie hochqualifiziert ist: Blumen (ihre berufliche Vergangenheit) und die Sonne (genügend Vorstellungsgespräche). Erst wenn sie nach den Lernerfahrungen ihre Vorstellungen betreffend Beruf und Karriere erweitert, kann sie mit Erfolg rechnen.

Der Signifikator

Bei einigen Legungen und Fragen ist es sehr sinnvoll, mit dem Signifikator zu arbeiten. Als Signifikator bezeichnen wir das Aufgabengebiet, die Problemstellung oder den Bereich, über den wir Näheres wissen wollen.

In der Regel wird das kleine Blatt meistens mit dem Signifikator »Dame« oder »Herr« gelegt, während im großen Blatt alle Karten ausgelegt werden. Doch oft wollen wir nur bestimmte Lösungen oder Ansatzpunkte aus den Karten erhalten oder auch manchmal nur unser Fühlen bestätigt wissen. Deshalb verlangen wir von den Lenormandkarten nicht nur eine unumstößliche Aussage über die Ereignisse, sondern auch die Hilfe zur Selbsthilfe. Dafür eignet sich das Herauslegen des Problems mit dem Signifikator bestens.

Signifikatoren für Finanzielles und Materielles

Reiter	Nachrichten, Übermittlung, Zustellung
Klee	Glück, Geld in kleinen Beträgen
Schiff	Reisen, Kontakte, auch Ausland
Haus	Firma, Gemeinschaft
Baum	Wachstum, Lebensbedingungen
Wolke	Zweifel, Sorgen trotz klarer Entscheidungen
Schlange	Verwicklungen, Konkurrenz
Sarg	Auszeit, Zahlungsunfähigkeit
Blumen	Erfolg, Beförderung, Karriere
Sense	Gefahr für Geld, Job
Ruten	Streitigkeiten, Anwälte
Vögel	Mobbing, Tratsch, Gerede
Kind	Neubeginn, wiederholte Versuche
Fuchs	falsche Personen, clevere Berater
Bär	Behörde, Soziales, Sicherheit und Schutz
Sterne	Erfolg, Genialität, Karrieresprung
Störche	Standortwechsel, wechselnde Arbeitseinsätze, Umzug
Hund	Teamarbeit, Rettungsaktionen
Turm	Macht, Geld, große Firmen, Konzerne
Park	Öffentlichkeit, Status, Präsenz

Berg	Hindernisse, Blockaden, Alltagsprobleme, Rezession
Wege	verschiedene Entscheidungen in Gelddingen
Mäuse	Verlust und Angst vor Verlust, Insolvenz, Konkurs, Pleite
Herz	Retter- und Opferrolle, freiwillige Arbeitseinsätze, Berufliches als Berufung
Ring	Verträge und neue Bindungen
Buch	Geld, Kapital, angelegte Investitionen, langlaufend
Brief	Kummer, kurze Verbindungen, Schnelligkeit
Herr	Management, Selbstverwirklichung durch Außenrepräsentation
Dame	Management, Selbstverwirklichung durch innere Firmenzugehörigkeit
Lilie	scheinbarer Frieden, kirchliche, soziale Organisationen, auch langlaufende Projekte
Sonne	gute Gehälter, gesunde Firma, Geldfluss, gute Energie
Mond	Nachtgewerbe, Illusionen, Gelderwerb durch Emotionen
Schlüssel	Geldeinnahmen, Ausgaben, Erwartungen, Sicherheiten, Sicherungen
Fische	Geld- und Kreativitätsfluss, sich leicht vermehrendes oder verdientes Geld
Anker	Eigentumsanspruch, Arbeit, Arbeitsplätze, kleinere Firmen
Kreuz	wirtschaftliche und soziale Lage, Belastung, Lasten, Auflösung, Erlösung

Das Spiel der Emotionen in Beruf und Geschäft

Ein nicht zu unterschätzender Faktor für das Gelingen oder Zustandekommen eines Geschäftes bzw. Vertrages ist grundsätzlich die gefühlsgesteuerte Seite des Menschen. Denn das Spiel mit den Emotionen kann jedes gute Geschäft zum Scheitern bringen. Bei manchen Personen-Karten könnte etwas Vorsicht nicht schaden.

Reiter	kaum Psycho-Spielchen, höchstens aus Spaß
Haus	keine Spiele, verlässlich
Wolke	Handlungen, Zusagen werden immer wieder angezweifelt und in Frage gestellt.

Schlange — Wenn sie nicht genügend hofiert wird, denkt sie sich aufgrund ihres analytischen Verstandes Möglichkeiten aus, um Aufmerksamkeit zu erhalten.

Blumen — wenig Spielchen, offene Freude

Sense — erwartet meistens einen zu hohen Anteil ohne viel dafür geleistet zu haben. Das ist der »Hier komme ich« Typ.

Ruten — rhetorische Überlegenheit will anerkannt werden, versucht den anderen klein zu machen

Kind — versucht durch Gutmütigkeit und Verzeihen wieder Gunst zu erlangen

Fuchs — *Obwohl der Fuchs keine Personenkarte ist, zählen wir ihn auch zur Person.*
hält sich für den Größten, freut sich öfter, wenn es ihm gelingt andere hereinzulegen

Bär — *Obwohl der Bär keine Personenkarte ist, zählen wir ihn auch zur Person.*
gibt Schutz, spielt aber keine Spiele mit

Störche — bereit für Neues, spielt aber keine Spiele mit

Hund — *Obwohl der Hund keine Personenkarte ist, zählen wir ihn auch zur Person.*
lässt sich einspannen, weil er Anerkennung benötigt, anfällig für Lob und Streicheleinheiten

Wege — wenig Spielchen, da von Vernunft und Logik geprägtes Verhalten

Herz — wenig Spielchen, da von innen heraus echte Herzlichkeit, Helfenwollen als Grundbedürfnis

Herr — wenig Spielchen, da er von Schwierigkeiten wenig wissen will und sich abwendet

Dame — wenig Spielchen, da sie zu ihrem Wort steht und auch mit persönlichen, emotionalen Schwierigkeiten aufräumen würde

Lilie — wenig kleine Spielchen, höchstens richtige Machtausübung, bedingt durch seinen Status

Fische — Nach außen loyal, doch es darf keiner hinter seine Stirn schauen. Spielt das Spielchen »Wie schwimme ich mich am besten durch das Leben«.

Die Spiele zu erkennen, entscheidet nicht selten über Erfolg oder Niederlage.

Richtige Fragen stellen

Ich glaube, nicht Kartenlegen und Deuten ist das Schwierigste, sondern für sich selbst die richtigen Fragen zu stellen, um korrekte Antworten zu erhalten. Gerade in der Fragestellung habe ich ein überraschendes Phänomen beobachtet: Als Mensch ist man dermaßen mit seinen Gedanken, dem Wenn und Aber oder dem Für und Wider beschäftigt und auf die möglichen Antworten fixiert, dass sich im Kopf oft keine klare Fragestellung herausarbeiten lässt. Mit diesem »wuseligen Kram« fehlt leider die nötige Konzentration. Die Person zieht die Karten, fängt an zu lesen oder zu deuten und wundert sich dann oft über die Aussagen, die in keiner Weise die gestellten Fragen beantworten.

Eines sollten wir auf keinen Fall vergessen: je unsortierter der Kopf der fragenden Person, desto unpräziser sind die Kartenaussagen. Meditation, Ruhe, Gelassenheit und Konzentration auf die Frage sind die Inbegriffe für den Erfolg. Doch ich denke, dass brauche ich hier nicht näher zu erläutern. Wir Menschen wissen alle, dass man mit Meditation, Ruhe, Gelassenheit und Konzentration immer zum Erfolg gelangt, gleichgültig welcher Bereich gerade angesprochen wird.

Vermeiden Sie bitte Fragen mit einem »oder« dazwischen, das sind für die Karten bereits zwei Fragen. Lassen Sie den Karten Spielraum, um sich zu entfalten. Nageln Sie die Karten nicht auf zu knappe Termine fest. Nehmen wir z.B. an, es handelt sich um ein Hypothekendarlehen, welches schon lange in Barbeitung ist und für das jede Menge Unterlagen erforderlich sind. Trotzdem fragen sie, ob es in den nächsten zwei Wochen ausgezahlt wird. Sie wollen es haben, drängeln, obwohl Sie wissen, dass so etwas dauern kann.

Ihre Fragestellung lautet daher:
Werde ich in den nächsten zwei Wochen das Geld auf dem Konto haben?

Auf eine solche Frage werden Ihnen die Karten in der Regel den Weg aufzeigen, der zum Ziel führt. Unter Umständen erklären sie, dass Genehmigungen noch nicht vorliegen, Papiere fehlen, Unterschriften fehlen, der Banker in Urlaub geht etc. Das ist alles korrekt, trotzdem ärgern Sie sich, dass die Karten nicht mit einem »Ja« auf Ihre Fragestellung geantwortet haben.

Hiermit will ich dem Fragestellenden nur beweisen, dass die Kartenaussage mehr als nur korrekt ist, aber Ihnen deshalb noch lange nichts Neues sagt, denn wenn innerhalb von vierzehn Tagen das Geld auf dem Bankkonto sichtbar sein soll, so hätte der Fragende den Auszahlungstermin entweder schriftlich oder mündlich bereits mitgeteilt bekommen.

Wenn Sie für sich Fragen stellen, so lassen Sie bitte vorab Ihre logische, rationale Seite nicht außer Acht, die unsinnige Fragen durchaus zu vermeiden weiß. Oder Sie formulieren die Frage gleich von vornherein anders, etwa so:

Wird das Hypothekengeld in absehbarer Zeit auf meinem Konto sichtbar sein?

Kartenbeispiel:
Blumen + Sonne + Park

Wie wir wissen, bedeuten die **Blumen** den Erfolg, aber auch die plötzliche unverhoffte Freude, die Überraschung, den Sieg. Und zusammen mit der **Sonne** ist es absolutes Gelingen.

Da die erste Karte so positiv besetzt ist, besteht jetzt die Möglichkeit, es mit der Frage von 2 Wochen, 4 Wochen oder 6 Wochen zu versuchen.

Würde anstatt der Blumen z.B. der Berg, Sarg, Vögel, Wolken etc. liegen, brauchen Sie gar nicht nach der Zeit zu fragen, sondern nach den zu bewältigenden Schwierigkeiten in dieser Geschichte.

Die Karten lügen nicht, nur oft stellen wir Menschen solch verdrehte, unsinnige, unlogische Fragen, dass die Karten regelrecht daran »verzweifeln«. Im Grunde genommen wünschen wir uns doch nicht, dass die Karten uns nach dem Munde reden, sondern dass sie uns zur Wahrheit und zu Entscheidungen führen, die unserem Wohl dienen. Lasst uns nicht vergessen, dass wir etwas von ihnen wollen, nicht sie von uns. Und lasst uns immer daran denken, die Karten sind nur der Mittler, das Medium, welches wir benutzen. Die Antworten, die Wahrheiten, die Entscheidungen und die Entwicklungswege liegen in uns, in unserer Mitte, in unserem Sein.

Ich hoffe, ich konnte Sie mit dieser kleinen Abhandlung davon überzeugen, wie wichtig es ist, einfache, klare Fragen zu stellen.

Fragetechnik für neue Arbeit, Karriere oder Stellenwechsel

Angenommen, Sie senden eine Bewerbung für eine neue Arbeitsstelle ab, reichen ein Versetzungsgesuch ein, bewerben sich um die nächsthöhere Position oder wollen sich wieder ins Berufsleben eingliedern. Sie sind neugierig und wollen wissen, ob Sie Chancen haben. Folgende Fragen – für eine Legung mit 3 Karten – eignen sich besonders gut dafür.

- Werde ich ein Vorstellungsgespräch erhalten?
- Werde ich danach die Firma wieder besuchen?
- Wie sieht der Verantwortliche mich als Person?
- Wie sieht der Verantwortliche mich als Arbeitskraft?
- Werde ich mit dem Gehalt zufrieden sein?
- Wird es weniger Gehalt sein?
- Wird es mehr Gehalt sein?
- Wie sehen meine Aufstiegschancen aus?
- Entspreche ich den geforderten Qualifikationen?

- Was kann ich von dieser Firma erwarten?
- Ist die Firma/der Job/die Beförderung/das Versetzungsgesuch/der Wechsel das Richtige für mich?
- Werde ich mich dort wohlfühlen?
- Werde ich den Job nach dem Vorstellungsgespräch auch noch wollen?
- Werde ich von der Firma eine Zusage bekommen?
- Werde ich dort beginnen?

Als Selbständiger können Sie zusätzlich mit der Frage operieren:

- Was wird der Arbeitnehmer bringen?

Nach meinen Erfahrungen reichen in der Regel zu Beginn 3 Karten aus, um aussagefähige Antworten zu erhalten. Dieser Bereich lässt sich allerdings gut auf die Siebener-Reihe erweitern.

Wie Sie anhand dieser Fragen sehen, sind diese ganz einfach und klar gehalten, ohne »vielleicht«, »wenn«, »oder« . . . Denn darauf würden Sie keine klare, konkrete Antwort erhalten.

Fragetechnik für soziales Arbeitsklima

Wenn Sie diesen Verantwortlichen persönlich gesprochen und sich einen Eindruck von der Firma verschafft haben, können Sie in den Bereich »soziales Klima der Firma« gehen. Wie bei allen Fragen ist es wichtig, die Frage sowie die Antwort aufzuschreiben.

- Werde ich mich mit meinen Vorgesetzten verstehen?
- Werde ich anerkannt werden?
- Werden meine Leistungen gewürdigt?
- Werden mich die anderen Mitarbeiter akzeptieren?
- Werde ich die anderen mögen?
- Was erwartet die Firma von ihren Mitarbeitern?
- Wird es mir dort gefallen?
- Werde ich mich dort wohlfühlen?
- Ist die finanzielle Sicherheit gewährleistet, die ich mir vorstelle? (Hier antworten die Karten mit Hinsicht auf das finanzielle Budget der Firma).
- Wird das eine Anstellung für länger sein?

Um diese Art von Fragen korrekt beantwortet zu bekommen, reichen in der Regel 3, meistens sogar 2 Karten aus.

Fragen, die sich auf die Zukunft beziehen, die ein allgemein längerer Zustand ist, sollten dann entweder mit dem Siebener-Weg, dem Keltischen Kreuz oder dem Kleinen Blatt gelegt werden. Auch andere Legesysteme eignen sich ausgesprochen gut dafür, wenn sie nicht weniger als 7 Karten und nicht mehr als 15 Karten zzgl. des Signifikators aufweisen. Darunter fallen dann alle Fragen bezüglich der Unternehmen, der Selbständigen, der Betriebe, ihre geschäftlichen Aktivitäten sowie der gesamte Geld- und Kapitalmarkt.

Kurzfassung: Kartenbedeutung im Bereich Arbeitsplatz und Arbeitnehmer

Reiter
Lockeres Arbeiten, freie Zeiteinteilung, wenn Ziele und Termine eingehalten werden

Klee
Kleine Glücksserien, glückliches Händchen, vieles erledigt sich unverhofft leicht und schnell, kein großer Aufwand

Schiff
Internationale Kommunikation, auch Reisen, verantwortliche Tätigkeiten, Karriereanwärter

Haus
Stabilität, Sicherheit, Integriertsein in das Firmensystem, Dazugehören, fester Arbeitsplatz, den Qualitäten entsprechende Aufgaben

Baum
Langjährige Firma, langsames Wachstum, wenig Entwicklungsmöglichkeiten (strukturbedingt), sicher, aber eben nicht so spritzig

Wolke
Entscheidungen werden öfter umgeworfen und in Frage gestellt, Arbeiten müssen daher öfter neu begonnen werden, selbstständiges Arbeiten und klare Logik wird verlangt, ansonsten keine Aufstiegsmöglichkeiten

Schlange
Erfolg, Belehrung, Konkurrenz, Lüge, Betrug

Sarg
Burn Out Syndrom, krank durch Arbeit, depressiv, (Büro-Schlaf)

Blumen
Beförderung, Erfolg, blumiger Arbeitsplatz, Blumenstrauß (kann auch wörtlich genommen werden) Anerkennung, Belobigung

Sense
Eifersucht am Arbeitsplatz, alles soll dem Betreffenden zugesprochen werden, nicht genug kriegen

Ruten
Streit in der Arbeitsstelle wegen Aufträgen, Kunden, Lieferanten und Verträgen

Vögel
Hektik, Mobbing, Gerede, Getratsche, Finanz- und Beförderungsbremse

Kind
Immer über Grenzen gehen, nervenaufreibend, Retter-Rolle spielen (einschmeicheln bei Vorgesetzen oder auch Kollegen Glück im Unglück, mit heiler Haut davonkommen

Fuchs
Intrigen am Arbeitsplatz, Abwerbungen, Lockvogel, Lockangebote, Prüfung, Test, falsche Person

Bär
Sturer, aber sozial gerechter Chef oder Verantwortlicher, drückt manchmal ein Auge zu,

eigenverantwortliches Arbeiten, gesicherter Arbeitsplatz

Sterne
Traumjob erhalten, aber keinen normalen Job, klare offene und schonungslose Kommunikation, klare Verhältnisse

Störche
Arbeitsplatz- oder Firmenwechsel, innerlich schon gekündigt, an Langzeitprojekten arbeiten, die für fremde Firmen bestimmt sind

Hund
Teamarbeit, Zusammenkunft mit Kollegen, Kollektivverhalten

Turm
Sklave des Machtsystems, bei leitenden Personen sehr gute Gehälter, aber Schleudersitz, ansonsten Aufopferung ohne persönliche Würdigung, Geliebten- oder »Anbetungs«-verhältnisse

Park
Öffentlichkeitsfunktionen, nicht sich selbst gehören, von allen Seiten bedrängt werden, wenig Privatleben

Berg
Eigensinning, rechthaberisch, verbeißt sich in seine Aufgaben, zu wenig Effizienz

Wege
Versetzung in andere Bereiche, auch Wechsel in neue Berufe

Mäuse
Arbeitsverlust, Firmenverlust, Prestigeverlust, Gehaltsverlust

Herz
Herzlichkeit, Hilfsbereitschaft, Liebe auf der Arbeit, Betriebsehen, Familienklima, für Erfolg fehlt die Durchsetzungskraft, da oft zu herzlich, zu gutmütig, zu nachgiebig

Ring
Gebundenheit an Firma, Knechtschaft, Sklaverei, Treue, Ergebenheit, langjährige Stellungen (graue Eminenz)

Buch
Sicherheit durch Verschwiegenheit ist die oberste Priorität, verdecken, verstecken, sichern, verschließen, Überprüfungen und Absicherungen, auch geheime Manipulationen, Undercoveranstellungen, verdeckte Ermittler, Vertrauensstellungen

Brief
Unterwegs sein, Zeiteinsätze, Abrufbarkeit, Akkordeinsätze, alle betrieblichen Maßnahmen, die mit Geschwindigkeit, Schnelligkeit und Beweglichkeit zu tun haben

Herr
Repräsentationsangelegenheiten, arbeitet nur wie er will und was er will (macht sich oft einen schönen Tag)

Dame
Ärmel hochkrempeln, geht in der Arbeit auf,

konservativ, gediegen, doch wiederum elegant und offen steht sie ihren Mann bzw. Frau, selbstständiges, entscheidungsfähiges Agieren

Lilie
Persönliche Emotionen haben draußen zu bleiben, Kühle, Distanz und korrektes Outfit wird verlangt, hinter dem scheinbaren Frieden oft sexuelle Verhältnisse am Arbeitsplatz, die wegen ihrer perversen Details geheimgehalten werden

Sonne
Betriebe mit familiären Strukturen (findet sich auch in großen Betrieben), gewachsene Belegschaft, Lebendigkeit, Erfolg, Freude, Lachen

Mond
Illusionen, Tagträume vom Erfolg bei tatsächlicher Erfolglosigkeit, außer nächtliches Gewerbe und die Medienwelt; für Arbeitnehmer viel Arbeit, trotzdem kein sichtbares Fortkommen weder für die Firma noch den Arbeitnehmer

Schlüssel
Deutlich nach außen gezeigte Sicherheit durch Absicherungen, Versicherungen und Sicherheiten aller Art; korrektes Auftreten, korrektes Arbeiten, korrekter Leumund, alles durchsichtig, nachvollziehbar, Daten einsehbar gespeichert, Herausgabe nur auf berechtigte Anforderung

Fische
Feiert gerne, Genießer und Kumpeltyp, versüßt die Arbeit mit Hostessen etc., leichtes Arbeiten, schwimmt sich durch, Niederlagen werden schnell wieder vergessen, gute Laune wird schnell wieder hergestellt; bei leitenden Personen hohe Gehälter, Mitarbeiterverschleiß, hoher Druck

Anker
Viel Arbeit, wenig Freizeit, emsig, tüchtig, fleißig, oft der gleiche Trott, wenig Fortkommen, wenig Karriere, Ehrgeiz vorhanden, doch die Firmenstruktur lässt es nicht zu, kann trotzdem angenehmes Arbeiten sein, weil die Person gebraucht wird

Kreuz
Ausharren, die Person wird irgendwann mit der Firma alt, doch die Firma wird zeitlebens als eine Belastung angesehen, hoher Krankenstand, Frührenter, Invalidität, Wiedereingliederung

Diese Kurzübersicht bietet Ihnen einen allgemeinen Einblick in berufliche Sozialstrukturen und personelle Hintergründe. Das gilt zum einen in Bezug auf den neuen Arbeitnehmer, der sich um eine Stelle bewirbt. Zum anderen werden auch dem Arbeitnehmer die inneren Strukturen der Firma im Voraus gezeigt, welche er sonst erst nach Aufnahme der Tätigkeit entdecken würde. Für den Wissenden besteht daher die Möglichkeit genauer zu hinterfragen und eventuelle Unklarheiten im Vorwege zu klären.

Legung: Kurzes Abfragen mit dem Signifikator

Aufgabe

Eine Dame, Frau M. – ca. 40 Jahre – ist durch eine Wiedereingliederungsmaßnahme zu einer Art Praktikum in einen Betrieb gelangt. Diese für den Betrieb kostenlose Zeit dauert zwei Monate. Sie hofft auf eine Festeinstellung und fragt deshalb:

Frage

Werde ich von der Firma, in der ich jetzt arbeite, fest übernommen?

Nach dem Mischen bitte ich sie sich auf diese Firma einzustimmen und eine Karte zu ziehen. Sie zieht den **Turm**.

Die Signifikatorenkarte muss nicht vorab herausgelegt werden, sondern kann durch Einstimmung auf das Projekt auch gezogen werden.

Antwort auf die Frage

»Vielen Dank, das war's, das wird nichts«, könnte ich jetzt sagen. Die Antwort ist mit dieser Karte »definitv« nein und muss nicht mehr hinterfragt werden. Doch dass halte ich für herzlos, denn Frau M. setzt ihre ganze Hoffnung darauf. Also lasse ich sie die nächsten vier Karten wie geplant ziehen. Lasst uns mal sehen, was da los ist, denke ich. Und den Turm als Signifikator werde ich zum Schluss mit berücksichtigen.

Sie zieht die vier weiteren Karten, die wir hinlegen.

Frage

Werde ich von der Firma, in der ich jetzt arbeite, fest übernommen?

Störche	Sarg	Schlüssel	Berg
1. Karte	2. Karte	3. Karte	4. Karte

Antwort auf die Frage

Störche + Sarg: So wie Sie als derzeitiger Arbeitnehmer Ihre neue Zukunft planen, wird es nicht recht funktionieren. Die Veränderungen – und gemäß der Fragestellung dürfte damit die Festeinstellung gemeint sein – kommt nicht richtig zum Tragen. Es fehlen Unterschriften, Genehmigungen, Freigaben. Das deckt sich bereits mit der Signifikatorkarte, dem **Turm**. Wenn ich mir diesen in der Verbindung mit den **Störchen** besehe, so sagt er mir, das auch eben diese besagte Firma dabei ist, neue soziale Strukturen für die Belegschaft zu schaffen, und dass nimmt mindestens ein Jahr Zeit in Anspruch. Missmutig verzieht Frau M. das Gesicht und sagt: »Was, so lange noch? Die wollen doch schon viel früher umziehen.«

Die Kombination **Sarg + Schlüssel** deutet auf lange Wartezeiten für Genehmigungen, Unterschriften, Absegnungen hin. Mit Sicherheit scheint hier der Staatssäckel in Bezug auf Zuschüsse zugeknöpft oder leer zu sein. Zusammengefasst bedeutet das, dass Frau

M., falls sie um irgendwelche Eingliederungshilfen bittet, bei der Behörde auf taube Ohren oder in die langsam mahlenden Amtsmühlen gerät. Definitiv ist der Zeitrahmen bis zur Festübernahme zu kurz, um eine Zusage zu erhalten.

Schlüssel + Berg sagen eindeutig, dass Frau M. ohne den entsprechenden staatlichen Zuschuss von diesem Arbeitgeber nicht eingestellt wird.

Ganz so knallhart möchte ich es nun doch nicht stehen lassen, nachdem ich in das enttäuschte Gesicht von Frau M. blicke. Daher frage ich sie, ob sie denn wirklich glücklich bei dieser Firma geworden wäre, ob sie das Gefühl habe, anerkannt und geachtet zu werden. Ob sie ihrer Meinung nach Aufstiegschancen hätte, und wo sie sich selbst in der Firma sehen könnte.

Nach einigem Hin- und Her-Überlegen meinte sie dann: »Na ja, die Arbeitsstelle hätte ich schon gerne gehabt. Sie ist gut bezahlt. Ich kann immer pünktlich Feierabend machen, auch wenn viel Arbeit da ist. Man ist freundlich und geduldig mit mir. Es wird mir vieles erklärt und man bedankt sich für meine Mitarbeit.«
»Ja, und wie ist das Verhältnis, kollegial oder meinetwegen auch privat zu Ihnen – nach fünf Wochen in dem Betrieb können Sie das sicher beurteilen« – frage ich sie.
»Kollegial, ja doch, ganz nett, aber privaten Kontakt, nein da liegen Welten dazwischen.« Das macht mich stutzig und ich schaue sie an, da meint sie nur: »Ich und mein Mann, wir zählen uns zum normalen Volk, leben in einer normalen Welt und wären glücklich, wenn wir ein Haus unser Eigen nennen könnten. Wir brauchen keinen großen Firlefanz.«
»Verraten Sie mir doch bitte, in welcher Branche Sie gelandet sind?«
»In einer Werbeagentur, ziemlich groß, mit großen Kunden, im Büro. Ich habe doch eine Umschulung zur Bürokauffrau.«
»Können Sie sich vorstellen, dass Sie in dieser hektischen, flirrigen, verrückten Welt/Arbeitsbranche auf Dauer gesehen glücklich werden könnten?«
»Nein, mit Sicherheit nicht«, antwortet sie ganz spontan.
»Sehen Sie, so ist diese Absage für Sie doch ein Glücksfall. Wissen Sie, was ich an Ihrer Stelle machen würde?«
»Was denn?«, fragt sie schon neugierig geworden?
»Ich würde mir jetzt die Bewilligung des Zuschusses von der staatlichen Stelle schriftlich geben lassen, mir genau überlegen in welcher Branche ich mir gut vorstellen könnte zu arbeiten und dann gezielt telefonische Anfragen starten. Sie haben doch so eine wundervolle Telefonstimme, ich erinnere mich noch an unser Telefonat zwecks des Kartenlegetermins.«

Was meinen Sie jetzt als Leser? Der fragenden Kundin mussten wir zwar die bittere Pille der Absage zu schlucken geben und damit zerstörten wir ihr die Hoffnung auf den Job. Aber wir haben alle Vorteile genutzt, die wir finden konnten, um ihr diese Absage zu versüßen. Jetzt hat sie es selbst in der Hand, mit neuen Chancen und Möglichkeiten, ihre Eingliederung besser nach ihren Vorstellungen zu steuern. Als ich sie fragte, ob sie außer Arbeitsamt und normalen Bewerbungsanschreiben, auch innovative Methoden wie telefonische Anfragen gestartet habe, verneinte sie. Ich denke, dass sie mit Ihrer Stimme und der gut klingenden Ausdrucksweise am Telefon die besten Aussichten auf entsprechende Vorstellungstermine hätte. Das sagte ich ihr auch.

Selbst ein paar Karten können solch lange Beratungsgespräche nach sich ziehen. Bitte denken Sie als Kartenleger immer daran, dem Kunden wieder neue Hoffnung zu vermitteln.

Auch wir als Kartenleger und Hellseher täten oft gut daran unsere an uns selbst gerichteten Aussagen genauso zu formulieren – notfalls schriftlich – als ob wir selbst ein Kunde wären, der Hoffnung braucht.

Das, was wir bereit sind für andere zu tun, sie zu achten, zu ehren, zu lieben, sie freudvoll wieder gehen zu lassen, das sollten wir uns in erster Linie auch selbst gönnen. Denn wenn wir uns selbst nichts Gutes tun, können wir es über kurz oder lang auch keinem anderen mehr geben. Dann kosten diese anderen, die zu uns kommen, uns die Kraft, die wir selber dringend zum Leben benötigen. Fast Sprichwörtlich sagen wir: Das kostet mich zu viel Kraft. Das entzieht mir Kraft. Das Ende vom Lied ist, dass wir den anderen blockieren, der gar nichts dafür kann und nicht weiß, was wir plötzlich gegen ihn haben. Sie sehen, das wird eine ganz verquere Angelegenheit.

Also: Gönnen Sie sich in erster Linie all das Gute, was Sie anderen Menschen auch wünschen, dann wird es niemanden geben, der Ihnen Kraft entzieht!

Einzelfragenbeantwortung

Die Fragenbeantwortung mit nur zwei Karten eignet sich hervorragend für persönliche Entscheidungshilfen. Ihr Unterbewusstsein hat alles Wissen der Vergangenheit, Gegenwart und Zukunft in sich gespeichert und wird, wenn Sie es respektvoll bitten, Ihnen ein wunderbar dienstbarer Geist werden. Selbstverständlich sollten Sie, auch wenn Sie nur zwei Karten ziehen wollen, um Fragen zu beantworten, dies nicht einfach so im Vorübergehen tun, sondern genau wie bei den anderen großen Legungen mit der nötigen Achtung an die Karten herantreten.

Nicht die Karten sind es, denen Sie die Achtung zollen, sondern der unerschöpflichen Quelle Ihres Unterbewusstsein Ihres Ich-Bin, Ihrer göttlichen Kraft. Die Karten sind nur der Mittler, das Medium. Stellen Sie einfache Fragen mit ähnlichen Formulierungen wie:

- Was bringen mir die nächsten Tage finanziell?
- Wie läuft es beruflich die nächsten Tage?

Legung: Der Siebener-Weg

Dies ist ein einfacher, jedoch sehr effektiver Weg, um Situationen, Unsicherheiten oder kommende Ereignisse zu erfragen. Sollten Sie schon ein bisschen oder sehr gut die Karten legen und lesen können, ist es ratsamer, bei allen Legungen außer dem Großen Blatt mit verdeckten Karten zu arbeiten. Dies erhöht die Genauigkeit, da durch die Bilder keine voreiligen Schlüsse gezogen werden können.

1. Mischen Sie die Karten so lange, bis Sie sich gut dabei fühlen. (Sollten Sie sich ausgesprochen unkonzentriert fühlen oder gar besorgt, dann bitten Sie Ihren inneren Meister, Schutzengel, geistigen Führer oder Ihr Höheres Selbst um Beistand, aber keine Verstorbenen oder undefinierbaren Geistwesen.)

2. Fächern Sie die Karten zu einem Halbkreis (verdeckt) aus.

3. Ziehen Sie eine Karte zum Jetzt-Stand, der Ausgangssituation.

4. Ziehen Sie weitere fünf Karten zum Verlauf und legen Sie diese nacheinander (verdeckt) an.

5. Konzentrieren Sie sich auf das Ergebnis, das Ziel, den Ausgang und ziehen Sie die siebte Karte. Legen Sie diese auch verdeckt an.

6. Drehen Sie die Karten von der ersten bis zur siebten Karte um.

Legebeispiel: Siebener-Weg

1	2	3	4	5	6	7
Jetzt	Verlauf	. . . . .	. . . . .	. . . . .	. . . . .	Ergebnis

Lesen Sie die Karten zueinander:
Die 1. Karte mit der 2. Karte
Die 2. Karte mit der 3. Karte
Die 3. Karte mit der 4. Karte
Die 4. Karte mit der 5. Karte
Die 5. Karte mit der 6. Karte
Die 6. Karte mit der 7. Karte

Die 7. Karte sehen Sie sich zusätzlich einzeln nochmals als Karte in allen Eigenschaften an.

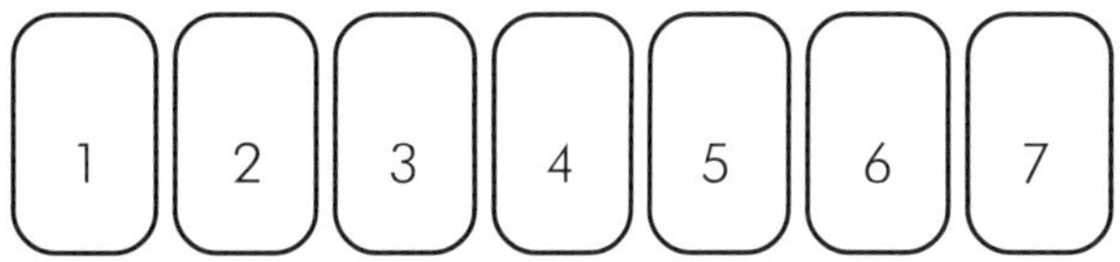

Frau B. ist eine selbstständige Frau, die schon seit langen Jahren ein Geschäft im Bereich der Kundenbetreuung betreibt. Sie erklärte mir lang und breit die schlechte Wirtschaftslage und meinte, dass gerade ihr Bereich immer schwieriger werde. Sie wollte wissen, wie es denn geldmäßig bei ihr weitergehe.

Grenzen Sie diesen Bereich als Fragesteller oder für den Befragten zunächst für ein halbes Jahr ein. Er reicht völlig aus, wenn Sie zu der Kartenbestimmung Zukunft einfach dieses halbe Jahr hinzuschreiben. Wenn Sie für sich selbst die Karten legen, tragen Sie dazu Ihren Namen oder den Namen Ihrer eigenen Firma (wenn Sie selbstständig sind) ein, und bestätigen Sie laut ausgesprochen diesen Zeitraum.

1. Karte	2. Karte	3. Karte	4. Karte	5. Karte	6. Karte	7. Karte
Jetzt	Zukunft	Zukunft	Zukunft	Zukunft	Zukunft	Zukunft

Aufgabe
Frau B., die ein eigenes Geschäft führt möchte wissen, profan ausgedrückt, ob sie durchkommt oder wie sie über die Runden kommt, bis sich die Wirtschaftslage wieder bessert.

Frage
Wie geht es bei mir, was Geldeingänge betrifft weiter? Auf ein halbes Jahr bezogen?

Sie zieht nachfolgende Karten

Siebener-Weg

Vögel	Turm	Dame	Anker	Kind	Ring	Reiter

Antwort auf die Frage
Vögel 12 + Turm 19 + Dame 29 + Anker 35 + Kind 13 + Ring 25 + Reiter 1

Lösung
Vögel + Turm bedeutet, hier ist kein Geld in Sicht. Im Gegenteil, sie wird mit Verleumdungen, haltlosem Gerede und Geschimpfe zu tun haben. Hier sieht es so aus, als ob sie mit jemandem zusammenarbeitet, der etliche Nummern größer ist als sie. Und dieser stellt seinen eigenen Erfolg in Frage oder er hat zumindest Schwierigkeiten, den Erfolg zu beweisen. Das reißt sie wiederum in Schwierigkeiten, Hektik und Nervosität.

Turm + Dame sagt aus, dass sie sich wieder auf ihre Kraft und Stärke und auf ihr eigenes Können besinnt. Sie wird sich geschäftlich mit einer Person zusammentun, mit der sie bereits schon einmal gearbeitet hatte. (Hier kann keine Aussage getroffen werden, ob es sich bei dem Geschäftspartner um eine männliche oder weibliche Person handelt.)

Dame + Anker sagt aus, dass sie sich mit Arbeit völlig zugedeckt hat, sich darin verbissen hat und kaum noch aus den Augen sehen kann. Sie gönnt sich ab und zu ein paar vergnügliche Stunden, sonst würde sie schier verzweifeln. Ein Hinwerfen ist auch nicht möglich, da sie sich für das soziale Umfeld ihres beruflichen Bereiches verantwortlich fühlt und hier ein Gefühl von »ich werde gebraucht« entstanden ist. (Dieses Arbeiten hier hat nichts mehr mit den hochfliegenden, großartigen Projekten eines Turms gemein.)

Anker + Kind: Sie wird einen Wiedereinstieg in den Fluss ihres alten Arbeitsbereiches schaffen. Dabei wird sie tatkräftig unterstützt.

Ja, der Arbeitsfluss ist jetzt da – fast zu viel –, doch der Geldfluss lässt immer noch zu wünschen übrig. Es will und will nicht.

Kind + Ring sagt uns, dass Frau B. eine vertragliche Bindung zugesagt wird, die als Ersatz für den Turm herhält, da es derzeit nichts Besseres gibt. Da sie selbstständig ist, die Kartenaussage aber auf eine Unterordnung hindeutet, bedeutet es möglicherweise, dass sie sich in ein Vertriebssystem eingliedert, z.B. im Bereich Versicherungen oder Beratertätigkeiten oder Vertrieb von Naturprodukten. (Da uns das **Kind** den finanziellen Erfolg nur garantiert, wenn ein starker ideeller Wunsch dahintersteht, und in der Kombination von **Dame + Anker** bereits auf die helfende soziale Seite von Frau B. hingewiesen wurde, wird es sich mit großer Wahrscheinlichkeit um Naturprodukte handeln.) Das bestätigt sie mir auf Anhieb, dass bei einem Umsatteln sie wirklich nur noch so etwas machen würde.

Ring + Reiter bestätigt, dass sie für die neu hinzugenommene Arbeit einen unterschriftsreifen Vertrag erhält, der ihr auch finanzielle Sicherheit bietet. Gemeinsam im Verbund mit anderen wird sie stark sein, denn alle arbeiten auf den Erfolg, das Ziel hin.

Zusammenfassende Antwort: Wie geht es geldmäßig weiter?

Eigentlich kann ich darauf nichts Vernünftiges antworten, außer: auch nicht anders als im letzten halben Jahr. Ich könnte noch sagen, dass mit der neuen, vorerst zusätzlichen Tätigkeit ihre spätere finanzielle Zukunft gesichert sein wird. Doch selbst dessen bin ich mir nicht so ganz sicher, denn wie wir sehen, unter **Turm + Dame** wurde dasselbe Spiel schon einmal gespielt, eine ähnliche Tätigkeit schon einmal angepackt. Ergo gibt es keine Garantie, dass Frau B. nicht noch einige Male wieder etwas Neues beginnt und dadurch auch finanziell immer wieder vor dem Nichts steht.

Als Besonderheit in dieser Siebener-Reihe gilt die Dame. Wenn die Person selbst im Kartenblatt liegt, deutet das immer darauf hin, dass die fragenden oder befragten Personen ihr Leben selbst in die Hand nehmen (hier nur in Bezug auf Geldeinnahmen). Sie lassen sich nicht gerne von anderen diktieren, setzen sich für eine Tätigkeit oder eine Sache hundert- und tausendprozentig ein, und wenn es daneben geht, sehen sie nicht tatenlos dem Untergang zu, sondern krempeln die Ärmel hoch und beginnen anschließend sofort etwas Neues.

Für solche unbefriedigende Aussagen, finden Sie nachfolgend eine kleine zusammengefasste Aufstellung über die finanzielle Bedeutung der Lenormandkarten. Desweiteren folgt die Kurzfassung von Frau B's Finanzen auf Seite 208.

Ideale Fragen für eine Siebener-Reihe sind:

- Wie geht es in meinem Geschäft weiter?
- Wie geht es in meinem Arbeitsbereich weiter?
- Wie geht es beruflich weiter?
- Mit was habe ich in den nächsten 14 Tagen zu rechnen?

Kurzfassung: Kartenbedeutung im Bereich Geld und Geldeingänge

Reiter
Geld: unterwegs, in Sicht, im Anmarsch, im Kommen, aber noch nicht da

Klee
Geld: kleines Geld, immer mal wieder

Schiff
Geld: Hoffnung auf Geld

Haus
Geld: läuft stabil wie in den letzten Monaten

Baum
Geld: schleppende, zögerliche Geldeingänge, langsam

Wolke
Geld: Eingänge sind bereits im voraus verplant, mit heller Seite der Wolke bleibt etwas über, mit dunkler Seite der Wolke ist es knapp

Schlange
Geld: Eingänge kommen, doch meist durch immer wieder nachfragen, drängeln, monieren

Sarg
Geld: leider nein, kommt nicht

Blumen
Geld: unverhofft gute Geldeingänge, meistens nach längerem zielgerichteten Arbeiten.

Sense
Geld: Eingänge in Gefahr, auch zu hohe Ausgaben

Ruten
Geld: Eingänge durch Schwierigkeiten blockiert, verzögern sich; die anderen wollen oder können nicht bezahlen

Vögel
Geld: doppelte Einnahmequellen, trotzdem schleppende Geldeingänge, da Zusagen nicht eingehalten werden

Kind
Geld: kommt nicht, »darauf warten bis man schwarz wird«

Fuchs
Geld: kommt immer zu seinem Geld, das ihm zusteht, auch Gewinne möglich

Bär
Geld: Gelder abgesichert, laufen wie geplant oder zugesagt herein

Sterne
Geld: Geld wird kommen, aber nicht gleich, kann viel später sein

Störche
Geld: kommt im Laufe der nächsten Zeit

Hund
Geld: normale Eingänge, wie bekannt

Turm
Geld: für den Großkonzern Eingänge in hohen gewohnten Summen,

für das mittlere Unternehmen Eingänge in gewohnten Summen,

für kleinere Unternehmen, den Selbständigen oder den Arbeitnehmer bedeutet es: leider keine Eingänge

Park
Geld: Eingänge nur gesichert, nur wenn es sich um Renten, Sozialhilfen, Krankenkassengeld (staatliches Geld) und Arbeitsentgeldauszahlungen handelt; normal zu erwartende Geldeingänge leider nein

Berg
Geld: nur kleine Beträge, schwierig, schleppend

Wege
Geld: auf dem Weg, aber noch nicht da, kommt jedoch sicher

Mäuse
Geld: Gehaltsverlust, erwartete Eingänge kommen nicht

Herz
Geld: Eingänge verzögern sich, man lässt sich immer wieder vertrösten

Ring
Geld: vorhanden, Eingänge kommen regelmäßig, (kann man die Uhr danach stellen)

Buch
Geld: vorhanden, Eingänge kommen, nur lässt sich nicht vorhersagen, wann

Brief
Geld: Eingänge können bereits bestätigt sein, doch sie sind noch nicht da; das Geld ist hier auf Durchfluss gestellt, Einnahmen = Ausgaben, nichts oder nur wenig übrig

Herr
Geld: vorhanden, Einnahmen kommen regelmäßig

Dame
Geld: vorhanden, meistens Rücklagen vorhanden, Warten auf Eingänge

Lilie
Geld: Eingänge kommen einfach nicht, ist alles wie zugenagelt oder auch eingefroren

Sonne
Geld: alles bestens, Eingänge kommen termingerecht

Mond
Geld: Geldfluss träge, Zusagen verzögern sich, undurchsichtig

Schlüssel
Geld: kommt mit Sicherheit, hier bleibt dass »wann« völlig offen, (kann also in Planung sein, schon in Arbeit oder es passiert eben einfach)

Fische
Geld: Eingänge fließen, Geld vermehrt sich gut

Anker
Geld: Eingänge mager bis ausreichend

Kreuz
Geld: kaum Eingänge, Geldmangel, erfolglos

Da viele Kunden immer wieder die Frage nach den Geldeingängen stellen, habe ich diese Kurzfassung der einzelnen Karten und deren Bedeutung niedergeschrieben. Ich kann Ihnen nachfühlen, wenn Sie schon langsam anfangen zu stöhnen und sagen, was soll ich denn noch alles lernen, doch glauben Sie mir, es ist weit weniger schlimm, als es auf den ersten Blick aussieht. Und nun viel Spaß!

Auflösung von Seite 205
Lassen Sie uns jetzt diese Siebener-Reihe von Frau B. mit der Frage nach Geldeingängen nochmals nur speziell auf dieses Thema hin überprüfen.

Vögel schleppende Geldeingänge, da Zusagen nicht gehalten werden

Turm leider keine Eingänge

Dame wartet auf Eingänge

Anker Eingänge mager bis ausreichend

Kind »warten bis man schwarz wird«, kommt nicht

Ring Eingänge kommen regelmäßig, (kann man die Uhr danach stellen)

Reiter Geldeingänge in Sicht aber noch nicht da

Selbst über die Kurzfassung abgefragt, wird mir hier bestätigt, dass die Geldeingänge wirklich nur zähflüssig vorwärts gehen und das nächste halbe Jahr sehr problematisch aussieht.

Doch eines machte mich stutzig, das war der Ring mit dem regelmäßigen Geldeingang. Das Geld konnte, wenn ich es logisch betrachtete noch nicht aus dem neuen Vertrag sein. Ich fragte sie, ob sie vielleicht eine Rente oder so etwas Ähnliches ausgezahlt bekomme. Sie wollte nicht näher darauf eingehen und antwortete nur mit einem perplexen »Ja«.

Was immer das auch gewesen sein mag ist in diesem Fall irrelevant, doch es lässt sich aus dieser zurückhaltenden Antwort von Frau B. etwas lernen: Manchmal verhält es sich so, dass uns die Karten, wenn wir sie richtig zu lesen verstehen, mehr verraten, als dem Fragenden lieb ist. Daher möchte ich Sie inständigst bitten, mit sehr viel Einfühlungsvermögen und Intuition dem anderen die Wahrheit schonend mitzuteilen.

Kurzfassung: Kartenbedeutung im Bereich Kapital und Kapitalwerte

Reiter
Kapitalwerte: kann vorhanden sein, jedoch starker Umlauf, in Bewegung, ähnlich wie Einnahmen = Ausgaben

Klee
Kapitalwerte: höchstens Zuwachs durch unverhoffte Glücksfälle

Schiff
Kapitalwerte: liegt eher in Ideen, Planungen und Visionen, die irgendwann zu Kapital werden können

Haus
Kapitalwerte: meistens vorhanden, stabil und konventionell abgesichert

Baum
Kapitalwerte: meistens vorhanden, gebunden in Grundstücken, Gebäuden, Maschinen, Produkten

Wolke
Kapitalwerte: können durchaus vorhanden sein, in Sachwerten, die sich schwer zu Geld machen lassen

Schlange
Kapitalwerte: verschiedene Teilstücke, auch gestreute Anlagen, nichts richtig Kompaktes

Sarg
Kapitalwerte: höchstens totes, oft wertloses, nur schwer verkäufliches

Blumen
Kapitalwerte: eher selten, da hier verschwenderisch gelebt wird, außer es ist vererbt worden

Sense
Kapitalwerte: falls vorhanden, dann Gefahr, dass diese nicht behalten werden können

Ruten
Kapitalwerte: wenn vorhanden, dann meistens mit mehreren Personen zusammen wie Erbengemeinschaften oder Anteile

Vögel
Kapitalwerte: keine vorhanden, würde die Freiheit einschränken

Kind
Kapitalwerte: keine vorhanden, da sich das Kind sonst gebunden fühlen würde

Fuchs
Kapitalwerte: wenn älter, dann fester Besitz wie Haus, Grundstück, wenn jünger, dann eher als Aktien oder Handelsware

Bär
Kapitalwerte: gesicherte, langjährig bestehende Objekte und Anlagen

Sterne
Kapitalwerte: Besitztum in Planung, ist Traumerfüllung

Störche
Kapitalwerte: Besitztum in Planung, jedoch bereits Rücklagen wie Bausparvertrag oder angelegte Gelder

Hund
Kapitalwerte: Besitz wie Haus, Firma, entstanden durch oder mit Hilfe guter Freunde oder eines Teams, seltener aus spekulativen Geschäften

Turm
Kapitalwerte: für den Großkonzern Gebäude, Grundstücke, Firmen, Anlagen aller Art,

für das mittlere Unternehmen das gleiche, nur etwas geringer,

für kleinere Unternehmen, den Selbständigen oder den Arbeitnehmer bedeutet es: leider kein Kapital oder nennenswerte Vermögenswerte, außer vielleicht einer normalen Lebensversicherung oder einer Rentenzusatzversicherung, wenn überhaupt

Park
Kapitalwerte: staatlicher Besitz, beim Normalbürger keine nennenswerten Kapitalwerte vorhanden, außer was er am Körper oder in der Wohnung hat

Berg
Kapitalwerte: unflexible Werte, kann Besitz sein, Gebäude oder Land, schwer zu halten, unrentabel

Wege
Kapitalwerte: wird soweit abgedeckt werden, dass es im Alter auch zum guten Leben reicht, kann hier Haus oder auch langfristige Renditeanlagen bedeuten

Mäuse
Kapitalwerte: Kapital geht in Verlust und die Werte auch

Herz
Kapitalwerte: Aufbau von Rücklagen in größerer Menge war nicht möglich, außer in Ehegemeinschaft oder Firmenbeteiligung, also nur mit mehreren Personen

Ring
Kapitalwerte: sind vertraglich zugesichert und man weiß, dass sich im Laufe des Lebens der Besitz mehren wird (das ist wie mehrmaliges Erben oder wie immer neues aufstocken von Geldanlagen)

Buch
Kapitalwerte: mit Sicherheit vorhanden (muss aber noch nicht auf den Namen des Fragenden oder Befragten festgeschrieben sein

Brief
Kapitalwerte: stabile Werte wie Besitz konnten hier nicht geschaffen werden, eher im spekulativen Geschäft zu finden, wobei Gewinn und Verlust sich die Waage hält und das Ergebnis oft Null bleibt

Herr
Kapitalwerte: durch Absicherung aus der Familie vorhanden

Dame
Kapitalwerte: entweder durch Partner vorhanden oder auch Geldrücklagen, bei Älteren durch ihre eigenen Erfolge erworben, kann hier in Haus oder auch Anlagen umgesetzt sein

Lilie
Kapitalwerte: staatliches, kirchliches Vermögen, Besitztum mit staatlicher Hilfe aufgebaut, wie Firma oder Eigenheim für den Bürger

Sonne
Kapitalwerte: gesunde Werte wie Besitz, Land, Gebäude, Kapitalanlagen

Mond
Kapitalwerte: nicht vorhanden, doch Wunsch danach, eher geleast, gemietet

Schlüssel
Kapitalwerte: sicheres finanzielles Polster vorhanden, entweder erarbeitet, ererbt oder durch Partner erworben, keine Spekulationsgeschäfte

Fische
Kapitalwerte: als Besitztum in Gebäuden, Land, Aktien, Wertpapieren, gewagten Investitionen, Gewinnen, (hat ganz einfach Geld und Werte), selbst als »Normalbürger« ist hier etwas mehr vorhanden

Anker
Kapitalwerte: nur in Form von Haus, Grundstück oder einer guten Anlage durch den Bankberater, welche die Rente sichert

Kreuz
Kapitalwerte: Besitz wie Haus, Firma, Grundstück kann vorhanden sein, wäre aber hoch belastet

Bitte vergessen Sie nicht, die Kombination von zwei oder mehr Karten verrät Ihnen die wahre Bedeutung, während die Einzeldeutung nur die Gedächtnisstütze darstellt.

Kurzfassung: Kartenbedeutung im Bereich Zusage, Erfolg/Misserfolg

Reiter
Erfolg: im Kommen, im Werden

Klee
Erfolg: kleiner Erfolg, eher glückliche Zufälle

Schiff
Träume von Erfolg und Reichtum, später

Haus
Erfolg: stabil oder wird stabil, gutes Gelingen

Baum
Erfolg: geht so, aber kein wirklicher Erfolg

Wolke
Erfolg: zeigt sich, doch wird meistens zerredet

Schlange
Erfolg: ja, kommt, bringt aber Verwicklungen

Sarg
Erfolg: leider nein, »Totentanz«

Blumen
Erfolg: kommt überraschend und besser als man es sich erhofft hatte

Sense
Erfolg: ja, kommt, danach sofort die Gefahr, kann Absage oder auch ein falsches Spiel sein

Ruten
Erfolg: ist ausgesetzt, steckt in Verhandlungsphasen oder blockierenden Streitgesprächen

Vögel
Erfolg: will sich nicht einstellen, da das Umfeld oder die Vergangenheit immer wieder störend einwirken

Kind
Erfolg: nur durch Wunder oder Enthusiasmus, durch einen wahren Sturm von Begeisterung, dann ja, ansonsten nein

Fuchs
Erfolg: fast immer ja

Bär
Erfolg: kann sich hier als ja zeigen, in der Realität aber ein Misserfolg für den Fragenden oder Befragten sein, wobei sich Jahre danach zeigt, dass der Misserfolg der Schlüssel zum späteren Erfolg war, erscheint gerne wenn es um Prozessabfragen geht (behandeln Sie bitte diese Karte mit der allergrößten Vorsicht)

Sterne
Erfolg: ja, alles klar, an der Umsetzung muss noch gearbeitet werden, in komprimierter Zeit, ansonsten ist der Erfolg wieder weg

Störche
Erfolg: ja, aber der Nutzen daraus wird später gezogen

Hund
Erfolg: nur, wenn die Angelegenheit oder die Beteiligung der betreffenden Personen zu Kollektivverhalten führt

Turm
Erfolg: leider nein, bekommt keine Chance

Park
Erfolg: nur, wenn es im Interesse der Öffentlichkeit ist

Berg
Erfolg: ja, aber nur nach mühevollen Wegen und Hunderten von Versuchen

Wege
Erfolg: noch nicht entschieden, auf eigene Kraft bauen

Mäuse
Erfolg: geht in Verlust, (oft hat der Mensch auf diesen Misserfolg keinen Einfluss, da seine wirtschaftliche Situation auf irgendeine Weise schicksalhaft oder Kosmisch gesteuert ist)

Herz
Erfolg: als Einzelperson nein, als Gruppenauftritt im Kollektiv ja

Ring
Erfolg: ja, doch wegen einer schlechten Ausgangssituation ist in der Regel dieser Erfolg nicht zu halten; die Person sollte sich mit anderen verbünden: »Gemeinsam sind wir stark«.

Buch
Erfolg: noch nicht spruchreif

Brief
Erfolg: nein, oder zu kurzlebig, um gewertet zu werden

Herr
Erfolg: ja, aber nur wenn Gegenleistung erfolgt, ansonsten nein

Dame
Erfolg: ja, aber nur wenn der Wille zum Siegen wirklich vorhanden ist, ansonsten nein

Lilie
Erfolg: ja, nur wenn es sich im weitesten Sinne um kirchliche, religiöse Einrichtungen oder kirchlich soziale Organisationen handelt, ansonsten nein

Sonne
Erfolg: ja, auf der ganzen Linie (kam, sah und siegte)

Mond
Erfolg: nein, unausgegoren

Schlüssel
Erfolg: ja, wenn die bisherige Sicherheit unangetastet bleibt, ansonsten wird freiwillig auf den Erfolg verzichtet

Fische
Erfolg: Schicksal ist einem wohlgesonnen, man schwimmt sich so zurecht

Anker
Erfolg: eher nein, nur nach intensiven Bemühen zu haben (das lohnt hier nicht, denn egal nach welchem Erfolg man hier fragt, diese Karte bringt einfach nur entsetzlich viel Arbeit mit sich)

Kreuz
Erfolg: bedauere nein, da keine Wahlmöglichkeiten

Bitte vergessen Sie nicht, die Kombination von zwei oder mehr Karten verrät Ihnen die wahre Aussage, während die Einzeldeutung nur die Gedächtnisstütze darstellt.

Die Zeit

Die richtige Zeitangabe aus den Lenormandkarten zu lesen ist alles andere als leicht. Doch diese Schwierigkeit bezieht sich nicht nur auf o.g. Karten, sondern auf alle Kartensysteme und es betrifft auch die Hellseherei sowie jede Art von Medium oder Medialität. Ständig versuchen wir die Zeit zu definieren und nach irdischen Maßstäben zu bewerten, was bei einigen Karten überhaupt nicht geht. In meinem Buch »Emotionales Kartenlegen nach Mlle Lenormand« werden Zeiten und ihre Besonderheiten ausführlich behandelt. Deshalb ist hier nur eine kurze Zusammenfassung erstellt, mit welchen Kartenlegesystemen Sie Zeiten erfassen können.

Zeit zu bewerten, hängt von vielen Faktoren ab, wie zum Beispiel:

- Legung mit 2 Karten (nan fragt nach einer Sofortaussage, dem Ist- oder Jetzt-Zustand)

- Legung mit 3 bis 5 Karten (Sofortaussage, unmittelbar, direkt vor einem)

- Siebener-Reihe (beginnend im Jetzt und bitte immer mit Jahresbegrenzung)

- Keltisches Kreuz (bitte begrenzen auf ein halbes, ein ganzes oder auch zwei Jahre; dann rechnen sich die Zeitkarten ab der 6. Karte bis zur 10. Karte.)

- Das Kleine Blatt mit Signifikator »Dame« oder »Herr« sollte nur als Zukunftsaussage gelesen werden. Begrenzen Sie die Zeit auf ein halbes, ein ganzes oder auch zwei Jahre.

- Das Kleine Blatt ohne oder mit anderen Signifikatoren kann Vergangenheit und Zukunft in einem sein. Begrenzen Sie es zeitmäßig, denn sonst erhalten Sie unter Umständen Aussagen, die erst in zehn Jahren eintreffen werden.

- Das Große Blatt sollte eigentlich eine Lebenslegung sein, denn sie enthält Vergangenheit, Gegenwart und Zukunft. Begrenzen Sie es zeitmäßig, ansonsten erhalten Sie Aussagen, die bis Ultimo gehen. Vor allen Dingen sollte hier nicht jede Woche eine Legung gemacht werden. Sie können dann hundertprozentig davon ausgehen, dass daraufhin fast keine einzige Zeitangabe mehr stimmt.

Ich biete dem Kunden an, die Zukunft – z.B. Fragen im Sinne von: wie geht es beruflich weiter – auf ein Jahr zu begrenzen. Meine Kunden sind begeistert, denn in der Tat interessiert es sie viel mehr, ob sie morgen, übermorgen das große Los ziehen anstatt erst in zwei oder fünf Jahren. Daher begrenze ich viele Legesysteme auf ein Zeitlimit von einem Jahr. Es müssen nicht genau 365 Tage sein, es dürfen auch 350 oder 390 Tage sein. So stellt es keine Schwierigkeit dar, Zeiten relativ konkret zu bestimmen.

Die Schicksalskarten

Genau wie beim Tarot gibt es bei den Lenormandkarten Kombinations- oder auch reine Kartenaussagen, bei denen wir machtlos sind. Wir fühlen, wie gleichgültig unser derzeitiges Tun geworden ist und wie wenig sich wirklich an den Geschehnissen verändern lässt, obwohl wir wissen, was auf uns zukommt.

Wenn das Individuum noch völlig »normal« sein Leben lebt, wird es sagen: »Was hab ich nur für eine Pechsträhne? Oder es ist mein Karma.« Für den sich spirituell entwickelnden Menschen, gleichgültig wie weit er ist – es reicht bereits, wenn er sich auf dem Weg befindet – sieht die Angelegenheit dann schon anders aus. Meist setzt er sich hin, geht tief in sich, forscht und erkennt seine Fehler. So weit so gut. Wenn er die Fehler abstellt und nicht mehr daran denkt, könnte er unbelastet und frei weiterleben. Doch leider ist dem meistens nicht so. Er denkt, er müsse es aufarbeiten, herausholen und eliminieren, damit es nie wieder geschieht. Viele Menschen tun hier des Guten zu viel. Sie graben, grübeln und kehren die Vergangenheit nach oben und wundern sich dann, warum ihre Lernerfahrungen immer wieder fast dieselben sind.

Die Schicksalskarten weisen uns darauf hin, ob uns noch genügend Zeit übrig bleibt, um selbst positive Veränderungen in unser Leben zu bringen oder ob das nicht mehr möglich ist.

Kartenangebot, um im beruflichen, materiellen und finanziellen Bereichen selber Änderungen vorzunehmen

Wolke	Geist und Willen stärken, Ziele definieren und sich nicht abbringen lassen
Schlange	vorsichtig sein, klare Kommunikation halten
Sarg	rechtzeitig handeln, bevor man lethargisch oder finanziell bewegungsunfähig wird
Sense	auf die Gelder/Job aufpassen, Finanzielles in Ordnung halten
Ruten	Willen zum logischen Handeln aufbringen und gleichzeitig auf die Intuition hören
Fuchs	nicht jedem vertrauen, eigenes Selbstbewusstsein stärken
Bär	an göttlichen Schutz glauben, auch daran, dass es wirtschaftlich aufwärts geht und es für jeden Arbeit und Geld gibt
Wege	freiwillig Verstandesentscheidung treffen, außer Sie haben einen 100-prozentigen Glauben
Mäuse	freiwillig loslassen, Altes rechtzeitig abstoßen
Ring	freiwillig alte Geschichten beenden und mit Bedacht und in Ruhe rechtzeitig neue Verträge schließen

Legung: Das Schicksalsrad

Aufgabe

Frau H. erzählt mir, dass sie ihr Geschäft in einem bestimmten Bereich forcieren möchte. Sie erwähnt noch halb seufzend, dass sie wahrhaftig schon alles versucht habe. Das ist alles, was sie mir hier verrät.

Da es nicht sehr viel ist, was ich hier erfahre, und sie schon alles versucht hat, so muss es extreme Defizite geben, die einen Erfolg verhindern. Genau diese werden wir uns jetzt ansehen.

Frage

Welche Schicksalskarten weisen uns auf die Schwachstellen hin?

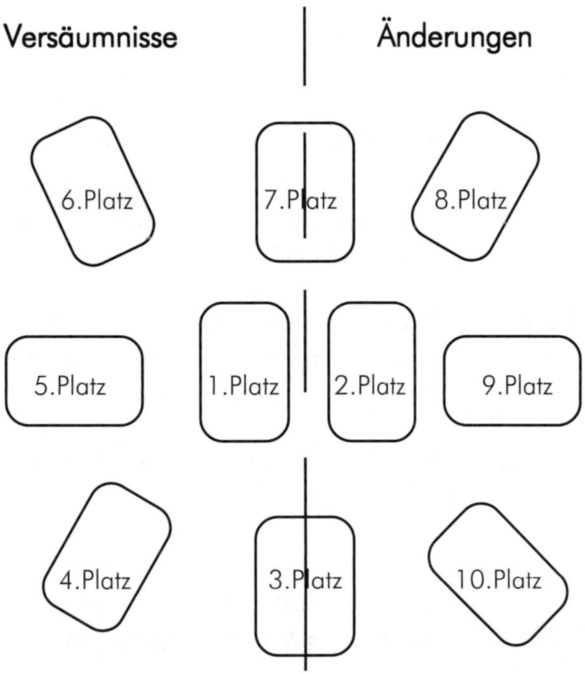

Die Karten lagen so

Platz 1:	17, Die Störche	
Platz 2:	11, Die Ruten	(Schicksalskarte)
Platz 3:	1, Der Reiter	
Platz 4:	30, Die Lilie	
Platz 5:	34, Die Fische	
Platz 6:	22, Die Wege	(Schicksalskarte)
Platz 7:	24, Das Herz	
Platz 8:	13, Das Kind	
Platz 9:	5, Der Baum	
Platz 10:	7, Die Schlange	(Schicksalskarte)

Platz 1 und 2: zeigt die Ausgangssituation zu den gewünschten Veränderungen an

Platz 4, 5 und 6: zeigt uns die Vergangenheit mit ihren Versäumnissen an

Platz 3 und 7: die Lage aus der sich etwas verändern kann

Platz 8, 9 und 10: der Weg zum Ziel

Auswertung

Platz 1, Störche und Platz 2, Ruten (Schicksalskarte) teilen uns mit, dass der Innenbereich sowie – und das in erster Linie – der Außenbereich in der Kommunikation verstärkt werden sollen.

Die **Ruten** fordern hier zu logischem geschäftmäßigen Denken auf. Und gleichzeitig soll die Intuition mit der Ratio verbunden werden. Zusätzlich geht aus den Karten ein beabsichtiger Umzug in einigen Monaten hervor, der aber noch nicht klar ist.

Der erste und der zweite Platz zählen immer, gleichgültig, welche Karten zum Tragen kommen. Sollte wie in diesem Fall dort eine Schicksalskarte liegen, so ist es nicht nur eine mögliche und gewollte Veränderungssituation, sondern eine Notwendigkeit.

Platz 4, Lilie, 5, Fische, Platz 6, Wege, teilen uns die Versäumnisse bei den Angelegenheiten mit, die wir haben schleifen lassen.

Die **Lilie** besagt, dass hier zu wenig öffentliche Präsenz gezeigt wurde, man sich selber zu lange eingeschränkt hatte.

Platz 5, Fische, dass die Finanzen einfach von selbst gelaufen sind, sie nicht entsprechend vorangetrieben wurden. Das sehen wir an der darunter liegenden Lilie.

Platz 6, Wege sagt aus, es waren Entscheidungen in geschäftlicher Hinsicht zu treffen, die durch zu viel Hilfsbereitschaft und Herzlichkeit nicht so ausgefallen sind, wie sie hätten ausfallen sollen. Denn **Platz 6, Wege** zählt zu den Schicksalskarten und die richtige Entscheidung ist bereits überfällig.

Da **Platz 4 und Platz 5** nicht mit Schicksalskarten belegt sind, hätten sie nur wenig Auswirkungen auf das Jetzt, wenn die **Wege** nicht unter den Versäumnissen liegen würden.

Platz 3, Reiter und Platz 7, Herz sind emotionale Karten und aus sich heraus zu schwach, um eine Wende in Bezug auf die Forcierung eines bestimmten Bereichs einzuläuten.

Platz 8, Kind und Platz 9, Baum zeigen uns an, dass wiederum keine geschäftmäßigen Entscheidungen getroffen werden, sondern dass man mit übertriebenem Glauben und Vertrauen auf Verzeihen und Vergeben setzt, jemandem eine zweite Chance einräumt und sich generell aufopfert, wodurch nur ein langsames Wachstum möglich wird.

Wir sehen, auf **Platz 10,** die **Schlange**: Es findet eine erneute Aufforderung zum vorsichtigeren Handeln und zu klarer Kommunikation statt.

Zusammenfassung

Dieser Geschäftsbereich bringt erst mehr Ertrag, wenn die Unternehmerin in diesem Fall ihre Vorstellungen mit klarem Denken, klarer Zielsetzung und klarer Kommunikation vorantreibt. Und Entscheidungen müssen hier von der Vernunft und nicht von dem opferbereiten Herzen getroffen werden.

Legung: Der Schicksalsweg

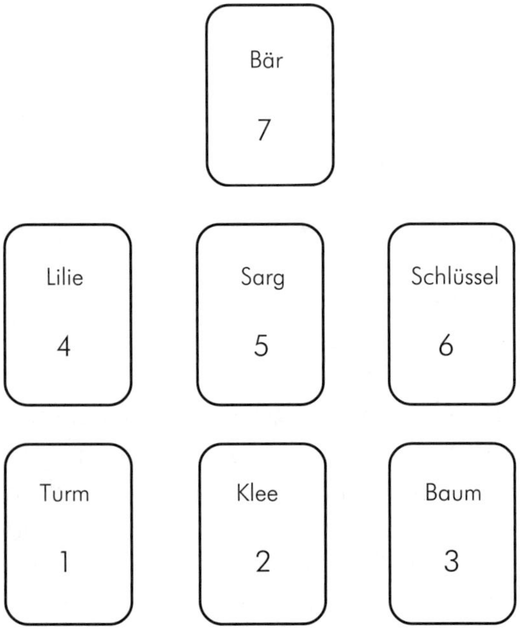

So wurden folgende Karten gezogen

1. Karte	**Basiskarte**
2. + 3. Karte	**Nahe Zukunft**
4., 5. + 6. Karte	**Verlauf der Ereignisse**
7. Karte als	**Zielkarte**

Geschichte

Herr M. erwartet einen höheren Geldbetrag und will wissen, ob er ihn tatsächlich erhält.

Frage

Wird das anvisierte bzw. zugesagte Geld eintreffen?

Antwort auf die Frage

Der **Turm** besagt, dass es sich in der Tat um sehr viel Geld handeln muss und dass das Geld auch vorhanden ist.

Klee + Baum sagt aus, dass er sich vorübergehend mit kleineren Geldeingängen begnügen muss und zwar über einen längeren Zeitraum (Baum).

Lilie + Sarg: Das Geld (ein dicker fetter hoher Gewinn) wird zurückgestellt. Er steht vorläufig auf Warteposition.

Sarg + Schlüssel: Die Nichtauszahlung bringt ihn in eine missliche Lage. Der Fehler wird nicht wiederholt. Herr M. lernt daraus.

Hier fiel Herrn M. die Karte das **Kind** heraus. Sie zeigt, dass sein Lerngeschenk mit Aussöhnung und Neuarrangement seiner Finanzen zu tun hat. Ziemlich spät in diesem Fall.

Schlüssel, Kind, werden dadurch zusammengezogen, **+ Bär** zeigen, dass dieses Geld so nicht zu haben ist, aber in veränderter, vertraglich neu ausgehandelter Form. Mit neuen Berechnungen, die Herrn M. etwas weniger übrig lassen, wird es genehmigt und ausgezahlt werden. Das dauert noch lange, mindestens 1 Jahr, wenn nicht länger.

Ergebnis

Der Sarg als einzige Schicksalskarte in dieser Legung zeigt uns, dass Herr M. sich zu sehr auf das Gelingen verlässt. Er sollte jetzt anfangen zu handeln, solange er sich finanziell noch gut bewegen kann.

Nachwort

Jetzt, am Ende dieses Buches angelangt, möchte ich mich bei Ihnen bedanken, dass Sie bis hierher gekommen sind. Sicher haben Sie schon damit gearbeitet und die ein oder andere unglaubliche Erfahrung gemacht, so wie ich. Interessanterweise habe ich – gleichgültig, ob ich die Fragen beruflich, emotional oder spirituell stelle – in bestimmten Lebenslagen immer mit den gleichen Karten zu tun.

Am Anfang, als mir das auffiel, fand ich es befremdend und suchte nach den Ursachen. Auch wenn ich mich noch so gut konzentrierte, es veränderte sich nichts. Mit der Zeit begriff ich, dass es seine Richtigkeit hatte und ich sah gleich in allen drei Büchern zuerst unter der Karte, dann in der Kombination nach. Im Nachhinein stellte sich heraus: Wenn ich meine Hausaufgaben gut machte und das Problem richtig deutete oder dem Hinweis nachging und die Erkenntnisse umsetzte, erschien die Karte kaum noch oder dann in anderen Kombinationen. Ich hatte meine Lernaufgabe begriffen und daher brauchte ich diese Kombination nicht länger.

Heute nach vielen Jahren benutze ich weiterhin die Karten, doch eine Zukunftsschau erübrigt sich meistens. Sie dienen mir dazu, mir zu sagen, was ich berücksichtigen sollte, was ich vergessen habe, welche Bereiche ich vernachlässige oder was ich an mir und meinem Leben noch verbessern kann und wie ich es tun sollte. Nicht, dass ich das nicht auch so weiß, doch manchmal braucht der Mensch einen Anstupser, wie auch ich. Deshalb verlassen Sie sich bitte nicht allzu sehr auf die rein formellen Kartenaussagen. Hören Sie auf Ihr Gefühl, Ihre Intuition, Ihr Unterbewusstsein oder Ihren Bauch. Gleichgültig, wie Sie es bezeichnen, in Ihrem Innern ist alles Wissen, das Sie benötigen, um hier auf Erden ein strahlendes, reichhaltiges und emotional ausgewogenes Leben zu führen. Und nur Sie selbst sind in der Lage, dieses Wissen zu aktivieren und in Ihr Tagesbewusstsein zu holen. Alles andere drum herum dient nur als Medium, als Mittler, als Hervorbringer Ihrer Weisheit. Und genau diese Weisheit und Gelassenheit ist es, die uns Menschen in einem fortwährenden Prozess immer mehr in die All-Liebe führt und hin zu einem Verstehen, das weit über den begrenzten Horizont des Verstandes hinausreicht.

Mit der Zeit und im Laufe unseres Erdenlebens werden wir immer mehr Bewusstsein erreichen und eines Tages stellen wir fest, dass wir genau zum richtigen Zeitpunkt das Richtige tun. Die Zweifel in Bezug auf Falsch oder Richtig werden verschwinden und wir entwickeln uns immer mehr zu »Sonnenscheinkindern«, die vor Energie nur so bersten. Und genau das ist es, was ich Ihnen von ganzem Herzen wünsche, dass Sie alle gesund, erfolgreich, glücklich und geliebt werden und voller Kraft und Stärke ein Leben im Sonnenschein führen.

In diesem Sinne alles Liebe und Gute für Sie

Mystisches, Spirituelles und Emotionales Kartenlegen

nach Mlle Lenormand

Verständliches Wissen und Weisheit für das 21. Jahrhundert

Grund- und Basiswissen des Kartenlegens

Das Corona-Handbuch offenbart nicht nur das Althergebrachte, sondern ermöglicht dem Lernenden seine Fähigkeiten zu entwickeln und seine Sinne zu aktivieren. Durch fundiertes Sachwissen werden Sie eingeweiht in das karmische Gesetz, in Basis- und Existenzfragen. Sie erhalten detaillierte Auskünfte über Krankheit, Beruf, Partnerschaft, Städte, Gebäude, Länder, Geld und Kapital.

Dietlind Herlert-Schaaf
Mystisches Kartenlegen nach Mlle Lenormand
208 Seiten, gebunden, mit Farbabbildungen
ISBN 3-934438-00-8, EUR 25,50

Antworten auf Irdisches aus der Akasha-Chronik

Durch Weisheit und fundiertes Sachwissen werden dem Fragenden Antworten für viele unverständlicher Lebenssituationen vermittelt, auf die der Verstand nur noch hilflos reagiert und in Verwirrung gerät. Z.B.: Warum verliebe ich mich meistens in den falschen Mann? Ist er/sie mein Seelenpartner? Was ist meine Lebensaufgabe? Warum schlafe ich schlecht? Warum nehme ich zu, obwohl ich kaum esse? Das Buch ist leicht verständlich, klar, präzise, übersichtlich und leicht erlernbar gehalten. Jede Karte wird in allen Verbindungskombinationen gedeutet. Es erklärt Logisches sowie Irrationales. Außer den einzelnen Kartenbeschreibungen, Zusammenfassungen und Deutungen werden noch besondere Wege aufgezeigt.

• Der spirituelle Weg • Der magische Weg •
• Die gelebten Inkarnationen • Die Schicksalswendepunkte •
• Der Weg nach Hause – Weg Deiner Seele •

Halina Kamm
Spirituelles Kartenlegen nach Mlle Lenormand
248 Seiten, gebunden, mit Kartenabbildungen und Grafiken
ISBN 3-934438-04-0, EUR 25,50

Mystisches, Spirituelles und Emotionales Kartenlegen

nach Mlle Lenormand

Verständliches Wissen und Weisheit für das 21. Jahrhundert

Für Bekannte, Freunde, Liebe und Partnerschaft

Emotionales Kartenlegen ist leicht verständlich, prägnant und sachlich aufgebaut. Alle Karten werden in sämtlichen vorhandenen Kombinationen zueinander gedeutet und erklärt. Sie werden erfahren, was der andere wirklich empfindet, ob er Freund oder Feind ist. Wann und wo Sie den Partner kennen lernen und ob etwas Glück oder Pech sein wird. Wird es die große Liebe werden oder nur vorübergehend sein? Ihre Fragen werden beantwortet und durch die Erkenntnis sprudelt Ihre Intuition.

Halina Kamm
Emotionales Kartenlegen nach Mlle Lenormand
260 Seiten, gebunden, mit Abbildungen
ISBN 3-934438-10-5, EUR 25,50

Kartenlegen mit Skatkarten

Dieses Buch vermittelt absolutes Grund- und Aufbauwissen der Kartenlegetechnik. Leicht verständlich und übersichtlich. Jede Karte wird in allen Verbindungskombinationen erklärt, gedeutet und mit Fallbeispielen belegt. Ausführlich beschreibt die Autorin besondere Konstellationen; Zeitkarten wie Schnelligkeit, Verzögerung, kurze Zeiträume, Glückskombinationen, Berechnung der Altersbestimmung von Personen, Erkennen von Krankheitsbildern, Kartenlegen für Tiere, Finanzen, Partnerschaften und vieles mehr. Nach einer amüsanten Einleitung, in der sie aus der Praxis plaudert, vermittelt sie dem Leser einen einfachen und leicht verständlichen Einstieg in das System dieses Kartenlegens.

Gabriele Schneider
Kartenlegen mit Skatkarten
204 Seiten, geb., mit Farbabbildungen
ISBN 3-934438-03-2, EUR 25,50

Verzeichnis: CORONA Hamburg

Kartenlegen

Elke Dumke
Mlle Lenormand auf den Punkt gebracht
Eine praktische Einführung
mit 36 Kartenabbildungen,
134 Seiten, kartoniert
ISBN 3-928084-81-X, EUR 10,90

Halina Kamm
Tarot für den Alltag
110 Seiten, kartoniert
ISBN 3-928084-03-8, EUR 5,00

Partnerschaft und Liebestarot im Alltag
216 Seiten, kart., (Rider Waite)
78 Abb. Tarotdecks, EUR 8,90
ISBN 3-928084-18-6

Lebenshilfe und Sachbücher

Stefanie Glaschke
Fahrschule zum Erfolg
So wie das Autofahren erlernbar ist, ist Erfolg auch erlernbar. Mit praktischen Übungen u. Trainingspr.
148 Seiten, kartoniert
ISBN 3-934438-14-8, EUR 12,50

Halina Kamm
Buch: Geführte Meditationen
Einzel- und Gruppenmeditationen für Heilung, Freude, Loslassen, Rückführung und vieles andere
162 Seiten, kartoniert
ISBN 3-928084-23-2, EUR 10,90

Was ist wirklich Karma? Sind wir unserem Schicksal hilflos ausgeliefert oder können wir aus dem Kreislauf aussteigen und in Freude weiter lernen? Wie in ihren früheren Erfolgsbüchern präsentiert die Autorin Halina Kamm hier einen spannenden Ratgeber voller praktischer Lebensweisheit und zeigt uns in einem 7-Stufen-Programm, wie man mit Freude und Entschlossenheit karmische Verwicklungen lösen kann. Gleichzeitig erhalten wir ungewöhnliche neue Einblicke in das Wesen von Körper, Geist und Seele, in Reinkarnation und Seelenverwandtschaft. Viele Fallbeispiele aus ihren Erfahrungen als Seminarleiterin und Beraterin in spirituellen Fragen geben dem Buch eine romanhafte Lebendigkeit.

Halina Kamm
Schluss mit Karma

160 Seiten, kartoniert
ISBN 3-934438-11-3, EUR 12,50

Romane und Lebenshilfe

Halina Kamm
Nicht ohne meine Seele
In Roman-Dialogen wird der Werdegang der Seele im Menschsein beschrieben. Sie werden nicht nur Zusammenhänge von Inkarnationsabläufen, Dualpartnern und persönlichen Lebensaufgaben lernen, sondern eine dramatische Liebesgeschichte führt durch Höhen und Tiefen und weist durch Erkenntnisse mit dem Seelenpartner den Weg nach Hause.
272 Seiten, gebunden
ISBN 3-934438-08-3 EUR 17,90

Dieter Scherer
Das Sternenopfer – Elianis – der Sternenweise
Erst als Elianis in Angelas Leben tritt, lernt sie sich unglaublich schnell zu verändern, andere zu verstehen und sich selber wirkungsvoll zu verteidigen.
260 Seiten, gebunden
ISBN 3-9934438-13-X, EUR 17,90

Sergio Macias
DEJA VU - die vierte Dimension
Fantasie-Roman. Eine erdachte Vision oder bereits die Realität?
248 Seiten, gebunden
ISBN 3-934438-12-1, EUR 17,90

Lisa Busch
Von der anderen Seite
Fantasie-Roman. Die Erde braucht Hilfe. Wird Lynx, der Telepath, Frieden bringen? 296 Seiten, gebunden
ISBN 3-934438-09-1, EUR 15,90

Für weitere Titel fordern Sie bitte unser Verlagsprogramm an!

Geführte Meditationen auf CD

Diese Meditationen sind besprochene und mit Musik unterlegte CDs

CD 201, ISBN 3-928084-48-8
Partnerschaft – Berufung
Blockadenerkennung in Partnerschaft, Beruf und Gesundheit. Klärung der Emotionen. Verbindung und Festigung des Kontaktes zur Realität.

CD 202,
ISBN 3-928084-49-6, 1. Titel:
Ich bin Licht und Energie
Als Entspannungsgrundlage und gleichzeitiges Trainingsprogramm zur Vertiefung und Festigung einer inspirierenden, kraftvollen Energie fürs tägliche Leben.

2. T.: **Der Baum – Dein Freund**
Eine besonders gute Übung, um nach einem hektischen Tag abzuschalten. Sie fördert über die Bilder die direkte Kommunikation und Verbundenheit mit der Natur.

CD 203, ISBN 3-928084-50-X
1. T.: **Spiegel des Bewusstseins**
Für Fragen geeignet, wie: Mache ich alles richtig, werden meine Entscheidungen dem Wohl aller Beteiligten gerecht usw. So dient diese Meditation Ihrer Bewusstseinserweiterung und Erkenntnis.

2. Titel: **Weg der Wahrheit**
Klarheit in den Gedanken erhalten und Entscheidungen richtig einschätzen. Stärkung und Harmonisierung des Körpers.

CD 204, ISBN 3-928084-51-8
1. Titel: **Kristallpyramide**
Erlernen, verstehen und aktivieren der Kristalle in spielerischem Rahmen. Besonders geeignet zum Regenerieren und zum Lösen aller nervlichen Anspannungen im Körper.

2. Titel: **Dimensionsreise**
Konfliktbereinigung mit nahe stehenden Personen. Diese Lichtreise in Begleitung geistiger Helfer bereinigt und löst Emotionen.

CD 205, ISBN -3-928084-52-6
1. Titel: **Lichtreise**
Als Tranformationsprozess des Körpers bzw. der Aura. Klärung und Reinigung durch Lichtenergie. Lösungen für besondere Fragen zum Wohle aller Beteiligten.

2. Titel: **Rückführung**
Klärung des Emotionalkörpers. Sie erhalten Antworten auf ungewisse Verhältnisse.

CD 206, ISBN 3-928084-53-4
1. Titel: **Die Kraft des Vulkans**
Stärkung der Intuition. Durch die Lösung der Blockaden werden die Grunddynamiken wie Harmonie, Freude, Kraft, Stärke usw. gefestigt.

2. Titel: **Phönix aus der Asche**
Besonders für Menschen geeignet, die gerade schwere und traurige Zeiten erleben. Entdecken Sie Ihr eigenes, unbeschwertes Inneres Kind.

CD 207, ISBN 3-928084-54-2
1. Titel: **Schutzengel**
Kennen lernen des persönlichen Schutzengels in der für Sie akzeptabelsten Gestalt und Erkennen seiner energetischen Schwingung in Ihrem täglichen Leben. Zum sanften Einschlafen geeignet.

2. Titel: **Freiheit und Frieden**
(Basisprogramm). Entspannungs- und Trainingsprogramm zur Vertiefung und Festigung einer positiven, kraftvollen Energie, die im täglichen Leben inspirierend und aufbauend wirkt.

Der Autorin ist bewusst, dass dieses Buch nicht alle auftretenden Fragen beantworten kann. Sollte Interesse an Seminaren bestehen, bitten wir Sie, sich mit dem Verlag in Verbindung zu setzen.

CORONA
Postfach 76 02 65
22052 Hamburg
Tel. 040-642 210 22 • Fax: 040-642 210 23

oder

E-mail: Corona-Hamburg@t-online.de

Unser Dank gebührt der Firma AGM AGMUELLER Schaffhauser Spielkartenfabrik in Neuhausen, Schweiz, die uns in liebenswürdiger Bereitschaft die Abdruckrechte für die LENORMAND-KARTEN BLAUE EULE überlassen hat.